KB157678

인문학 접근의 창의·융합인재 양성의 지름길

교과학습에서 뉴 리터러시 학습 지름길

김 지 숙

국학자료원

이 저서는 2013년 정부(교육부)의 재원으로 한국연구재단의 지원을 받아 수행된 연구임
(NRF-2013S1A5B5A02030259)

인문학 접근의 창의·융합인재 양성의 지름길

교과학습에서 뉴 리터러시 학습 지름길

김 지 숙

프롤로그

교과목 간에는 관련성이 참 많다. 한 과목의 내용을 이해하기 위해서는 다른 과목에서 배운 내용으로부터 얻은 직관이나 지식 그리고 안목이 필요하게 된다. 그런데도 우리는 예술, 과학, 사회, 수학과 문학 같은 교과목들에서 배우는 내용은 대개 정해져 있고, 이들은 상호 어울릴 수 없는 상이하고 독립된 교과목이라고 받아들여 왔다. 이유는 아마도 교육전문가들의 기득권 때문에 교과 간 연계가 소홀히 다루어져 왔기 때문일 것이다. 본인은 언제부턴가 우리나라 학제간 교육과정에서 교과목이 개별교과로 교육되는 것에 안타까운 시각을 갖게 되었다.

누구나 비슷한 생각을 하는 것 같다. 전 세계 교육정책 동향도 교과과정이 통합적 방향으로 바뀌고 있다. 이에 발맞춰 우리나라도 초등학교 교과주제통합수업이 전 학년으로 확산된 지 꽤 많은 시간이 지나고 있다. 그럼에도 교사들의 교과주제통합수업 운영방법에 대한 고민은 여전하다. 교사들의 교수방법도 이전과 그다지 큰 차이를 보이지 못하고 있다. 알다시피, 최근 초등학교 교과주제통합 교과과정은 스템(STEAM)교육의 일환으로 초등학교에서 교과목의 벽을 넘나들며 교과목간 융・복합을 지향하는 데 그 목적을 두고 있다. 이러한 취지에도 초등학교 교과주제통합수업은 스템교육에 기반을 둔 교수학습 방법의 체계를 갖추지 못하고 있다. 이에 본서는 초등학교 교과주제통합수업에서 인쇄매체읽기와 다양한 매체읽기를 통합하여, 교과수업에서 다양한 매체 리터러시 학습활동을 통해 교과 간 통합을 이끄는 인문학 접근의 창의・융합적 교수학습 접근 방법과 예시를 현실적 방안으로 제공하는 데 그 목적을 둔다. 그리고 초등학교 교과주제통합학습에서 학생 주도적 리터러시 교수학습 접근방법과 전략을 교과수업과정에 적용한 예를 제시한다.

초등학교 교과주제통합학습에서 학생들의 비판적 사고와 창의·융합적 소통을 이끌고자 한 뉴 리터러시 교수학습 접근방식은 미래사회에서 학생들이 살아가는 데 필요한 스킬과 미래역량을 길러주기 위함이다. 뉴 리터러시 교수학습과정으로 이루어지는 교과주제통합수업에서 학생들은 교과주제와 관련해서 더 심오한 정보를 찾거나, 찾고 싶어 한다. 이때 학생들은 교과주제관련 인쇄매체 텍스트 읽기와 디지털매체 텍스트 읽기를 연결한다. 이렇듯 학생들은 교과주제학습과 다양한 매체읽기를 자신의 경험과 자유로이 연결하며 교과주제학습을 확장하는 학습방법과 전략을 사용한다. 교과주제학습에서 학생들은 자신들의 니즈에 따라 다양한 매체읽기를 하면서 새로움에 익숙해지며, 이 새로운 것들을 교과주제학습의 도구로 사용한다. 이것이 바로 전통적 리터러시 활동을 기반으로 새로운 인터넷 학습환경에서 뉴 리터러시 교수학습 방법과 전략이 된다.

초등학교 교과주제학습에서 교과서 같은 인쇄매체 읽기는 물론 디지털매체읽기를 통해 학생들은 자신이 궁금한 점에 대해 질문이나 문제를 만들고 이에 답 찾기를 항해한다. 인터넷 세상에서 학생들의 답 찾기 항해 작업은 검색엔진에서 질문에 답이 되는 정보를 찾기 위해 중심어를 입력하여, 찾은 정보위치를 지정하고, 교과주제관련의 질문에 맞는 정보인지 판단하며, 교과주제관련 문제에 답이 되는 정보들을 자신의 경험과 연결하고 종합한다. 그리고 종합된 정보를 자신의 의견으로 재정리하고 이를 세상 사람들과 소통하기 위해 블로깅하거나 위키에 탑재한다. 교과주제관련 교과서 읽기, 궁금한 문제제기하기, 문제에 대한 답 찾기를 위한 디지털매체 텍스트에 대한 탐구읽기, 그리고 자신의 의견으로 표현하고 소통하는 전

과정이 바로 뉴 리터러시 학습과정이다. 이러한 뉴 리터러시 학습 전 과정은 전통 리터러시 활동과 새로운 학습환경에서 리터러시 활동의 통합을 바탕으로 이루어진다.

무엇보다 중요한 점은 뉴 리터러시 학습과정은 학생 주도적 탐구학습으로 이루어진다는 점이다. 학생들은 새로운 인터넷 학습환경에서 새로운 디지털 읽기활동을 통해 새로움을 받아들이고, 학생 주도적 학습, 경험학습, 탐구학습, 주제기반학습, 교과내용학습 등 통합적 교수학습과정, 방법과 전략을 사용한다. 이러한 뉴 리터러시 학습과정에서 학생들은 인쇄매체 읽기의 전통 리터러시 방법과 전략사용을 동시에 통합한다. 때문에 인쇄매체와 디지털매체 읽기를 통합한 뉴 리터러시 학습과정은 기본적으로 인쇄매체를 통한 전통 리터러시 학습능력이 가능할 때 성공될 수 있다.

태어나면서 디지털이라는 새로움을 받아들이는 데 익숙한 학생들에 반해, 성장한 후에 비로소 새로움을 받아들여야 하는 어른들은 새로운 기술에 익숙하지 못하고 때론 익숙하기를 거부한다. 오래전 카카오톡(이후 카톡으로 칭함)이 처음 보급될 때, 많은 시간 컴퓨터 앞에서 일을 하는 본인은 카톡을 컴퓨터에서 사용하고 싶었다. 그래서 카톡을 등록하기 위해 개인정보를 입력하려 했다. 그런데 개인정보를 모두 입력했음에도 연결이 되지 않고 다시 입력하라는 메시지가 계속 떴다. 짜증이 났다. 그때 본인은 디지털 사용은 나에겐 역시 어렵다는 생각이 들었다. 그리고 디지털 사용체질(?)이 아니라고 판단하고 등록을 포기했다. 그리고서 아들에게 입력 좀 해서 원하는 것을 해결해달라고 부탁했다. 본인의 연령에서는 경험해봄 직한 일일 것이다. 어떤 앱을 다운로드 하거나, 특정 프로그램 사용을 위해 처음 개인정보 입력을 할 때, 바로 연결되지 않아 짜증을 내거나, '역시 디지털은 편리하지 않아'라고 생각한 적이 있을 것이다. 아들은 원하는 사이트에 잘도 연결하는 데, 어른인 엄마는 이런 일 자체가 귀찮고 어렵다. 또한, 시도하길 포기하고 아들이 해주길 기다린다. 즉 새로운 것에 대해 노력을 하지 않으려고 한다. 과거 엄마는 아들보다 더 많이 알았고 아들에게 가르치는 사람이었다. 디지털 세상에서는 엄마가 아들에게 배워야 하는 세상이 된 것이다. 어른인 엄마는 디지털 사용을 어렵다고 포기해버리거나 새로운 기술에 대한 귀찮음과 번거로움을 느낀다. 이런 행동이 바로 디지털 이민자인 어른이라는 특징인지도 모르겠다.

아들을 불렀다. 그런데 아들은 직접 해결해주질 않고 엄마가 직접 해봐야 한다고 옆에 와서 이렇게 말을 했다. '엄마, 새로운 기술에 두려워할 필요가 없어요. 모든 기술은 우리가 익숙하도록, 사용할 수 있도록 만들어져있어요. 만약 우리가 그 기술을 사용하기 어렵다고 느낀다면 그 기술은 도태될 수밖에 없거든요. 그러니 어떤 기술도 관심만 있으면 엄마도 사용할 수 있답니다. 엄마나 나는 초기사용자(early adapter)가 아니잖아요? 그런 면에서 다른 사람이 익숙하게 사용해보고 모든 불편함을 해결한 상품으로 완전한 서비스를 우리에게 해준답니다. 초기 사용자들에 의해 기술의 문제나 불편한 점들이 모두 해결된 후, 후발로 그 기술을 사용하는 우리에게 넘어오니 사용에 어려움이 없답니다. 엄마, 자신감을 가지고 다시 시도해보세요. 접근하고 나면 굉장히 편리해요.' 아들의 도움으로 엄마는 스스로 해결을 하고, 그때 이후 컴퓨터 작업을 하면서도 아들에게 카톡을 보내며 편리하게 사용하고 있다.

새로움의 도전에 귀찮음과 두려움을 가진 어른들이 급변하는 미래 세상에서 살아가야 할 학생이나 자녀들에게 무엇을 어떻게 가르칠 수 있을까? 미래 사회에서 가장 가치 있고, 가장 중요할 것이라고 생각되는 스킬이 무엇일까? 이러한 질문들이 중요한 이유는 교사나 부모는 새로움에 대처하는 능력을 자녀나 학생들에게 가르쳐야 하기 때문이다. 미래사회에 적응할 때 필요한 능력으로 보통 4Cs(Communication, Critical thinking, Collaboration, Creativity)스킬을 말한다. 미래 사회에서 가장 가치 있고, 올바른 삶을 위해 필요한 이러한 스킬들을 어떻게 가르치고, 또 누구에게 배워야 할까?

변화하는 새로움의 시대에서 교사들은 학생들의 학습에 긍정적인 영향을 미칠 수 있는 많은 도구들을 교실 안으로 들여와야 한다. 그리고 학생들에게 새롭고 가치 있는 방법과 전략을 효과적으로 가르치고 모델링해 주어야 한다. 그런데 새로움을 두려워하는 어른들이 새로움에 대해 학생들에게 가르칠 수 있을까? 불가능할지도 모른다. 때문에 새로움에 어색한 교사는 새로움에 대한 학생들의 학습태도, 학습방법과 전략사용을 지켜보며 학습목표에 맞는 학생 주도적 학습방법과 전략을 사용하는 교수학습을 이끌어야 할 필요가 있다.

무엇보다 이러한 학생 주도적 학습방법들은 교과주제통합 교실수업에서 실제 사용 가능한 한 방법이 되어야 한다. 그리고 전통과 미래, 아날로그적 인쇄매체와 디지털매체, 학생 주도적이며 협업적이고, 비판적 이해 및 사고와 창의적 표현력 등이 통합된 조력이 되어야 한다. 이러한 학생 주도적 학습과정은 교과주제기반 스템교육에서 학생 스스로가 궁금한 것에 대한 답을 찾고 발견하고 문제를 해결해내는 탐구기반 문제해결식 접근일 때 더 효과적일 수 있다.

어른들은 자녀나 학생들에게 무엇을 가르쳐야 하는가의 문제로 고심하고 있다. 기술변화로 눈을 뜨면 어른들이 경험하지 못했던 새로움이 끊임없이 생겨난다. 때문에 부모나 교사로서 자녀교육이나 학생들의 교육에 두려움마저 느낀다. 교실에 들어오는 학생들이 교사보다 더 많이 알고 있는 것이 생기면서 교실수업 분위기는 많이 달라지고 있다. 지식의 우위에 있다고 생각하며 지식의 권위를 가졌던 교사들의 역할에 도전을 받고 있다. 특히 예측할 수 없는 미래에 대해 학생들이나 자녀들에게 미래를 어떻게 준비하라고 말할 수 있을지가 두렵다. 우리가 상상할 수 없을 만큼 자녀들이 마주칠 미래는 엄청난 변화가 쓰나미되어 올 것이다. 학생이나 자녀들은 부모나 교사들이 가르쳐주지 않았고 경험해보지도 않았던 문제들을 마주치게 될 것이다.

이러한 점에서 본서는 학생들에게 미래사회에서 필요한 역량을 길러주기 위해 교과주제학습에서 학생 주도적 뉴 리터러시 학습을 강조한다. 그리고 교과학습을 인쇄매체인 교과서 읽기와 디지털매체읽기를 연결하며, 인문학적 이해 및 비판적이고 창의적 사고 스킬과 소통스킬을 이끌 수 있도록 인문학 접근의 뉴 리터러시 교수학습과정과 예시를 제공해준다. 본서를 선택한 교사나 학부모님들은 지금까지 사용한 교사 주도적 수업방식과는 다른 방식의 교수방법을 볼 수 있을 것이다. 이를 위해 본서는 Reader's Handbook의 전개방식이나 아이디어 등을 기반으로 설명되고 있다. 특히 본서는 이 Handbook의 내용을 우리나라 초등학교 교과주제통합수업 환경에서 뉴 리터러시 학습으로 재 적용해보고, 그 타당성과 효과성을 재검토 해 보고자 하였다. 그 결과 본서는 이 Handbook을 다양한 매체 읽기와 교과학습을 위한 학습자 지침서로 유익하게 의존한바가 크다. 따라서 본서는 초등학교 교과주제통합수업에서 뉴 리터러시 학습을 이끌어야 하는 교사양성을 위한 연수에서 실습자료로 사용될 수 있을 것이다. 또한, 학생들은 본서를 통해 자신의 학습방법을 다시 돌아볼 시간을 갖게 될 것이다.

앞으로 다양한 교과학습에서 교과간 경계를 넘나드는 스템교육의 실현을 위해 인문학 접근의 뉴 리터러시 교수학습에 대한 더 많은 저서나 연구가 있기를 기대한다. 부족한 능력이지만 본서가 초등학교 교과주제통합학습에서 인문학 접근의 효과적인 스템교육을 위한 방안으로서 뉴 리터러시 교수학습운용에 어려움을 가지는 교사나 학부모님들에게 조금이나마 보탬이 되었으면 한다. 무엇보다 학생들의 미래교육에서 무엇을 어떻게 가르칠 것인가에 대해 고민하는 많은 분들과 본서를 공유할 수 있기를 바란다.

마지막으로 지면을 빌어 본인에게 학문에 대한 조언과 격려를 해주신 상지대학교 양병현 교수님께 감사를 드리며, 본서의 출판을 흔쾌히 허락해주신 국학자료원 정구형 대표님, 우정민 편집자, 그리고 연구 활동을 지원해주신 이승아 선생님께도 감사드린다.

2016년 9월

저자 씀

목차

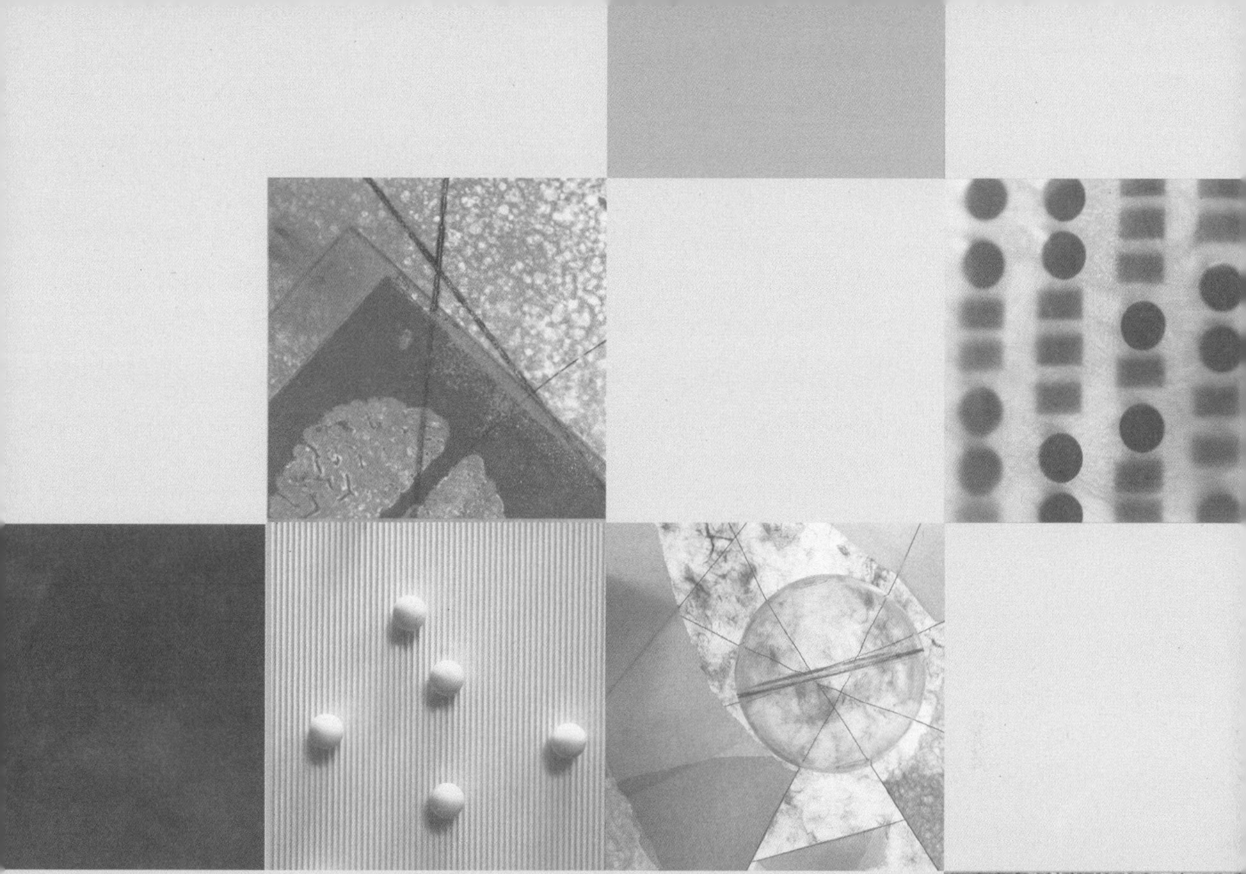

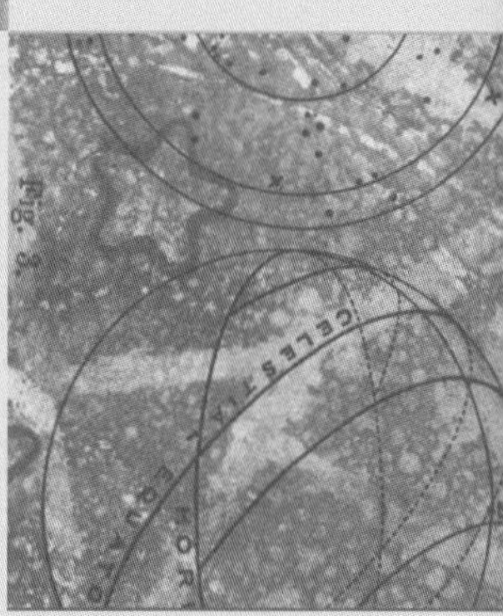

교과주제통합수업에서 뉴 리터러시 학습

1 교과주제통합학습은 어떻게 운영되어야 하는가

최근 세계 많은 국가들의 교육정책 동향은 통합(Integration)을 지향하고 있다. 이러한 통합적 교육동향의 예를 보면, 언어학습에서 통언어 접근(Whole Language Approach)이나 읽기(Reading)에서 두 개 혹은 그 이상의 학습이 연관된 스킬들을 학습하는 경향이 눈에 띈다. 특히 다양한 학문영역이나 교과목 간 융・복합(STEAM) 교육을 지향하는 것도 최근 통합교육의 영향으로 보인다.

전 세계 교육동향이 통합이나 융・복합을 강조하는 이유나 근거들이 있다.

- 읽기와 쓰기, 즉 이해스킬과 표현스킬은 동전의 양면처럼 분리할 수 없는 리터러시 스킬들이라 읽기를 쓰기로 연결하는 통합적 리터러시 교육이 이루어져야 한다.
- 듣고 말하는 사람들 간 상호작용은 메시지를 주고받는 일이다. 누군가의 말을 들어야 그에 답을 말할 수 있고, 다른 사람이 말을 하면 들어야 반응을 할 수 있다. 듣기와 말하기는 나눌 수 없는 통합스킬이다.
- 읽고 쓰는 리터러시 능력을 갖춘 학생들은 다양한 교과주제에 대한 담화적 텍스트를 통해 듣고 말하는 구두 언어능력에 대한 내재적 동기를 갖는다. 때문에 교과주

제에 대한 다양한 텍스트를 읽고, 쓰고, 듣고, 말하기 등의 언어의 4기능은 분리될 수 없는 통합능력이다.

- 교과학습의 내용을 이해하기 위해서는 언어의 형태에 주의를 기울여야 한다. 교과 수업에서는 언어의 4 스킬뿐 아니라 교과목 내용학습 스킬도 강화시켜야 한다. 이렇듯 교과내용학습과 언어 사용기능은 통합능력을 요구한다.
- 수학교과목에서 셈하기는 사회 교과목에서도 배울 수 있다. 교과 간에는 상호 중복되거나 연결된 점이 많다. 교과목들을 주제로 통합되어 교육할 때 단일 교과지식 뿐 아니라 연계된 다른 교과지식도 동시에 얻을 수 있다.

이렇듯 언어학습과 교과내용학습의 통합학습과 다양한 교과 간 통합학습이 이끌어내는 긍정적인 근거, 이유나 효과에도 불구하고 일부 혹자는 통합교육이 각 교과학문이나 각 개별 스킬이 가지고 있는 고유한 특징의 학습을 악화시킬 수 있다고 주장하기도 한다. 하지만 교과내용과 리터러시 통합학습은 학생들의 기억을 향상시키고 다양한 사고학습을 동기 부여한다. 이렇듯 통합학습이 가지는 많은 장점에도 불구하고 지금껏 다양한 교과들이 통합되지 못하고 독립적으로 학습되어 온 이유는 무엇일까? 이는 교육자들의 전공영역 지키기 때문에 교과목이 개별적으로 분리하여 개별 교과학습과 리터러시 스킬이 세분화되었는지도 모른다. 무엇보다 말하기와 듣기, 읽기와 쓰기 같은 리터러시 능력은 언어적 측면에서 나뉘어 사용될 수 없는, 통합되어 학습되어야 함에도 불구하고 독립적인 스킬로 학습되어온 것이다.

이런 점에서 볼 때, 초등학교에서 현재 진행 중인 교과주제통합학습은 바로 전 세계 교육 트랜드를 따른 스템교육의 형태인 통합학습 유형이라 할 수 있다. 특히 초등학교 교과주제통합학습은 바로 북미나 유럽에서 진행하고 있는 내용중심이나 주제기반 통합학습의 일종이라 할 수 있겠다. 하지만 초등학교 교과주제통합학습이 이루어지는 경우 어떤 방법적 접근이 가장 효과적일 수 있을까라는 점에 대해 더 많은 고민이 필요하다. 교과학습에서 가장 핵심적인 스킬은 바로 교과내용을 읽고 이해하며, 자신의 생각으로 표현해내야 하는 리터러시 스킬일 것이다. 이런 점에서 교과주제통합학습과 빠르게 변화하는 새로운 학습환경을 반영한 뉴 리터러시 학습이 이 시대 초등학교 교과과정에서 핵심학습 영역이라 할 수 있다. 때문에 뉴 리터러시 학습을 통한 교과주제통합학습모델이 초등학교 교실수업에서 이루어질 수 있는 가장 현실적이고 효과적인 스템교육 방법이 될 수 있다.

교과주제통합 교육과정은 교육과정에서 다루고 있는 교과내용들을 결합하거나, 개별 교과내용이 유기적인 관계를 갖도록 구성된다. 교과주제통합 교육과정은 내용중심학습(CBI)이나 주제기반학습(TBI)의 한 종류로서 일반 교과목에서 학생들의 실생활과 관련된 주제를 선정하고, 한 과목 또는 그 이상의 과목들에서 공통된 주제를 중심으로 통합학습을 하는 교육과정이다. 이 경우 교과주제통합학습은 어떤 방식으로 접근되어야 하는가에 대한 문제가 남아있다. 따라서 여기서는 우리나라 초등학교 교과주제통합학습에서 사용될 수 있는 적절한 통합수업방식을 찾기 위해 다음에서 두 학자들의 통합학습유형들을 살펴보도록 한다.

교과주제통합 교육과정 유형은 학자에 따라 다양하게 나누기도 한다. 먼저, Drake (1993)은 교과주제내용 통합방식을 다음과 같이 구분하고 있다.

〈Drake에 의한 통합유형〉

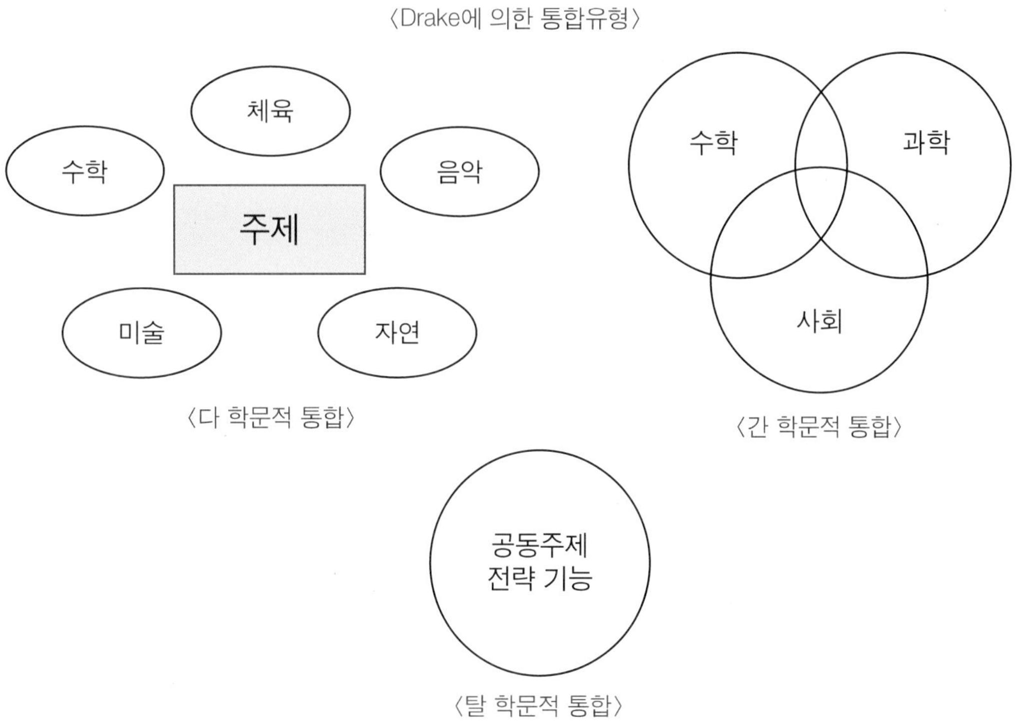

〈Drake에 의한 통합유형〉(Drake, 1993 참조)

교과주제통합방식의 유형	통합유형의 특징
다 학문적 통합	상호 독립적인 분야에서 관련 있는 주제를 통합적으로 다루는 방식으로, 각 교과나 학문의 독립성을 인정하면서 독립교과 내에서 타 교과와 관련된 주제로 통합하는 방법이다. 예) 공통과학= 생물, 물리, 화학, 지구과학 (과학이라는 주제를 가지고 관련 있는 분야의 학문들을 모아 학문 간에 공통점으로 통합하는 방식이다.)
간학문적 통합	두 개 이상의 학문이 개념, 방법, 절차 등에서 유사성이 발견되어 그 공통분모에 의해서 결합되거나 상호 관련시키는 통합방법이다. 예) 교육학+심리학=교육심리학 (교육학/심리학에 있는 공통적인 내용만을 추출해서 통합하는 방식이다.)
탈학문적 통합	학생입장에서 자유로운 표현활동이나 문제해결 과정을 통해서 이루어지는 통합방법으로 교과의 구조를 무시하고 교과의 독립성이 완전히 상실되며, 학생들의 흥미나 경험으로 교육과정을 구성하기도 한다. 학습내용은 일상생활에서의 경험과 유사한 내용들을 통합하는 방식이다. 특히 학생입장에서 자유로운 표현활동이나 문제해결 과정을 초점으로 한, 개별 학문들 간 교과의 틀을 허물고 학습내용을 통합하는 방식이라 할 수 있다. 이는 다음 3가지 통합방식이 가능하다. • 흥미중심의 통합 : 학생들이 관심있어 하는 대상을 중심으로 수업을 전개한다. • 표현중심의 통합 : 학생들이 자유롭게 생각을 표현하는 활동 중심 수업이 이루어진다. • 경험중심의 통합 : 학생들의 삶의 경험을 핵심에 두고 교육 프로 그램을 구성한다.

발췌 : 'Design Options for an integrated Curriculum' by Heidi Hayes Jacobs in interdiciplinary Curriculum, Alexandria, VA, ASCD, 1988.
재사용 : The Mindful School: How to integrate the Curricula by Robbin Fogarty, (Palatine, III, : Skylight Publishing, Inc., 1991), p. xv.

이렇듯 Drake 의한 통합교육과정 수립은 다음과 같은 효과들이 있다.

- 교과통합학습은 다양한 교과들에 포함된 중복된 내용과 중복된 기능을 줄임으로써 학생들이 배워야할 학습내용을 학습할 충분한 시간을 확보해준다.
- 교과통합학습은 교과학습을 실생활과 관련지음으로써 실제적 문제해결 능력을 길러준다.
- 서로 다른 교과를 연결하거나 교과와 생활을 관련짓는 교과주제통합학습은 인지적 과정과 유사한 체계를 갖추어 교과학습을 극대화시킨다.

Fogarty(1991)에 의한 통합유형도 있다. 이는 단일교과 내의 통합유형, 여러교과 간의 연계를 통한 통합유형, 또한, 학습자 내부 및 학습자 간의 연계를 통한 통합유형이라는 3가지 통합유형으로 나눌 수 있다. 이 같은 Fogarty의 통합방법은 Drake 통합방법을 보다 구체화한 방식으로 볼 수 있다. Fogarty의 통합모델은 교과 간 주제의 개념, 패턴이나 디자인들이 재정리된다.

〈Drake에 의한 통합유형〉

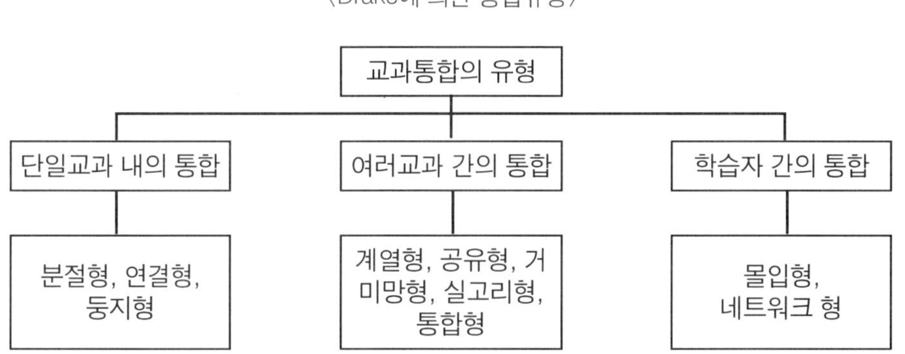

Fogarty의 10가지 교과통합학습 유형은 이렇게 도식화된다.

- 단일교과 내의 통합유형

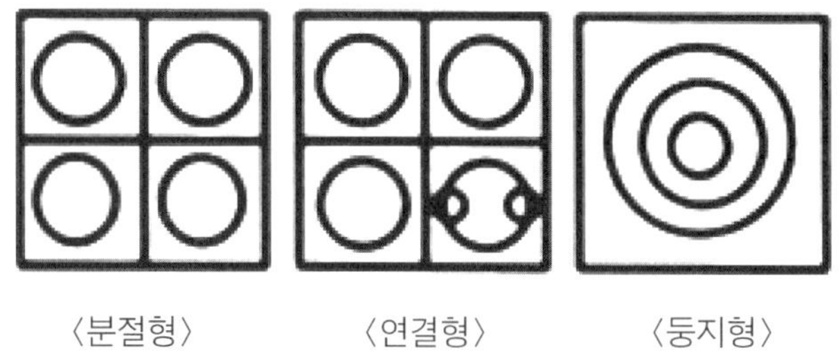

〈분절형〉 〈연결형〉 〈둥지형〉

- 여러교과 간의 통합유형

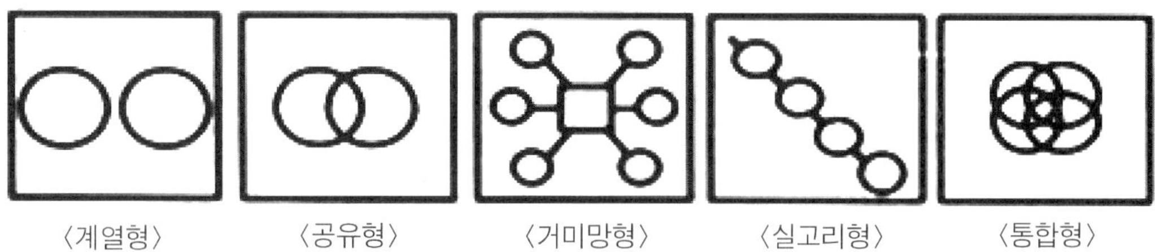

〈계열형〉 〈공유형〉 〈거미망형〉 〈실고리형〉 〈통합형〉

• 학습자 간의 통합유형

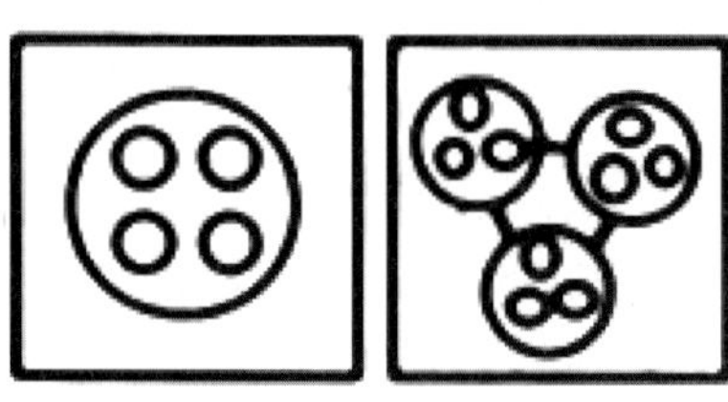

〈몰입형〉 〈네트워크형〉

Fogarty의 10가지 통합모델은 교사들이 초등학교 교과주제통합 교육과정을 디자인할 때 사용될 수 있다. 이러한 Fogarty의 10가지 통합학습모델은 학생들이 학습을 하는 동안 다양한 교과주제 간 의미 있는 연결을 만들도록 도와주는 교육과정을 기획하는 기반을 제공해준다.

〈Fogarty의 10가지 통합유형의 특징들〉

	통합유형	통합유형의 특징
단일교과 내의 통합유형	분절형	• 하나의 방향, 하나의 관점, 하나의 과목에 초점을 둔다. • 교과영역을 분절하는 독립적이고, 지엽적인 교과목에 대한 전통적인 모델이다. • 교사는 수학, 과학, 사회, 언어나 과학, 인문학, 실용예술 교과목에 이 관점을 적용한다.
	연결형	• 하나의 교과에 대한 구체적인 내용 및 세부내용의 상호연결에 초점을 둔다. • 각 교과영역에서 코스내용은 주제와 주제, 개념과 개념이 연결된다. 한해의 일이 다음 해에 연결되고, 아이디어들이 명확하게 관련된다. • 교사들은 분수의 개념을 10진법과 관련짓는다. 또는 그것은 돈이나 학년과도 연결된다.
	둥지형	• 하나의 장면, 주제나 단원에 다중 범주로 연결된다. • 교사는 각 교과영역에서 다양한 스킬(사회적 스킬, 사고스킬 및 내용 구체화스킬 등)에 목표를 둔다. • 교사들은 광합성에 대한 단원과 일치한 것들을 탐구하고(사회적 스킬), 순서화하고(사고 스킬), 그리고 식물생태계(과학내용)에 목표를 둔다.
	계열형	• 내적개념은 광범위하고 관련된 개념에 의해 구조화된다. • 학습주제나 단원이 상호 동시에 운영되도록 재정리되고 순서화된다. 독립된 교과목들은 비슷한 아이디어들을 한 개념으로 가르쳐진다. • 영어교사는 역사교사가 역사적 특정 기간을 가르치는 동안 특별한 기간을 묘사하면서 역사적 소설을 설명한다.

여러 교과 간의 통합	공유형	• 겹친 개념과 스킬을 공유하는 두 교과목에 대한 관점이다. • 두 교과에서는 겹친 개념이나 아이디어들이 조직화된 요인들로서 나타난다. • 과학과 수학교사들은 팀으로 가르칠 수 있는 공유된 개념으로 데이터 수집, 차트화와 그래프 그리는 것들을 사용할 수 있다.
	거미망형	• 한 주제에 대해 모든 별자리에 대한 광범위한 관점이다. 다양한 요인들에 망을 만든다. • 주제는 교과과정의 내용과 교과목들에 망으로 연결된다. 교과목들은 적절한 개념과 아이디어들로 연결하기 위해 주제를 사용한다. • 교사는 단순한 주제(교과영역에 그 주제들을 망으로 연결)에 대해 발표한다. 갈등 같은 개념적 주제는 더 깊은 개념들을 위해 망으로 연결될 수 있다.
	실고리형	• 메타 교육과정 접근을 통해 모든 내용을 확대하는 큰 아이디어들이다. • 확대경 관점은 다양한 교과목을 통해 사고스킬, 사회적 스킬, 다중인격, 학습기술들을 실고리처럼 연결한다. • 사회과목 교사가 현재 사건을 예견하는 것과 교과 간 예견하는 스킬을 실고치로 연결하는 것을 목표로 한다. 읽기, 수학, 과학실험에서도 예견을 목표로 한다.
	통합형	• 각 교과목의 기본요인들을 사용하는 새로운 패턴과 다자인이다. • 교과목 학제 간 접근은 주제와 개념이 겹치도록 교과목을 실제적 통합모델로 가르친다. • 수학, 과학, 사회, 미술, 언어와 실용예술 교과에서, 교사들은 이 패턴을 통해 내용접근과 패턴모델을 찾는다.
학습자 간의 통합	몰입형	• 모든 콘텐츠가 흥미와 경험의 렌즈를 통해 필터링 되기 때문에, 구체적인 설명을 하는 개인적인 관점이다. • 교과목은 전문성에 대한 학습자 관점이 된다. 학생들은 렌즈를 통해 모든 콘텐츠를 필터링하고 몰입하게 된다. • 학생은 전문가의 흥미에 따라 특정 관점을 가진다. 그리고 이 관점을 통해 모든 학습을 본다.
	네트워크형	• 다중영역과 초점에 대한 방향을 창조하는 관점이다. • 학생은 전문가의 눈을 통해 학습하는 모든 것을 필터링한다. 그리고 관련분야에서 전문가들의 네트워크로 내적 연결을 만든다. • 디자인을 위해 CAD/CAM을 사용하는 동안, 학생들은 지식을 확장한다. 마치 내부 디자이너와 기술적 프로그래머와 네트워크을 한다.

발췌 : 'Design Options for an integrated Curriculum' by Heidi Hayes Jacobs in interdiciplinary Curriculum, Alexandria, VA, ASCD, 1988.
재사용 : The Mindful School: How to integrate the Curricula by Robbin Fogarty, (Palatine, Ill, : Skylight Publishing, Inc., 1991), p. xv.

교과주제통합 교과과정을 망으로 통합하기 위한 주제개발 아이디어들이 있다.

〈교과주제통합을 위한 아이디어들〉

개념들	주제들	범주들
• freedom	• The individual	• animal stories
• cooperation	• Society	• biographies
• challenge	• Community	• adventure
• conflict	• Relationships	• science fiction
• discover	• Global Concerns	• the Renaissance
• culture	• War	• Medieval times
• change	• The Pacific	• the impressionists
• argument & evidence	• Partnerships	• Great books
• perseverance		

재사용 : The Mindful School: How to Integrate the Curricula by Robin Fogarty (Palatine, Ill : Skylight Publishing, Inc,. 1991). p.55

이러한 다양한 통합모델을 바탕으로 교사들은 초등학교 교과주제통합 교육과정 개발을 위해 다음과 같은 절차를 작성해보도록 한다.

- 현재 진행 중인 초등학교 교육과정 및 교과서를 분석한다.
- 교과주제관련 자료를 수집하여 일상생활과 관련된 통합 가능한 주제를 분류한다.
- 교과주제 및 개념을 예시하고 정리한다.
- 타 교과목과의 통합을 시도할 교과단원을 선정한다.
- 이론들을 확인한 다음, 통합학습 모형을 구안한다.
- 통합교육과정에 따른 교수요목을 개발한다.
- 교과주제통합 교수·학습 모형에 의한 학습 지도안을 제시한다.

또한 교사들은 초등학교 교과주제통합 교수학습모델에서 단계별 학습활동을 준비해보도록 한다.

〈교과주제통합학습을 위한 단계별 학습활동〉

단계	학습활동
1단계	교육과정에 따른 교과서 분석을 한다.
2단계	통합학습을 위한 주제를 선택한다.
3단계	브레인스토밍을 통해 주제 망 (아이디어) 펼치기를 한다.
4단계	주제관련 자원과 자료를 수집한다.
5단계	학생들의 수준에 따른 언어 수준 및 활동을 결정한다.
6단계	학습활동의 순서를 매긴다.
7단계	학습자료 정리 및 학습 공간을 조직한다.
8단계	학습활동을 실행하고 수정한다.

초등학교 교과주제통합학습에서 길러주어야 할 능력은 다양한 매체 텍스트를 올바르게 읽고 해석해내야 하는 능력이다. 이것은 바로 학생들이 리터러시 기본기를 갖추고 각 교과내용을 잘 이해·분석·평가하고 확장하도록 교과학습을 다양한 매체읽기로 연결시킬 때 가능하다. 교과내용과 디지털매체읽기의 연결은 언어와 교과지식의 통합능력인 뉴 리터러시 능력을 길러주기 위함이다. 이를 위해 초등학교 교사들이 뉴 리터러시 학습코칭 능력을 갖추도록 하는 전문성 교육이 필요하다.

〈교과학습과 리터러시 능력을 통합하는 교과 리터러시 능력〉

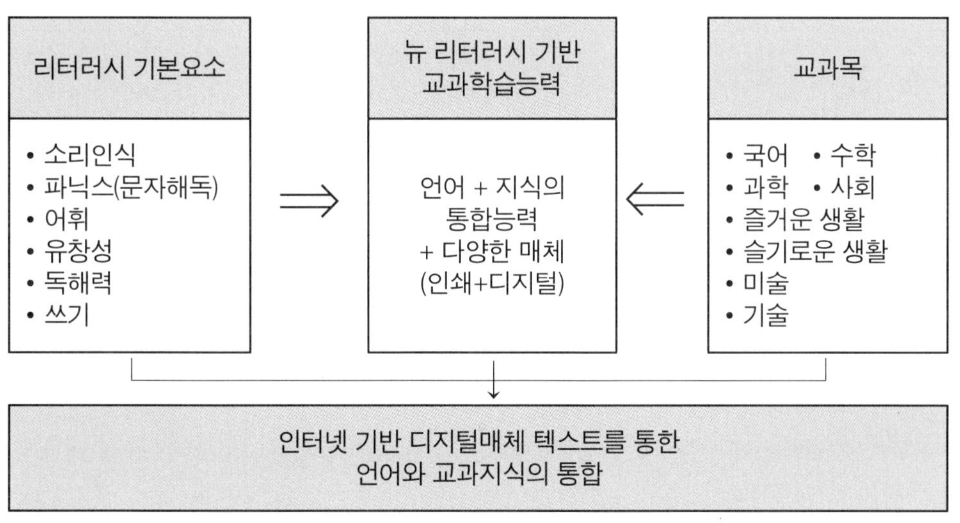

초등학교 교과주제통합학습 운영을 위해 모든 교과학습에서 초등학교 교사들이 반드시 실천해야 할 5단계 뉴 리터러시 교수학습활동들이 있다. 다음은 교과주제통합학습 운영을 위한 전통적인 리터러시 교수학습활동과 뉴 리터러시 교수학습활동을 비교한다.

〈교과주제통합학습 운영을 위한 5단계 전통적 리터러시 교수학습활동〉

단계	학습활동	리터러시 활동
1	텍스트와 매체선정하기	• 학생 수준별, 대상별 주제영역에 대한 적절한 자료 준비 및 자료선정 (인쇄매체와 디지털매체)
2	전략적 읽기	• 언어수준에 맞는 다양한 매체 텍스트의 전략적 읽기 • Top-down, Bottom-up방식으로 내용이해 및 의미 파악하기
3	주제관련 아이디어 용어개념 이해하기	• 교과주제관련 개념이해하기 • 개념이해를 위한 중심어휘 및 문맥기반 어휘력 쌓기
4	용어개념에 대한 숙련 개념 표현하기	• 용어 개념 숙지를 위한 유창성 연습하기 • 질문을 통한 문맥기반 개념 확인 및 설명하기
5	개념적용 및 활용하기 자기생각 표현하기	• 개념에 대한 자신의 용어로 재설명하기 • 실생활과 연결된 개념 활용하기

〈교과주제통합학습 운영을 위한 5단계 뉴 리터러시 학습활동〉

단계	학습활동	뉴 리터러시 활동
1	교과주제관련 질문을 정의하기	• 교과목주제관련 학생들의 삶과 일치하는 궁금한 문제제기 및 중심어 찾기
2	인터넷 정보를 위치지정하기	• 교과목주제관련 질문이나 문제에 답이되는 정보위치(URL) 지정하기
3	인터넷 정보를 비판적으로 평가하기	• 문제에 답이되는 정보를 비판적으로 읽고 정보의 신뢰성, 전문성 등을 평가하기
4	인터넷 정보를 통합하기	• 교과주제와 관련된 신뢰있는 올바른 정보들을 문제에 답이 되도록 통합하기
5	인터넷 정보를 소통하기	• 통합된 정보들을 자신의 의견으로 쓰고 이를 블로깅하여 다른 사람들과 소통하기

초등학교 교과주제통합학습을 위한 방법으로서 교과주제관련 다양한 매체 텍스트에 대한 리터러시 교수학습 전략사용은 교사 주도적 접근과 학생 주도적 접근이 가능할 수

있다. 교사 주도적 접근은 교사가 수업 전에 교과주제통합 리터러시 수업설계, 다양한 매체 텍스트를 통한 자료수집 등을 교사가 주도적으로 설계하는 것이다. 반대로 학생 주도적 리터러시 접근은 학생의 관심사와 흥미기반 학습을 진행하면서 개인차에 따라 다양한 매체읽기를 통해 학습자료를 학생이 스스로 선택하고 반응하도록 설계하는 것이다. 무엇보다 교과주제통합학습에서 리터러시 활동을 이끌어야 할 때 질문기술을 사용하는 것은 매우 효과적이다. 때문에 교과주제통합학습에서 교사 주도적 리터러시 학습은 교사가 학습목표에 따라 설계된 질문들을 학생들에게 주고 이에 학생들이 반응한다. 학생들의 반응에 교사가 다시 피드백 전략(유도, 직접교정, 반복)을 사용하며 교과주제관련 학생들의 리터러시 활동을 이끌어 가는 교사 주도적 교수전략을 사용한다. 이에 반해, 학생 주도적 리터러시 학습전략은 학생들이 직접 만든 질문에 대해 학생들이 주관적으로 반응하고 이에 교사는 학생들이 자연스럽게 교과주제관련 리터러시 학습활동을 수행하도록 지원하는 전략을 사용한다.

교과주제통합수업에서 교과학습과 뉴 리터러시 학습을 통합하는 많은 방식이 있을 수 있다.

- 언어사용과 교과내용을 타 교과과정과 통합한다.
- 학생들의 사전지식이나 경험을 내용학습이나 언어사용 학습에서 통합한다.
- 언어의 4기능의 통합이 이루어질 수 있다.

결국, 교과주제통합학습에서 언어학습과 내용학습의 통합을 이끄는 방식으로 인문학 접근의 뉴 리터러시 학습전략을 사용하는 경우 대립균형 교수전략(김지숙, 2014)이 사용될 수 있다. 교과학습과 리터러시 학습이 통합될 때 가장 중요한 것은 학생 모두가 다양한 매체읽기 스킬에 전문성을 갖도록 이끄는 것이다. 그 결과 학생들이 초등학교를 졸업하고 나면, 초등학교 교육과정에 있는 교과학습내용에 대해 제대로 이해하고 해석하며 삶에 제대로 반영해서 언제 어디서나 자신의 언어로 표현해 낼 수 있도록 교사는 학생들의 뉴 리터러시 능력향상을 이끌어야 한다. 이렇듯 초등학교 교과주제통합수업에서 학습목표는 변화하는 학습환경에서 학생들의 뉴 리터러시 능력을 기르는 것이어야 한다. 전통적인 리터러시 능력으로는 학생들이 미래 역량을 갖추는 데 충분하지 않다. 전통적인 리터러시 능력에 기술발달로 인해 변화하는 디지털 학습 환경에서의 새로운 뉴 리터러시 능력이 더해져야 미래사회가 요구하는 역량을 갖출 수 있게 된다.

전 세계 국가들의 통합교육 동향하에서 모든 학문의 기초가 되는 리터러시 수업은 다음과 같이 새로운 인터넷 학습환경에서 학생 수준별 뉴 리터러시 학습으로 이루어질 것이다.

- 교과수업에서 교과주제관련 학생들의 흥미나 관심에 따른 질문을 만든다. 이때 교과수업에 가져온 학생들의 배경지식(schemata)을 가동시키기 위해 읽기 전, 교과주제관련 자유토론(brainstorming)활동이 이루어진다. 이때 학생들은 협업적으로 질문을 만들고, 질문에 답이 되는 심오한 정보를 찾기 위한 중심어휘를 찾는다.

- 학생들이 읽게 될 교과주제관련 다양한 매체 텍스트에서 질문에 답이 되는 여러 정보를 얻거나 학생들의 생각을 끌어내는 읽기활동이 이루어진다. 이때 교사가 질문을 제공하거나 학생들이 직접 만든 질문이나 중심어에 대해 학생들의 다양한 생각들이 협업적으로 구체화된다. 뿐만 아니라 학생들은 검색엔진을 사용하며 정보 찾기를 하고, 답이 되는 정보의 위치를 지정한다.

- 학생들은 읽기목적에 맞는 특정한 방식의 다양한 매체읽기 스킬을 사용하며 다양한 매체 정보 읽기를 한다. 학생들이 다양한 매체읽기를 할 때, 인쇄매체읽기 리터러시 스킬과 더불어 디지털매체읽기 리터러시 스킬을 사용한다. 디지털매체읽기 리터러시 활동으로는 질문하기와 정보위치지정하기를 하고 난 다음, 학생들이 비판적 탐구읽기를 하는 동안 정보 평가하기, 종합하기 및 창조적 쓰기활동을 한다. 위의 전 과정에서 학생들은 뉴 리터러시 스킬을 사용한다.

- 학생들이 교과주제관련 다양한 매체 단락읽기를 할 때, 학생들은 단락의 구성방식에 따라 다양한 읽기전략을 사용하며, 이를 학생 자신의 언어로 다시 표현하는 쓰

기활동을 한다.

교과주제통합학습에서 사용되는 뉴 리터러시 교수학습방법을 다른 여러 교수학습 방법들과 비교해본다면 뉴 리터러시 학습을 더 효과적으로 운영할 수 있을 것이다.

〈교과주제통합학습에서 뉴 리터러시 교수학습방법과 다른 교수학습 방법과의 비교〉

다양한 교수학습 방법	다양한 교수학습 방법의 특징
교과주제통합수업에서 뉴 리터러시 교수	• 교과주제통합학습에서 다양한 매체읽기전략을 사용하며 교과서나 관련 참고자료를 읽는다. • 읽기활동을 통해 언어학습이나 교과서 내용이해의 통합교수학습이 이루어진다. • 뉴 리터러시 교수학습은 학생 주도적 탐구기반 문제해결식 학습방법을 따른다. 때문에 학생 수준에 따른 학습이 이루어진다. • 교과주제관련 궁금한 점에 대해 학생들은 협업적으로 문제를 만들거나 학생개개인의 삶과 관련된 궁금한 점이나 흥미로운 점에 대해 질문이나 문제제기를 하는 학생 주도적 학습 방법이다. • 문제에 대한 답을 찾고자 중심어를 만들어 검색엔진에 입력한다. 학생들이 주도적으로 이루어지는 탐구학습방법이다. • 학생들은 스스로 관심있는 사항들에 대해 검색엔진에서 나타나는 사이트에서 비판적 탐구읽기를 한다. 이때 정보를 평가하고, 정보들을 종합하고, 정보들에 대해 창의적 글쓰기를 이끈다. • 뉴 리터러시 교수방법은 소통을 중요시한다. 학생 자신이 교과주제관련 글쓰기를 블로깅하거나 교실 위키에 탑재하고 다른 학생들과 공유하고, 상호피드백을 교환하며 소통한다. • 뉴 리터러시교수방법에서 교사는 학습코치가 된다.
교과주제통합수업에서 내용중심 교수	• 교과주제의 내용이 언어형식보다 더 중요하게 다룬다. • 유의미한 학습과 학생들의 내적 동기유발에 좋은 교수방법이다. • 학문분야나 직업영어에서, 유창성 중・상급 이상의 단계에 적합한 교수방법이다. • 교사는 교과내용과 언어학습을 동시에 담당하는 이중언어전문가가 되어야 한다. 또는 교과내용교사와 언어교사의 팀티칭이 가능한 교수방식이다. • 내용중심 교수방식은 읽기, 토론하기, 문제해결하기, 데이터 분석하기와 의견이나 보고문 쓰기 같은 활동을 통합시킬 교수방식이다. • 이머전 프로그램 : ESL 상황, 즉 미국에 유학 간 학생이 미국학교에 다닌 경우의 일종이다. 또한 영어로 교과학습을 배우는 교수방식이다. • 보호 영어프로그램 : ESL 상황, 이중언어 교사가 수업. 교과학습에서 따로 ESL학습을 하는 교수방식이다. • 교육과정에서 쓰기활동 : 전 교과과정(역사, 생물학, 미술 등)의 교과목 영역에서 쓰기를 다루는 교수방식이다. • 농업, 공업, 의학, 상업 영어 같은 특수목적을 위한 영어프로그램(ESP)에 맞는 교수방식이다.

교과주제통합수업에서 주제기반 교수	• 넓은 의미에서 내용기반 교수방법으로 교과내용 영역을 주제별로 교수하는 것이 우선된다. 그 다음에 언어교수에 관심을 갖는 교수방법이다. 이를 위한 교수원칙이 있다(자동화 · 의미적 학습 · 내적동기 · 의사소통 능력). • 좁은 의미에서 주제기반 교수방법으로는 교과주제 내용과 언어목표 둘 다를 동일하게 강조하는 교수방법이다. 교과주제관련 학생들의 관심사항을 충족시키면서 언어학습도 소홀하게 다루지 않는다. • 학문적 목적으로 한 영어교수 방법인 EAP의 대표적인 교수모델이다. • 교실수업에서는 읽기, 쓰기, 토론하기 같은 학습을 한다. 이 경우 교과관련 통계나 사실 자료 등을 이용한다. • 탐구학습을 통해 탐구과정과 탐구결과에 대한 보고서를 쓰는 학생 주도적 문제해결식 탐구학습 활동을 실시한다. 이 경우 학생들의 내적 학습동기 유발에 효과적이다. • 학생들은 교과주제관련 다양한 매체읽기를 통해, 동 · 식물의 삶에 대한 탐구읽기와 쓰기를 하도록 한다. 탐구학습을 통해 학생들 스스로 각종 자료들을 제작한다.
교과주제통합수업에서 경험기반 교수	• 교과주제관련 다양한 경험학습으로 언어를 맥락화하여 상황에 맞게 사용하며, 언어의 4스킬이 통합된다. • 경험학습은 학생 스스로가 실제 경험하여 얻은 학습이다. 이는 현실세계의 모든 것이 학습의 목적이며 과정이 된다. 특히 교과학습과 언어학습 목적에 부합되는 참여활동으로 학생들의 좌/우뇌가 동시에 사용되는 교수학습 방법이다. • 언어학습이나 교과내용학습에서 물리적 활동을 중시하는 교수방법이다. • 학생들은 교과주제관련 다양한 매체읽기를 통해 언어원리에 대한 구체적인 경험을 한다. 학생들은 경험학습을 통해 교사들의 피드백을 처리하며 언어사용의 원리를 습득하게 된다. • 경험학습은 경험을 통해 뭔가를 하게 되는, 어떤 가능성이나 마주하는 것에 대해 단순한 무엇 이상의 것을 하게 한다. 학생들은 경험학습을 통해 공부되는 현상과 직접 마주하며 문제를 해결하며 학습한다. • 학생들은 직접 활동함으로써 가장 잘 배운다는 존듀이의 주장을 뒷받침한다. 학생들은 직접경험을 통한 발견의 기쁨을 갖게 된다. 그리고 학생이 직접학습에 참여하며 경험함으로써 자신의 학습에 대해 책임지는 초인지적 전략이 습득된다. • 경험학습은 학생 주도적 탐구학습이 가능하며 다양한 매체를 이용하며 학생들 스스로 프로젝트 활동 및 문제해결 활동을 한다.

교과주제통합수업에서 과제기반 교수	• David-Nunan(1991)이 처음 주장한 과제기반교수는 과제활동을 하는 동안 학생들은 목표어를 사용하며 상호작용함으로써 의사소통 스킬을 배우게 된다는 점을 강조한다. • 학생들이 과제학습과정에서 실제적 언어를 사용하며, 사용한 언어에 집중한다. • 과제중심교수는 교실활동의 중심이 되는 학문적 활동을 한다. 특히 학생들은 교사가 제시한 과제를 수행하기 위해 조직하고 실행한다. • 교사는 과제제시를 하는 경우 상황을 자세히 명시해야 한다. 예를 들어, Job 인터뷰에서 개인정보를 주도록 한다. • 과제기반 교육과정에서는 목표과제에서 학생이 무엇을 할 필요가 있는지를 명시한다. 이는 학생의 학문적 목적달성을 위한 학문적 과제를 조직하는 일이다. 과제목표, 교사의 input, 교사의 역할, 학생의 역할과 평가를 결정한다. • 내용기반 접근은 교과목의 내용에 대한 교수를 강조한다. 반면에 과제기반 접근은 언어가 사용되는 기능적 목표를 중시한다. 그리고 실제 학생들의 삶에 존재하는 과제를 강조한다. • 과제기반 접근이 다른 접근과 다른 점은 의사소통과 목적 및 의미에 초점을 둔다. 하지만 궁극적인 목표는 언어를 중시한다. 학생들의 화용론적 언어능력 및 의사소통을 중시한다. • 목표과제에 중점을 둔 접근법으로 과제수행을 하는 동안 학생들은 자신의 경험을 사용하며, 과제수행을 위해 4스킬을 통합한다. 그리고 교실 밖의 언어활동과 연결한다.

2 전통 리터러시에서 뉴 리터러시까지

인터넷 발달에 인해 따라 최근 새로 관심을 받고 있는 뉴 리터러시에 대해 교사나 학부모들은 많은 궁금증을 갖고 있다. 전통적인 리터러시는 읽고 쓰는 능력으로 문해력을 의미하였다. 또는 의사소통을 위한 문자와 기호를 사용하는 것으로 이해됐다. 하지만 뉴 리터러시는 전통적인 리터러시와는 다른 점이 있다. 뉴 리터러시를 좀 더 깊게 이해하기 위해서는 리터러시의 변화과정을 알아보는 것이 도움이 될 것이다.

리터러시는 언어교육에서 기호를 해독하는 능력 또는 문자로 된 텍스트(글)의 의미를 이해하는 능력을 의미하는 용어로 사용되어왔다. 처음에는 음절, 단어, 문장을 유창하게 읽을 수 있는 최소 수준의 문자 해독능력이라는 좁은 개념으로 사용되었다. 그러다가 점차 사회적 맥락 안에서 특정한 역할을 수행하는 데 필요한 문장이해와 표현 능력을 뜻하며, 설명문 읽기나 보고서 쓰기 같은 기능적 리터러시로 확장되었다.

리터러시라는 용어는 익숙한 듯 보이지만 그 뜻을 정의하기는 쉽지 않은 개념이다. 어느 분야에서, 어떤 관점에서 리터러시라는 용어를 사용하는지에 따라 그 뜻은 다르게 의미전달되기 때문이다. 이러한 이유에서 리터러시는 단독으로 사용되기보다 다양한 수식어들이 앞에 붙어 사용되는 경우가 많다. '기능적 리터러시', '비판적 리터러시', '문화적 리터러시', '정보 리터러시', '미디어 리터러시', '디지털 리터러시', '테크노 리터러시', '복합양식 리터러시', '새로운 리터러시' 등이 대표적인 예들이다.

IT기술 발달로 인해 과거와 달리 의사소통의 매체가 인쇄매체에서 디지털 매체로 다양해지고 있다. 의사소통 도구가 다양화되면서 개개인의 의견이 걸러지지 않은 채 디지털 정보가 되어 인터넷 세상에 돌아다니고 있다. 이로 인해 학생들이 읽어야 하는 정보에 대한 평가역량이 중요해지고 있다. 과거 인쇄매체 텍스트는 그림, 사진, 음성, 음악, 동영상 같은 표현양식들이 다양해지면서 디지털 매체 텍스트로 확장되고 있다. 최근 초등학교 교육과정이 개정되면서 학교 국어수업에도 문자만으로 표현된 책이 없고, 글과 그림이 의미전달의 수단으로서 중요한 역할을 하고 있다. 따라서 학생들은 그림이나 영상언어로 이야기를 구성하거나, 다양한 시각적 이미지를 사용해 발표하거나, 다양한 매체의 다양한 표현방식들을 이해해야 하는 새로운 뉴 리터러시 활동을 매일매일 경험하며 살아가고 있다.

뉴 리터러시에 대한 개념을 이해하는 것은 IT기술의 발달로 인해 변화하는 다양한 리터러시 개념을 이해하는 것이 되고 있다. 과거 인쇄매체 텍스트를 읽고 쓸 수 있는 리터러시 능력을 의미하는 용어로 문식(文識) 또는 문해(文解)능력 이라고 번역하여 사용되어 왔다. 하지만 이는 단순한 문자의 인식과 이해에 초점을 맞춘 수동적인 읽기활동을 의미하는 용어로 여겨진다. 이는 최근 뉴 리터러시 학습에서 강조하는 적극적인 읽기를 쓰기로 연결하는 표현적 의미가 약해 보인다. 따라서 본서에서는 리터러시라는 외래어를 그대로 표기하고자 한다.

〈리터러시에 대한 개념의 변화〉

시기	literate 라는 용어에 대한 이해
14세기	• 라틴어에서 [literate]라는 영어로 전해짐. • 높은 수준의 우아한 교양이 있는 것, 혹은 책을 폭넓게 읽고, 책의 내용을 잘 기억하는 것이라는 의미임.
17세기	• 모든 문헌을 망라한 것이라는 의미로 표현함(베이컨(Francis bacon)). • 그 결과 [literature]라는 용어는 문학을 의미하게 됨.
근대 초기	• 근대초기 문학이 인문주의 교양을 가장 잘 표현하는 장르였기 때문에 [literate]가 문학을 의미하게 된 이유임.
1850년대	• [literacy]라는 용어는 미국 매사추세츠주 교육위원회 기관지에 높은 교양이라는 의미로 처음 사용됨 (옥스퍼드 영어사전). • [literacy]가 교육용어로 처음 등장한 것임. • [literacy]라는 용어가 공교육제도에 있는 모든 아이들이 습득해야 할 교양이라는 의미가 됨. • [literacy]의미는 미국에서 기능적 리터러시(functional literacy)라는 용어로 계승됨. • 기능적 리터러시는 초등학교 4학년 정도의 교양수준으로 의미됨.
1930년	• 기능적 리터러시는 중학생 정도의 교양수준으로 의미됨.
20세기 중반	• 기능적 리터러시는 고등학교 졸업정도의 교양수준으로 의미됨. • [literacy]는 학교에서 교육해야 할 공통교양으로 의미됨.
20세기 중·후반	• 유네스코 개발교육의 정책문서에서 [literacy] 읽고 쓰는 능력으로 등장함. • 일본과 한국에서는 유네스코를 중심으로 개발교육이라는 맥락에서 리터러시 개념이 소개되고 보급됨. • [literacy] 개념이 읽고 쓰는 능력을 의미하는 문해라는 기본적인 의미로 이해되고 받아들여짐.
21세기	• [new literacies]라는 용어는 David Buckingham(1993)가 쓴 학문적 연구논문에서 처음 붙여짐. • [new literacies]라는 용어가 사회환경변화로 인해 리터러시의 새로운 형태로 등장함.

이렇듯 리터러시 개념에 대한 변화를 볼 때, 리터러시에 대한 근원적 의미는 높은 교양을 의미하였다. 특히 전통적으로 리터러시의 의미는 문자를 매개로 하는 문화의 총칭이었다. 따라서 리터러시 능력은 책 읽기와 글쓰기 능력을 포함하였다. 하지만 최근 기술발달과 더불어 인터넷이 새로운 학습 환경으로 등장하면서 디지털매체읽기와 교과학

습이 연결되는 뉴 리터러시 능력은 다양한 매체 정보 읽기, 생각하며 탐구하기와 자기 생각으로 표현하고 소통하는 능력을 포함한다.

1990년대 Gee(2008)는 뉴 리터러시 학습이라는 용어를 처음으로 사용한 사람이다. 그가 말하기를 'new'라는 용어는 이미 다른 뭔가의 끝자락에서 나오는 말이다. 'new'라는 용어가 사용되면 이미 'old'한 뭔가가 있다는 것을 의미하기 때문이라고 강조하면서 뉴 리터러시 학습이란 용어를 처음으로 사용하였다. 그의 설명에 따르면 리터러시와 교과학습을 위한 기술을 정의하면서 인터넷을 강조하는 '뉴 리터러시'라는 용어는 일시적인 이름이 아니었다. 그는 오늘날의 학생들을 21세기 학습자라고 부르고, 그들의 의사소통 실제를 '21세기 리터러시'라고 이름지었다(Gee, 2008).

미국에서 실시하고 있는 CCCC(Conference on College Composition and Communication)의 프로그램분석에서는 최근 리터러시 교육이 인쇄매체를 읽고 쓰는 개념에서 디지털매체 리터러시 개념으로 얼마나 빠르게 변화되고 있는지를 보여준다.

〈CCCC에서 뉴 리터러시 용어 관련 온라인 pdf 탐색 결과〉

	2004	2008	2012
technology	331페이지중 50 페이지 정도(15%)	321중 36페이지(11%)	49페이지로 (13%)
digital	17페이지 정도(5%)	32페(10%)	376페이지 중 91페이지로 (24%)
multimedal	약 3페이지(1%)	16페이지(5%) 정도	multimodal'은 33페이지 (9%)

〈출처 : www.ncte.org/〉

CCCC의 프로그램 분석에 따르면 8년 동안 digital이란 용어는 프로그램 페이지의 4분의 1을 차지했고, 반면에 프로그램에서 거의 언급이 없던 multimodal이란 단어는 10배의 페이지를 차지하고 있다.

학생들이 일상이나 학교에서 읽고 쓰는 텍스트는 인쇄매체 뿐 아니라 디지털매체로 확장하고 있다. 인쇄매체 텍스트를 읽는 리터러시 활동은 학생들이 텍스트에서 작가가 사용한 단어를 알아차리는 이해활동이라 할 수 있다. 반면에, 디지털매체 텍스트는 멀티모달, 멀티미디어, 멀티플랫폼, 멀티 저자, 상호작용적이며 분산적으로 등장한다(Jenkins, 2006). 때문에 학생들이 디지털매체 텍스트에 쓰인 문자들을 읽을 때는 다양한 사고활동을 해야 한다. 따라서 리터러시는 더 이상 일방적으로 주어진 텍스트를 한 방향으로 읽는 읽기활동이 아니다. 변화하는 학습환경에서 이루어지는 뉴 리터러시는 다양한 방식으로 등장하는 디지털매체 텍스트를 읽으면서 학생들은 비판적으로 사고하고 자신의 생각을 다양한 방식으로 표현하며 소통하는 활동이 포함된다. 때문에 디지털매체 텍스트를 읽는 동안 학생들은 분석하고, 묻고, 명백히 설명하고, 표현하고 그들의 세상을 변화할 수 있는 다양한 방식으로 본다. 이러한 읽고 생각하고 표현하는 활동은 교사가 학생들에게 세상을 다르게 볼 수 있게 하는 그런 활동이 되어야 한다. 그리고 이러한 리터러시 활동은 변화하는 기술로 인한 학습환경이 반영되는 뉴 리터러시 활동이 되어야 한다.

뉴 리터러시에 필요한 스킬은 전통 리터러시에서 필요한 스킬보다 더 복잡하고 더 소통적이다. 기술이 진화됨에 따라 리터러시 스킬은 더 복잡해지기 때문이다. 오늘 우리에게 필요한 리터러시 스킬은 어제보다 훨씬 더 복잡해지고 있다. 전통 리터러시 수업에서나, 최근 뉴 리터러시 수업에서나 무엇보다 중요한 일은 변화하는 학습 환경에 맞는 교육목표를 세우고 학습목표에 맞는 효과적인 뉴 리터러시 수업방법을 찾는 일이다. 교실에서 교과주제에 대한 뉴 리터러시 수업을 하고 있는 학생들이 교과주제통합수업에서 필요로 한 뉴 리터러시 스킬들을 내일은 일터에서 찾고 있을 것이다. 때문에 지금 교과주제통합 교실수업에서 시대의 변화에 맞는 새로운 접근방법으로 이루어지는 뉴 리터러시 학습이 어떻게 이루어져야 하는지에 대한 고민이 더 생긴다. 뉴 리터러시 수업은 학생들이 일상의 삶에서 사용한 기술을 수업에서도 사용하는 접근이다. 때문에 교사들은 학생들이 미래 세상에서 풍요롭게 살아가도록 지금 어떤 새로운 스킬을 교실수업에서 사용해야 하고, 얼마나 그 스킬에 능숙해지도록 이끌어야 하는지에 고민해야 한다.

〈전통 리터러시와 뉴 리터러시 수업의 비교〉

전통 리터러시 수업	뉴 리터러시 수업
중고등 영어교과 공부, 소설에 관한 발표 교사 : 유인물, 분필과 포스터사용 학생 : 펜으로 종이에 필기, 에세이 숙제	새로운 리터러시를 사용하는 수업에서 학생과 교사는 컴퓨터 주위에 그룹지어 있고 그룹활동으로 소설에 대한 비디오 북 트레일러를 편집하기 위한 소프트웨어 만들기 위해 영화를 협업적으로 사용하며 수업 위키에 결과물을 포스팅한다.

뉴 리터러시에 대한 정의는 다양한 매체 텍스트에 대해 새롭게 사고하는 것이다. 새로운 뉴 리터러시는 참여를 위한 새로운 도구나 새로운 방식이 있다는 것만이 아니다. 무엇보다 리터러시 교과과정에서 참여하고 소통방식을 더욱더 많이 사용하도록 열려있어야 한다는 것을 의미한다. 학생들은 문자메시징이나 브로깅하는 언어에 능숙한 상태로 교실수업에 들어온다. 때문에 학생들의 뉴 리터러시 능력은 교사들의 능력보다 훨씬 훌륭한 수준일 수도 있다.

종이기반에서 스크린기반 학습 환경으로의 움직임은 리터러시 측면에서 엄청난 변화를 가져왔다. 때문에 뉴 리터러시는 소통, 사고와 표현이 만나는 다른 방식이라고 말하기도 한다. 또는 학습, 읽기, 리터러시 스킬을 접하게 되는 새로운 학습환경이라고도 한다. 기술이 빠르게 발달한 결과로서 학생들은 새로운 환경에서 다르게 변화되었다. 때문에 교사들은 학생들의 니즈와 관심을 충족시킬 교수학습방법을 찾아야 할 필요가 생겼다. 뿐만 아니라, 교사는 학생들이 나중에 변화된 일터 환경에 더 잘 적응하도록 준비시킬 더 나은 교수학습방식을 찾아야 한다. 이유는 21세기 일터에서 요구되는 스킬들이 많이 달라지고 있기 때문이다. 학교 밖 일터에서 필요한 리터러시 능력은 학교 내 리터러시 능력보다 훨씬 더 새롭고 다양하다. 때문에 학생들은 학교보다 학교 밖에서 더 새로운 리터러시 스킬을 요구받는다. 뿐만 아니라 일터에서는 학교보다 변화하는 환경에 더 잘 적응하는 인재를 요구한다.

교사들은 학생들이 새로운 기계들에 대해 잘 알고 있다고 생각한다. 즉, 학생들은 새로운 기계사용에 이미 잘 알고 익숙해 있기 때문에, 학교에서는 글쓰기와 사고스킬만을 강조하면 된다고 생각한다. 하지만 이건 큰 오판이다. 어떤 학생들도 새로운 기술에 대해 충분한 지식을 갖고 학교에 오지 않는다. 새로운 기술이나 학습 환경은 교사나 학생 모두에게 새로울 뿐이다. 학생들은 어른이나 교사들보다 새로움에 두려움이 없을 뿐이다. 때문에 기술발달로 인해 변화하는 학습 환경에 학생들이 익숙해지도록, 또는 충분히 이 환경에 적응할 수 있도록 학생들을 이끄는 일이 매우 중요해지고 있다. 그런데 이점을 인지하고 있는 교사들조차도 새로운 기술을 어떻게 다루어야 할지를 잘 모른다.

교사들은 새로운 기술사용을 어떻게 가르칠지를 알아야 한다. 옛날 우리 엄마는 집에 일하는 사람을 부리더라도 알아야 부릴 수 있다고 했다. 교사가 기술사용을 가르치기 위해서는 교사 자신이 My Space나 블로그를 사용한다든지, 이런 새로운 기술을 일상에서나 수업에서 사용할 줄 알아야 한다. 새로운 기술개발은 앞으로도 계속될 것이다. 기술은 앞으로도 계속 변화될 것이고 그 기술발달로 인해 학습 도구도 변화될 것이다. 따라서 교사들은 이러한 변화에 대응하는 학습 환경을 변화시키고 이에 따른 교수학습 방법을 찾아야 한다.

교사들이 새롭게 만들어가는 제2학습 환경을 교실에서 이루어내야 한다. 이는 교실에서 새로운 기술과 잘 지내야 한다는 말이다. 학생들과 새로운 기술을 사용하다 보면 학생들에게 다양한 도구를 사용하며 소통하는 방법을 가르칠 필요가 있다는 생각을 하게 될 것이다. 학생들이 교실에서 인터넷을 통해 다른 사람들과 소통하는 방법을 교실에서 교사들에게 배울 필요가 있다. 이러한 소통스킬은 교과주제관련 학문적 담화를 하는 방법이나 교과학습 목적달성을 위해 기술사용을 하고 싶어하는 학생들의 요구에 귀 기울이는 방법을 아는 것이다. 기술 발달로 인한 새로운 학습도구사용 스킬은 학생들의 미래 직업이 무엇이든 간에 반드시 배워야 하는 스킬이다. 그리고 변화하는 교육환경에서 교사와 학생들이 지금 교실에서 해야 하는 일들이다.

새로운 기술사용을 하고 싶어도 21세기 기술을 모든 학교가 갖추고 있지 않을지도 모른다. 특히 시골학교들은 40명의 학생들이 공부하는 교실에 컴퓨터 1대 정도만 갖추고 있을 수도 있다. 반면에, 서울 중심의 학교들은 교실수업에서 사용할 수 있는 컴퓨터 자원, 비디오, 카메라, 높은 기술의 소프트웨어를 모두 갖추고 있다. 이렇듯 기술을 사용할 수 있는 환경도 학교마다 차이가 있을 수 있다. 하지만 그런 도구가 없다고 학생들이 21세기 리터러시에 닫고 살 수는 없다. 40명의 학생들이 있는 교실에 한 대의 컴퓨터만을 가지고도, 인터넷 웹이 연결만 되어 있다면, 교사들은 다양한 학습활동으로 학생들이 디지털매체와 친구가 될 수 있도록 이끌 수 있어야 한다. 그리고 학습 환경에 맞는 다양한 학습전략이나 활동을 개발할 줄 알아야 한다.

1990년 중반 본인은 영어교육 교실수업용 컴퓨터 프로그램의 개발기획을 하였다. 그때 본인이 컴퓨터언어를 사용하여 프로그램을 직접 개발하기보다는 8절지 50페이지 이상의 자세한 스토리보드를 만들어 프로그램 개발의뢰를 하였다. 당시 프로그래머는 본인이 만든 스토리보드 50장 이상을 천장에 붙여두고 개발의뢰서에 따라 프로그램을 개발하였다고 한다. 컴퓨터나 비디오카메라나 편집 소프트웨어를 가지고 있지 않는다면 학교나 교실에서 학생들은 손으로 스토리보드를 만들고, 각 스토리보드 아래에 텍스트를 적으면서 기술에 뒤처지지 않는 디자인과 창의적 생산물을 만들어 낼 수도 있다. 이는 학생들이 표현하고자 하는 자신의 생각을 소통할 수 있도록 개념화할 수 있는 활동이다.

광주서구 향꾸네 마을에서는 디지털카메라와 편집기를 가지고, 지역사회에서 일어나는 다양한 일들을 인터넷에 소개하고, 지역주민들이 국가에 대해 바라는 점도 직접 뉴스화하는 지역방송을 실시하고 있다. 지난 20대 국회의원 선거 때는 지역출마 국회의

원 후보들을 향꾸네 마을에 직접 방문하게 하고 지역사회 현안문제들에 대해 후보자들의 정책들을 주민들이 직접 듣고 투표를 하며, 이러한 과정을 인터넷에 탑재하기도 했다(참고:https://www.youtube.com/watch?v=qtF2AMcWwM4).

이렇듯 파워포인트나 디지털카메라만 가지고도 교과수업에서 학생들의 교과주제관련 탐구활동 과정을 촬영할 수도 있고, 자신이 작성한 연설문이나 보고문 발표 기회를 갖는 것이 얼마든지 가능하다. 학교 교실수업에서 인터넷이나 다양한 매체 자료들에 접근을 하지 못한다면 다른 상황에서는 더 많은 제한을 받게 될 수도 있다. 교실수업에서 새로운 기술을 사용하는 학생과 그러하지 못한 학생들은 미래 일터에서 어떻게 해야 하는지를 사전에 미리 알아보는 기회를 갖지 못하는 차별을 만들기 때문에, 학생들에게는 매우 불평등한 일이다.

뉴 리터러시 학습은 하늘에서 떨어진 새로운 방법이 아니다. 뉴 리터러시 학습에서는 전통 리터러시와 뉴 리터러시 활동이 적절하게 통합되어 이루어진다. 즉 두 리터러시가 대립 균형적으로 통합되어야 한다. 뉴 리터러시 학습에서 대립균형적인 것은 전통 리터러시 스킬과 뉴 리터러시 스킬이 학습환경이나 학생들의 수준 및 학습상황에 따라 서로 다른 방식에서 상호 접근되며 균형을 유지하는 학습전략이다. 이렇듯 뉴 리터러시는 전통적인 인쇄매체 리터러시의 반대의미가 아니라 동반자의 의미를 갖는다. 뉴 리터러시는 이해보다 표현을 더 많이 강조하며 전통적 리터러시의 확장이며 풍요로움이라 할 수 있다.

뉴 리터러시가 교과수업에서 효과적으로 사용된다면, 교과수업을 확장하는 접근이 될 수 있다. 전통적인 인쇄매체 리터러시가 이해에 초점을 두었다면, 뉴 리터러시는 표현과 소통을 강조한 새로운 리터러시 학습의 완성이라 할 수 있다. 모든 교과학습의 중심에는 읽고 쓰는 리터러시 활동이 있다. 하지만 뉴 리터러시는 학교에서 전통적으로 해온 읽기와 쓰기 리터러시 활동만을 의미하지 않는다. 이 말은 인쇄매체 기반의 읽고 쓰기활동이 나쁜 활동이라는 점을 의미하는 것은 절대 아니다. 뉴 리터러시 활동은 경쟁하는 리터러시 활동이 아니라 상호보완해 주는 새로운 리터러시라 할 수 있다.

학교 교사들은 뉴 리터러시를 교실 교과수업에 접근하고 싶어 한다. 하지만 학교행정이나 교육정책의 권위 때문에 이를 실행하지 못하고 있다. 또한, 오랜 경력을 가진 베테랑 교사들이 젊은 신입 교사들보다 뉴 리터러시와 새로운 기술을 교실수업에 시도하는데 더 어려움을 느낀다. 일부 교사들은 아직도 수업은 교사가 중심이 되어 학생들에게 정보를 제공하고 학생들은 이를 수동적으로 받아 적거나 암기하는 것이 교육의 정석이라고 믿는다. 그래서 교실수업에서 뉴 리터러시를 받아들이는 것은 교육의 부적절한 방법이므로 사용하지 않겠다고 생각하는 교사들도 있다.

학교 교과수업은 교사들이 뉴 리터러시의 새로움을 정확히 알고, 수업에 자유롭게 적용할 때, 학생들은 학습에서 건강한 배움을 경험할 수 있게 된다. 예를 들어, 공부를 잘 못 하는 학생들이 다양한 매체 텍스트 리터러시 활동에서는 우수한 능력을 발휘하기도 하는 예가 있다. 초등 고학년에서 비디오로 영어수업을 가르치는 동안, 글쓰기를 잘하지 못하던 학생이 이메일에서는 놀랄만한 쓰기 결과물을 작성할 수 있었다. 그 학생들은 수업시간 내내 이메일을 작성하고 수정하며 편집하였다. 이 모든 일들은 인쇄매체로는 절대 할 수 없던 일들이었다.

뉴 리터러시 학습에서 학생들은 전통적인 교과주제학습에서 학생들의 관심을 끌었던 것들을 전통적이지 않은 방법으로 탐구한다. 이 탐구과정을 전통적이지 않은 새로운 기술을 통해 읽고 쓰고 소통하도록 했다. 이제 인쇄매체 텍스트 읽기를 통해 구문들을 해석하는 식의 리터러시 접근방법은 더 이상 교실수업에서 이루어져서는 안 된다. 교과서 같은 인쇄매체읽기만으로는 학생들의 흥미를 사로잡을 수가 없다. 교실수업에서 학생들의 참여를 이끌 수 있는 유일한 방법은 전통적이지 않은 새로운 방식으로 학생들에게 교과주제에 대해 탐험하는 기회를 가능한 한 많이 주는 것이다.

NCTE는 올해 후반 사이트를 다시 디자인하여 새로운 웹사이트를 론칭할 것이다. 이

사이트는 신선한 볼거리와 많은 상호활동을 제공해준다. NCTE INBOX에서 새로운 뉴스를 찾아보고 http://www.ncte.org 에 방문하면 교사들에게 도움되는 방법을 얻을 수 있을 것이다(참고: www.readwritethink.org.today. 21st - Century Literacies : On NCTE Policy Research Brief(SEE this issu, pp. 13~20).

3 뉴 리터러시 교수학습의 길잡이

인터넷은 점차 우리 삶의 중심이 되고 있다. 그리고 인터넷은 우리가 정보에 접근하고, 사고하고, 상호작용하고 학습하는 방식을 변화시키고 있다. 뉴 리터러시는 이렇듯 변화하는 새로움에 대해 배워야 하는 것이다. 이제 초등학교 교과주제학습 교사들은 리터러시와 학습을 지원해줄 인터넷의 힘을 교실수업에서 어떻게 활용할지에 대해 배워야 할 필요가 있다. 지금까지 우리나라에서는 국어나 영어 교과의 읽고 쓰는 리터러시 수업에서 디지털매체 리터러시 능력을 평가하는 일이 거의 없었다. 초등학교 교과주제통합학습에서 이루어지고 있는 인쇄매체읽기와 디지털매체읽기를 연결하는 통합적 접근의 읽고 쓰는 리터러시 교수학습 모형도 없었다. 초등학교 교과주제통합 교과수업에서 쉽게 운용되고 있는 리터러시 교수학습 방법과 전략을 재정리할 필요가 있다.

뉴 리터러시 교수학습은 인쇄매체읽기를 통한 교과주제를 디지털매체읽기로 심화 및 확장한다. 이제 초등학교 교과주제통합수업에서는 디지털 환경에서 일어나는 실제적이며 문제해결식 뉴 리터러시 활동을 이끌고자 한다. 뉴 리터러시 교수학습은 디지털매체에서 교과주제관련 더 심오한 정보를 얻기 위해 학생들이 적극적으로 탐구수업에 참여하도록 설계되고 있다. 초등학교 교사들은 학생들이 교과주제관련 디지털매체 정보를 읽으면서 필요한 정보위치를 찾고, 비판적으로 정보를 평가하고, 적절한 정보를 통합하고, 소통하는 뉴 리터러시 전 과정에서 교과문제를 해결하도록 이끈다. 또한, 문제해결과정에서 얻은 자료를 어떻게 다른 사람들과 공유하고 협업하는지 관찰하고 점검하게 된다.

뉴 리터러시 교수학습에서는 학생이 주도적으로 교과주제관련 문제를 제기하고, 디지털매체읽기를 통해 문제를 해결하도록 요구한다. 이때 학생들이 뉴 리터러시 탐구수행을 제대로 하는지 확인할 수 있도록, 교사들은 뉴 리터러시 교수학습 표준을 갖추어야 한다. 또한, 교과주제관련 디지털매체 리터러시 학습에서 질문을 통해 학생들이 적극적으로 뉴 리터러시 수업에 참여하도록 이끌어야 한다. 그리고 학생들이 문제해결을 위한 탐구읽기를 할 수 있도록 도와야 한다. 뉴 리터러시 교수학습은 초등학교 교과주제통합수업에서 학생들이 인터넷을 적극적으로 사용함으로써 필요한 스킬과 전략을 발전시킨다.

뉴 리터러시 교수학습은 학생들이 교과학습에서 성공하기 위해 필요한 뉴 리터러시 스킬과 능력을 길러주기 위해 뉴 리터러시 교수학습 요인들에 대한 기준과 뉴 리터러시 활동을 통한 창의・융합교육의 전략을 사용하도록 이끈다. 그리고 교과주제통합수업에서 인문학 접근의 창의・융합인재 양성을 목표로 인쇄매체읽기를 넘어 디지털매체읽기를 통한 뉴 리러터시 교수학습을 일반화하고자 한다. 초등학생들에게 뉴 리터러시 능력을 올바르게 길러줄 수 있는 기준을 가지는 일은 초등학교에서 가장 필수적인 리터러시 교육방향을 제시하는 일이다. 그리고 초등학교 교과주제통합수업운영을 위한 구체적인 기준안도 없이 교실수업을 이끌어야 하는 교사들을 위해서, 그리고 학생들이 뉴 리터러시 수업활동에 적극적으로 참여하도록 이끄는 길잡이를 제공하는 일이다.

뉴 리터러시 교수학습은 ICT기술의 발달과 더불어 뉴 리터러시 연구 분야를 빠르게 확장한다. 뿐만 아니라 새로운 교과주제통합 학습영역 연구에 중요한 방향을 제공해준다. 특히 뉴 리터러시 교수학습 방법과 전략은 초등학교 교과주제통합수업을 운영해야 하는 교사들에게 인문학 접근의 창의・융합인재 양성의 길잡이 역할을 해준다. 뿐만 아니라 학생 개개인의 뉴 리터러시 능력에 대한 올바른 기준을 제공해주기도 한다.

잘 읽고 잘 표현하는 리터러시 능력은 모든 교과학습의 기본 스킬이다. 특히 뉴 리터러시 능력은 교과학습을 확대・심화시켜 교과주제에 대한 인문학 접근의 창의・융합교육을 이끈다. 전통 교실수업에서 이루어졌던 인쇄매체읽기 리터러시 평가는 교사나 출판사에서 선택해준 교과서나 문제풀이 중심의 지문읽기 활동으로서 학생들의 수동적인 리터러시 능력을 검증해왔다. 하지만 국제 리터러시 평가는 이미 각국 학생들의 디지털매체읽기능력, 즉, 학생 주도적 뉴 리터러시 능력을 요구하고 있다. 그 이유는 많은 연구들이 디지털매체읽기는 인쇄매체읽기와는 다른 읽기스킬과 전략을 요구한다는 점을 증명해왔기 때문이다. 이러한 점에서 우리나라 초등교육에서도 교과학습에서 읽기와 쓰기수업을 뉴 리터러시 활동을 통해 지도해야 할 필요성이 대두되고 있다. 왜냐하면 뉴 리터러시 수업은 교과영역을 넘나들며 다양한 매체 정보를 읽고 쓰는 리터러시 활동을 통한 교과 간 융합교육으로 접근되기 때문이다.

뉴 리터러시 교수학습은 기존 인쇄매체 리터러시 능력과는 다른 독립적인 스킬과 전략이 필요하다는 점을 뒷받침해주는 많은 연구들이 있다.

〈디지털매체 기반 뉴 리터러시 스킬과 전략의 독립성과 필요성을 강조한 연구들〉

Coiro(2007); Leu et al(2006); Leu et al(2007)	온라인 독해는 오프라인 독해와 완전히 겹치지는 않는다. 새로운 독해 스킬이 요구된다.
Coiro(2007); Leu et al(2005); Leu et al(2007)	온라인 독해스킬을 갖고 있는 도전적인 독자들은 오프라인 독해에 상당한 수행을 가진 학생들이며 온라인 독해능력이 부족한 학생들보다도 훨씬 더 온라인 독해를 잘할 수 있다.
Coiro(2011)	사전 지식은 오프라인 독해보다 온라인 독해에 덜 작용될지도 모른다. 왜냐하면 독자들은 그들이 앞으로 진행할 읽기과정의 부분인 사전지식을 온라인에서 모은다.
Bennett, Maton, & Kervin (2008); Leu, Reinking, et al(2007)	디지털 원주민인 청소년들이 소셜네트워하고, 문자를 주고 받고, 비디오를 다운로드하고, mp3를 다운로드하는 것에는 능숙하다 해도, 정보위치를 찾아내고 비판적으로 정보를 판단해내는 온라인 정보사용에는 능숙하지 못한 것이 일반적이다.

Castek(2008)	교사에 의해 설계된 도전적인 새로운 학습환경 내의 학생들은 그렇지못한 다른 학생들로부터 온라인 독해스킬을 더 잘 배우는 것처럼 보인다.
P21, the Partnership for 21st Century Learning. (2015)	학습과 혁신스킬의 필요성에 대한 전반적인 가이드라인을 제공한다.

뉴 리터러시 교수학습의 필요성에 대한 연구들은 글로벌 경쟁이나 정보시대의 새로운 도전으로 초등학교 학생들의 리터러시 교육의 실제 활용의 중요성을 강조한다. 특히 PISA(the Programme for International Student Assessment)나 PIAAC(the Programme for the International Assessment of Adult Competencies) 같은 국제 리터러시 평가가 이미 각국 학생들의 뉴 리터러시 스킬과 능력을 평가하고 있다. 그럼에도 불구하고, 우리나라에서는 뉴 리터러시 스킬에 대한 교육적 지침이 거의 없는 실정이다.

미국에서는 자국의 교육과정에 뉴 리터러시 교육에 대한 어떤 지침도 없다는 점을 이미 지적한 바 있다(Leu, Ataya, &.Coiro, 2002).

1. 미국의 어떤 한 주도 주정부 읽기 평가에서 탐색 읽기에 대한 학생들의 능력을 평가하지 않고 있다.

2. 미국의 어떤 한 주도 신뢰성을 결정하는 온라인에서 찾은 정보를 비판적으로 평가하는 학생들의 능력을 측정하지 않고 있다는 점이다.

3. 미국의 어떤 주정부의 쓰기 평가도 효과적으로 이메일 메시지를 구성하는 학생들의 능력을 측정하고 있지 않다.

4. 미국에서 모든 학생들에게 주정부의 쓰기 평가에서 워드프로세스를 사용하는 곳은 거의 없다.

이와 관련하여 최근 뉴 리터러시에 대한 이해 및 평가의 필요성을 강조하는 다양한 연구들이 있다.

〈뉴 리터러시 이해, 이론 및 평가에 관한 연구들〉

연구자들	연구내용
Leu, D. J., Jr., Kinzer, C.K., Coiro, J., Castek, J. (in press). (2013)	뉴 리터러시스 : 리터러시 수업 및 평가에 대한 변화된 특성, 이들에 대한 이중적 이론.
Leu, D. J., Jr., Coiro, J., Castek, J., Hartman, D. K., Henry, L. A., & Reinking, D. (2008)	온라인 읽기에서 뉴 리터러시의 지도와 평가에 관한 연구
Coiro, J., Knobel, M., Lankshear, C., & Leu, D. J. (2008).	뉴 리터러시와 뉴 리터러시 연구에서 주요이슈들
Leu, D. J., Zawlinski, L., Castek, J., Banerjee, M., Housand, B., Liu, Y., &O'Neil, M. (2007).	온라인 독해의 뉴 리터러시에 관한 새로운 것이 무엇인지에 관한 연구
Coiro, J. &Dobler, E. (2007).	6학년 능숙한 독자가 인터넷에서 정보를 찾고 위치를 지정할 때 사용되는 온라인 독해 전략을 탐색한 연구.
Leu, D. J., Jr., Kinzer, C.K., Coiro, J., Cammack, D. (2004).	인터넷이나 다른 ICT에서 드러나는 뉴 리터러시 이론. 읽기에 관한 이론적인 모델과 과정에 관한 연구
Coiro, J. (2003).	인터넷에서 독해 뉴 리터러시를 망라하는 독해에 대한 이해의 확장을 위한 연구

또한, 뉴 리터러시 스킬과 전략, 교수학습 방법과 평가에 관한 연구들도 있다.

〈뉴 리터러시 스킬, 전략 및 속성 그리고 교수학습과 평가〉

연구자들	연구내용
Coiro, J. (2012).	디지털 리터러시 : 인터넷에서 읽기에 대한 속성을 이해하기
Coiro, J. (2011).	읽기에 대한 이야기 : 온라인 독해의 숨겨진 복잡성을 모델링하기
Coiro, J. (2009).	디지털 시대에 평가를 재고하기
Coiro, J. (2005).	온라인 텍스트를 이해하기
Coiro, J. (2003).	인터넷에서 학생들이 콘텐츠를 비판적으로 평가할 수 있도록 잘 준비시키기 위해 독해를 재고하기

본서에서 제시한 뉴 리터러시 교수학습모형은 University of Conneticut가 7학년을 대상으로 디지털매체읽기 능력 평가기준을 제공하는 ORCA를 기반으로, 이를 우리나라 초등 4~5학년 교과주제통합수업에서 적용할 수 있는 뉴 리터러시 교수학습과정과 전략으로 발전시켰다. 또한 우리나라 초등학교 교과주제통합학습에서 뉴 리터러시 활동을 통한 인문학 접근의 창의·융합학습이 효과적으로 운용될 수 있도록 뉴 리터러시 교수학습과정과 방법을 제공한다. 그리고 초등학교 교과주제통합수업에서 뉴 리터러시 학습을 이끄는 뉴 리터러시 교사의 역할을 제시한다. 무엇보다 다양한 매체읽기를 통한 뉴 리터러시 교수학습 모델에 대한 전반적인 개요를 제공함은 물론 성공적인 뉴 리터러시 수행을 위해 필요한 디지털매체 리터러시 교수학습과정에서 요구되는 스킬, 전략에 대한 목록을 제시한다. 무엇보다 뉴 리터러시 교수학습 모형은 다음과 같은 학생 주도적 경험학습과 문제해결 방식을 취한다. 먼저, 교과주제통합학습을 하는 동안 더 심오한 교과주제학습을 위해 디지털매체 자료탐색을 위한 질문을 학생들이 스스로 찾고 만들도록 이끈다. 이후 질문에 올바른 답을 찾기 위해 인터넷 자료를 탐색하고, 이후 학생들이 스스로가 어떻게 하는지를 더 잘 이해할 수 있게 된다. 그리고 교과주제통합수업에서 학생들이 올바른 뉴 리터러시 활동을 할 수 있도록 도와줄 수 있는 교사들의 역할을 찾고자 한다.

뉴 리터러시 교수학습모형은 학생들이 인터넷에서 교과주제에 대한 더 심오한 정보 위치를 찾기 위해 읽기, 관련 정보를 평가하기 위해 읽기, 관련 정보를 통합하기 위해 읽기, 그리고 자신의 정보를 소통하기 위한 쓰기 활동이 포함된 인문학 접근의 문제 해결식 탐구기반 접근이다. 뉴 리터러시 교수학습과정의 각 단계는 학생들이 문제해결을 위해 과제수행을 하는 동안 나타나는 중요한 스킬과 전략을 구체화한다. 그리고 뉴 리터러시 교수학습 모형의 각 구성요소들은 비판적 읽기, 탐구적 읽기, 그리고 창의적 쓰기로 뉴 리터러시 교수학습 전과정을 통해 인문학 접근의 창의·융합 교육을 이끈다. 뉴 리터러시 교수학습과정을 초등학교 교과주제통합수업과정에 적용하면 자연스럽게 뉴 리터러시 스킬에 초점을 맞춘 인문학 접근의 창의·융합수업이 된다.

뉴 리터러시 교수학습 모델이 전통 인쇄매체 리터러시 교수학습 모델과 다른 점은 학생들이 흥미롭고 궁금한 문제들에 대한 문제해결에 직접 참여하면서 교과주제관련 다양한 매체읽기를 재구축하는 자기주도적 리터러시 과정(self-directed literacy process)에 임한다는 것이다(Leu, Kinzer, Coiro & Cammack, 2004). 이렇듯 뉴 리터러시 교수학습과정은 다음과 같은 5가지 탐구기반 뉴 리터러시 과정을 따른다(Leu, Kinzer, Coiro, Castek, & Henry, 2013).

1. 주요 질문을 확인하기
2. 정보위치를 찾아내기
3. 정보를 비판적으로 평가가기
4. 정보를 종합해내기
5. 정보로 소통하기

위의 5가지 문제해결식 탐구기반 뉴 리터러시 과정은 전통 인쇄매체 리터러시 과정에서도 중요한 스킬이라 할 수 있다. 하지만 교과주제에 대한 인쇄매체읽기에서 궁금한 점을 디지털매체읽기로 연결하는 뉴 리터러시 과정에서는 특별히 중요한 스킬이며 전략들일 수 있다. 그 이유는 뉴 리터러시 스킬과 전략은 인쇄매체 리터러시 과정에서 강조된 다양한 읽기활동 뿐 아니라 학생 주도적 탐구읽기와 소통까지 포함하기 때문이다. 따라서 뉴 리터러시 교수학습과정은 문제해결을 위한 질문에 비판적 사고로 읽기, 정보를 평가하고 융합하는 탐구적 읽기와 정보에 대한 자신의 생각을 창의적 소통으로 표현하도록 이끈다. 뉴 리터러시 교수학습과정에서 마지막 단계인 쓰기는 읽기와 서로 분리할 수 없는, 밀접하게 연결된 리터러시 과정이라는 점을 강조한다.

결국, 뉴 리터러시 교수학습 활동은 이해를 중심으로 한 수동적인 활동이 아니라, 적극적인 사고와 사회적 소통을 통해 사회를 변화시킬 수 있는 생산적이고 창의적인 활동임을 강조한다. 우리는 디지털매체 정보를 읽기도 하고, 디지털 세상에 의견을 쓰기도 한다. 이렇듯 뉴 리터러시 교수학습과정은 문자, 블로그, 위키, 공유된 쓰기 공간(구글 Doc 같은), 그리고 쇼셜 네트웍 등에서 요구된 뉴 리터러시 능력인 비판적 읽기, 탐구적 읽기와 창의적 소통을 동시에 포함한다. 더구나 교과주제통합학습에서 뉴 리터러시 교수학습은 디지털매체읽기 리터러시 활동을 통해 교과목을 넘나드는 인문학 접근의 창의・융합인재 양성의 초석이 된다. 따라서 초등학교 교사들은 교과학습의 기반이 되는 학생들의 뉴 리터러시 스킬을 길러주기 위해 대립균형적인 뉴 리터러시 교수학습 활동을 수업에서 적극적으로 활용할 수 있어야 한다.

디지털매체 정보를 이해하고 교과주제관련 문제해결 과제를 수행하는 데 필요한 뉴 리터러시 스킬과 전략은 다음의 5가지 뉴 리터러시 교수학습과정의 기본 구성요소를 정리하고 있는 사이트(http://www.orca.uconn.edu/professional-development/show-me/show-me-overview/)를 참고한다. University of Conneticut가 7학년을 대상으로 디지털매체읽기 능력 평가기준을 제공하는 ORCA를 기반으로 한, 교과주제통합수업에서 뉴 리터러시 교수학습과정을 이끄는 구성요소들은 다음과 같다.

〈뉴 리터러시 스킬과 전략을 위한 5가지 구성요소들〉

뉴 리터러시 스킬과 전략의 구성요소	뉴 리터러시 스킬과 전략에 관한 리터러시 과제
1. 문제제기 (Questioning)	정보 찾기를 위한 문제제기 과제들 • 인쇄매체 기반 교과주제 내용에서 궁금한 문제를 질문하도록 요구됨. • 인터넷 자료에서 더 심오한 내용을 찾아야 하는 이유에 대한 문제제기를 질문하도록 요구됨.
2. 정보위치파악하기 (Locating)	정보위치파악을 위한 과제들 • 검색엔진을 사용하도록 요구됨. • 써치 결과를 효율적으로 읽도록 요구됨. • 정보문제를 해결하기 위해 사용될 수 있는 정보 웹사이트(URL)를 확인하도록 요구됨.
3. 정보 평가하기 (Evaluating)	정보 판단을 위한 과제들 • 웹사이트 저자를 확인하도록 요구됨. • 전문가의 수준을 평가하도록 요구됨. • 작가의 관점을 확인하도록 요구됨. • 문제 시나리오와 관련된 작가의 주장과 증거에 대한 신뢰성을 평가하도록 요구됨.
4. 정보 종합하기 (Synthesizing)	정보 종합을 위한 과제들 • 정보를 자신의 언어로 intratextually 종합하도록 요구됨. • 정보를 자신의 언어로 intertextually 종합하도록 요구됨. • 저자의 주장에 관한 자신의 입장을 취하도록 요구됨. • 자신생각을 입증하기 위해 다양한 온라인 자료에서 증거를 사용하도록 요구됨.

5. 정보 소통하기 (Communicate)	정보 소통을 위한 과제들 • 이메일이나 위키 공간에서 정보를 접근하도록 요구됨. • 자신의 생각을 얻어진 정보로 반응하도록 요구됨. • 자신의 생각을 재조직할 때 얻어진 정보로 반응하도록 요구됨. • 자신의 생각을 명확한 메시지로 표현할 때 얻어진 정보로 반응하도록 요구됨.

University of Conneticut가 7학년을 대상으로 디지털매체읽기 능력 평가기준을 제공하는 ORCA를 기반으로 한, 뉴 리터러시 과제항목 및 활동내용들은 다음과 같다.

〈뉴 리터러시 스킬영역별 과제항목 및 활동내용〉

뉴 리터러시 스킬 영역	뉴 리터러시 스킬별 과제항목 및 활동내용
문제제기하기 (Questioning)	정보 찾기를 위한 문제제기 과제들 • 학생들은 교과 주제통합 학습에서 궁금한 사항에 대한 다양한 질문을 할 수 있는가? • 학생들은 인터넷에서 보다 심오한 정보를 찾고 싶은 교과주제 내용에 대해 질문을 할 수 있는가?
정보 위치지정하기 (Locating)	정보위치파악을 위한 읽기과제들 • 학생들은 써치 엔진(네이버나 구글 등)에서 적절한 중심단어를 사용할 수 있는가? • 학생들은 써치엔진 결과들에서 정확한 사이트 위치를 지정할 수 있는가? • 학생들은 정확한 웹사이트 주소를 인지하고 있는가?
정보 평가하기 (Evaluating)	정보 판단을 위한 읽기과제들 • 학생들은 웹사이트 저자를 확인할 수 있는가? • 학생들은 저자의 전문성 수준을 평가할 수 있는가? • 학생들은 저자의 관점을 확인할 수 있는가? • 학생들은 웹사이트의 신뢰성을 평가할 수 있는가?
정보 종합하기 (Synthesizing)	정보 종합을 위한 읽기과제들 • 학생들은 한 웹사이트에서 중요한 요소를 요약할 수 있는가? • 학생들은 2개의 웹사이트에서 중요한 요소들을 통합할 수 있는가? • 학생들은 질문에 대한 문제해결 할 연구과제에 대해 웹사이트에서 중요한 요인들을 요약하고 종합할 수 있는가?
정보 소통하기 (Communicating)	정보 소통을 위한 읽기과제들 • 학생은 이메일 메시지에 정확한 주소를 포함하고 있는가? • 학생은 이메일 메시지에서 적절한 주제를 포함하고 있는가? • 학생은 중요한 사람에게 메시지를 이메일 하는 가? 그리고 그 이메일에는 적절한 인사를 포함하고 있는가? • 학생은 이메일에 참고자료를 포함한 연구에 대한 잘 구성된 짧은 보고서를 작성하여 첨부해서 보내는가?

초등학교 교과주제통합학습에서 뉴 리터러시 교수학습방법이나 전략들을 기반으로 뉴 리터러시 학습과정을 어떻게 수행하는지를 확인할 수 있는 뉴 리터러시 교수학습 모델을 제시한다. 뉴 리터러시 교수학습 모델은 교과주제통합수업에서 디지털매체 리터러시 교수학습 활동을 통해 학생들을 인문학 접근의 창의・융합학습으로 연결시킨다. 이 과정에서 학생들은 스스로 교과주제에 대한 더 심오한 학습을 위해 문제나 질문을 만들고, 정확한 정보를 찾아 문제해결을 위해 비판적 사고로 정보를 평가하고 종합하는 탐구읽기를 한다. 탐구읽기 결과를 자신의 정보로 창조해내는 인문학 접근의 창의・융합적 리터러시 활동이 이루어진다. 뉴 리터러시 교수학습 전 과정은 읽기를 소통을 위한 쓰기로 연결하는 인문학 접근의 창의・융합적 리터러시 과정이 수반된다. 따라서 뉴 리터러시 교수학습은 인터넷 정보를 '읽기(Reading)—탐구하기(Researching)—쓰기(Writing)'라는 인문학 접근의 뉴 3Rs 리터러시 교수학습을 이끈다. 뉴 3Rs 리터러시 교수학습은 디지털매체 정보를 통한 리터러시 활동으로 교과주제간 인문학 접근의 창의・융합학습을 실현한다.

〈뉴 3Rs 리터러시 교수학습 모형〉 (김지숙, 2014)

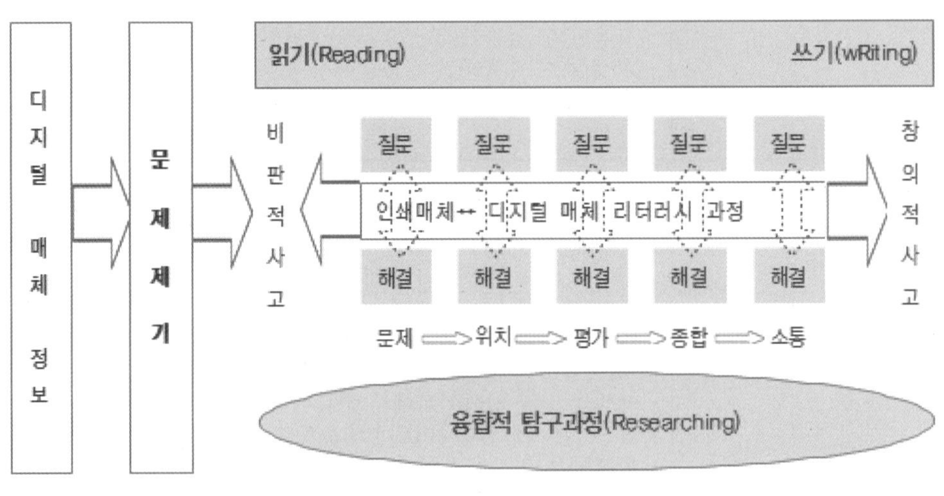

University of Conneticut가 7학년을 대상으로 디지털매체읽기 능력 평가기준을 제공하는 ORCA를 기반으로 한, 뉴 리터러시 교수학습 모형은 초등학교 4, 5학년 학생들을 대상으로, 학생들이 교과주제관련 학생 자신의 삶에서 궁금한 점에 대해 문제나 질문을 만들고, 문제해결을 위해 디지털매체 텍스트를 평가하고 융합하는 탐구읽기활동을 한다. 탐구읽기활동을 통해 얻은 정보를 평가하고 종합하는 비판적 사고로 융합적 탐구과

정을 거쳐 자신의 스토리로 재구축하여 창의적 소통을 위한 쓰기 활동을 포함한다. 이러한 뉴 리터러시 교수학습과정을 반영한 모델이 바로 교과주제통합 리터러시 학습에서 문제해결식 탐구활동을 접목한 뉴 3Rs 리터러시 교수학습 모형이다.

뉴 3Rs 리터러시 교수학습 모형은 다양한 매체 정보를 비판적으로 읽어 학생 자신의 창조적 소통 자료로 표현하기 위해 질문과 문제해결 전략을 사용한다. 문제해결식 뉴 3Rs 리터러시 교수학습 모형은 다음과 같은 교수학습과정을 거치게 된다(김지숙, 2014).

〈문제해결식 뉴 3Rs 리터러시 교수학습 모형〉 (김지숙, 2014)

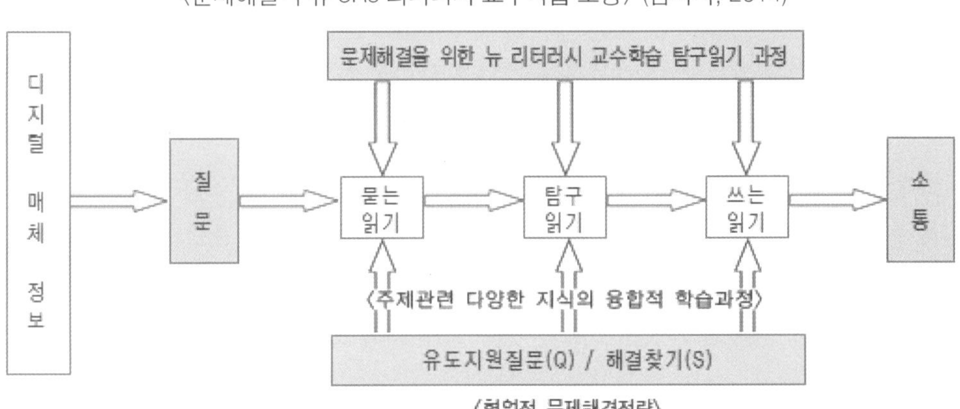

이러한 뉴 리터러시 교수학습 활동은 학생 수준별, 영역별, 연령별, 그리고 학생들의 흥미나 관심이 반영된 학습자료가 선택되는 학습 운영체계를 갖춘다. 다음은 뉴 리터러시 교수학습 운영을 위한 과제제시의 예이다.

〈교과주제통합수업에서 뉴 리터러시 교수학습 과제 예〉

구글이나 네이버 써치엔진
과제 : Mobile Use during class / Email 및 Blog Task **목적** : 문제제기하기, 정보 평가 및 종합하기와 자기주장하기 **대상** : 초등 4학년 학생들
• 생태계 변화가 미래 삶에 어떤 영향을 미치는가? 우리는 어떻게 해야 하는가? 교사는 학생들에게 다음과 같은 이메일을 보냈다. 이메일은 학생들에게 생태계 변화에 영향을 미치는 행동을 자제해 달라는 당부의 내용이다. 학생들의 행동이 생태계 변화에 어떤 영향을 미치는지에 대한 탐구문제로 질문을 작성하고 문제해결을 지원해 줄 의견이나 신뢰 있는 증거 정보를 인터넷에서 찾아 정보위치를 지정하고, 정보를 평가하고 종합하여 반 블로그나 메일로 자신의 생각과 주장을 보내도록 한다. 그리고 각 학생들은 블로그나 메일에서 받은 글에 피드백을 작성하도록 요구된다.

• 시나리오

교사는 학생들이 Lesson 3 Human Impact on Ecosystem에서 교과주제에 대한 팀별 탐구질문을 만들기를 원한다. 주어진 과제에 대한 인터넷 자료를 통해 연구하길 원한다. 그리고 생태계 변화가 미래 삶에 어떻게 영향을 미치는지에 대한 그들의 연구결과를 블로그나 이메일 하도록 요구한다. 특히, 학생들은 교과주제학습에 대한 자신의 관심분야나 심오한 연구에 대한 제목을 수정하고, 정보를 추가 및 삭제하고 평가하고 종합하여 학생 자신이 해야 할 행동에 대해 정리하도록 요구된다.

초등학교 교과주제통합 교과내용에 대해 더 심오한 내용을 탐구할 과제에 대한 질문을 개개인이나 그룹에서 만든다. 학생들은 이 문제해결을 위해 학생 주도적으로 인터넷을 뒤지면서 문제해결에 적절한 정보위치를 지정하고, 정보가 문제해결을 위해 믿을 만한 정보인지를 평가하고, 정보들을 삭감하고 종합한 후 자신의 생각과 주장에 맞도록 작성하여 그룹의 이메일이나 블로그로 탑재한다. 결국, 학생들은 교과주제통합수업에서 관련 정보를 찾기 위해 정보위치를 지정하고, 정보를 평가하고, 통합하고, 자신의 창의적 주장이나 정보를 블로그나 이메일 주소에 탑재하여야 한다. 또한, 학생들은 탑재된 글에 대해 피드백을 제공하여야 한다. 이렇듯, 뉴 리터러시 교수학습 활동은 뉴 3Rs 리터러시 활동을 통해 학생들이 인문학 접근의 비판적 사고력과 창의・융합적 능력을 갖도록 이끈다.

초등학교 교과주제통합수업에서 실시된 뉴 리터러시 교수학습의 주제영역(생태계 변화가 미래 삶에 어떤 영향을 미치는가? 우리는 어떻게 해야 하는가?) 이다. 뉴 3Rs 리터러시 교수학습은 먼저 묻는 읽기활동(질문만들기–위치지정하기), 탐구읽기활동(정보평가하기–정보통합하기), 그리고 창의적 쓰기활동(소통하기)을 통해 이루어진다. 학생들이 뉴 3Rs 리터러시 교수학습을 진행하는 동안 각 단계에서 실행되어야 하는 스킬과 전략 사용여부를 University of Connectocut 의 ORCA (Online Reading comprehension Assessment)의 채점 루브릭을 참조하여 'Acceptable'or 'Unacceptable'로 평가하도록 한다. 무엇보다 교사의 첫 번째 역할은 뉴 리터러시 교수학습과정에서 나타나는 각 영역(질문하기, 정보위치 지정하기, 정보 평가하기, 정보 종합하기와 소통하기)에서 학생들이 배워야 하는 스킬과 전략 사용을 위해 단계별 과제수행을 확인하고 점검한다.

이는 초등학교 4, 5학년 교과주제통합학습에서 학생들의 뉴 리터러시 스킬과 전략 사용을 확인하기 위해 University of Connectocut 의 ORCA 루브릭을 참조하였다. 그리고서 뉴 리터러시 스킬과 전략에 맞도록 재정비하여 학생들의 16가지 뉴 리터러시 스킬과 전략 사용 여부에 대한 루브릭을 다음과 같이 확인한다. ORCA 루브릭에서 초등학교 4, 5학년 학생들에게 어려울 수 있는 항목을 삭제하고 우리나라 초등학교 학생들을 위한 항목을 추가 작성되었다.

〈뉴 3Rs 리터러시 스킬과 전략 사용 루브릭〉

■ 문제제기와 질문만들기

과제 수행기준	확인 사항
• 문제제기 및 질문하기 1 학생들은 교과주제통합학습에서 주제에 대한 궁금한 사항에 대한 질문을 하는가?	○ Acceptable ○ Unacceptable
• 문제제기 및 질문하기 2 학생들은 인터넷에서 더 많은 정보를 찾고 싶은 교과주제 내용에 대한 질문을 제대로 완성하는가?	○ Acceptable ○ Unacceptable

■ 정보위치지정하기

과제 수행기준	확인 사항
• 위치지정하기 1 검색과제에서 학생은 첫 번째 클릭으로 이메일 메시지를 정확하게 선택하는가?	○ Acceptable ○ Unacceptable
• 위치지정하기 2 검색과제에서 학생은 조별 팀원과 협업적으로 찾은 교과주제관련 정보에 근거한 적절한 중심단어를 사용하는가? · 검색과제에서 학생은 검색용어로서 교과주제와 관련된 적절한 중심단어를 사용하는가?	○ Acceptable ○ Unacceptable
• 위치지정하기 3 첫 번째 검색과제에서 정확한 사이트가 첫 번째가 아닌 두 번째 위치에 있을 때도 학생은 첫 번째 클릭의 검색 결과로부터 정확한 사이트 연결을 선택하는가? · 학생은 첫 클릭에서 나타난 검색결과에서 교과주제와 관련된 적절한 사이트 하나를 선택하는가?	○ Acceptable ○ Unacceptable

• 위치지정하기 4 학생은 두 번의 검색과정에서 2개의 정확한 웹사이트 주소를 제공하는가? (정확한 URL Entry 점수) · 학생은 2개의 검색과제에서 교과주제관련 2개의 웹사이트를 정확하게 제공했는가? (정확한 URL Entry 점수)	○ Acceptable ○ Unacceptable

■ 정보 평가하기

과제 수행기준	확인 사항
• 평가하기 1 학생은 웹사이트 저자를 정확히 확인하는가? (이름과 성, 스펠링이 확인될 정도)	○ Acceptable ○ Unacceptable
• 평가하기 2 학생은 저자에 대한 전문성의 정도를 판단하고 저자의 전문성에 대한 적절한 지원내용을 제공할 수 있는가? (아니면 부족한 정도를 제공할 수 있는가?)	○ Acceptable ○ Unacceptable
• 평가하기 3 학생은 저자의 관점을 확인하고 관점에 대한 결정적 지원이 되는 단어나 이미지를 웹사이트에서 정확하고 구체적인 증거를 제공하는가?	○ Acceptable ○ Unacceptable
• 평가하기 4 학생은 웹사이트의 신뢰성을 평가할 수 있는가? 그리고 작가의 전문성, 출판사의 신뢰성, 연구결과물 등에 대해 그들의 결정을 지원하는 논리적이고 정확한 설명하나를 제공할 수 있는가?	○ Acceptable ○ Unacceptable

■ 정보 종합하기

과제 수행기준	확인 사항
• 종합하기 1 학생은 교과주제나 주장과 관련된 자신의 단어를 적어도 3개 이상 사용하면서 첫 웹사이트에서 중요한 요소 중 하나에 대해 요약을 할 수 있는가? · 학생은 자신의 단어를 적어도 3개 이상 사용하면서 주어진 주장을 지원하는 첫 번째 웹사이트에서 하나의 자세한 내용을 제공할 수 있는가?	○ Acceptable ○ Unacceptable

• 종합하기 2 학생은 교과주제와 관련된 첫 2개의 웹사이트 각각에서 하나의 상세한 내용을 제공하는가? · 학생은 웹사이트 1과 2에서 적어도 3개 정도의 자신의 단어를 사용하면서 웹사이트 각각에서 교과주제나 주장을 지원하는 하나의 상세한 내용을 제공할 수 있는가?	○ Acceptable ○ Unacceptable
• 종합하기 3 학생은 교과주제나 주장과 관련된 2번째 2개의 웹사이트 각각에서 적어도 3개 정도 자신의 단어를 사용하면서 하나의 상세한 사항을 제공할 수 있는가? · 학생은 웹사이트 3과 4 각각으로부터 주어진 주장을 지원하는 하나의 상세한 내용을 제공하기 위해 적어도 자신의 3개 이상의 단어를 사용하는가?	○ Acceptable ○ Unacceptable
• 종합하기 4 학생은 2개의 다른 웹사이트 각각에서 하나의 주장과 하나의 지원내용을 제공하기 위해 적어도 3개정도 자신의 단어를 사용하는가? · 학생은 2개의 다른 웹사이트 각각에서 하나의 상세한 내용에 대해 저자가 취한 입장에 대해 하나의 주장과 2개의 증거를 제공하기 위해 적어도 3개정도 자신의 단어를 사용하는가?	○ Acceptable ○ Unacceptable

■ 정보 소통하기

과제 수행기준	확인 사항
• 소통하기 1 Email : 학생은 이메일을 확인하기 위해 주소 라인에 정확한 주소를 입력하는가? Blog : 블로그를 정확하게 찾아갈 수 있는가? (즐겨찾기나 포털사이트를 사용해서)	○ Acceptable ○ Unacceptable
• 소통하기 2 Email : 학생은 교과주제에 대한 두 가지 점이 포함된 적절한 주제비교 전략을 사용하는가? (예: 햄버거와 건강, 피자와 건강) Blog : 학생은 자신의 블로그에 쓰기를 포스트하기 위해 클릭해서 주제에 관한 적절한 제목을 작성하는가?	○ Acceptable ○ Unacceptable

• 소통하기 3 Email : 학생은 하나의 관련 주장이나 두 가지 지원증거로 이메일 메시지를 작성하는가? Blog : 학생은 적절한 제목과 관련된 주장이나 2가지 지원증거를 사용하여 메시지를 작성하는가? (예: fast food 와 건강, slow food와 건강)	○ Acceptable ○ Unacceptable
• 소통하기 4 Email : 학생은 교과주제관련 주장이나 참고자료를 포함하고 있는 두 가지 지원증거로 이메일 메시지를 작성하고 적절하게 발송하는가? Blog : 학생은 하나의 교과주제관련 주장이나 참고자료를 포함한 2개의 지원증거를 가진 글을 작성하고 포스트 한 다음 저장하는가? 또한, 필요한 참고자료나 그림, 동영상 등도 포스트 하는가?	○ Acceptable ○ Unacceptable

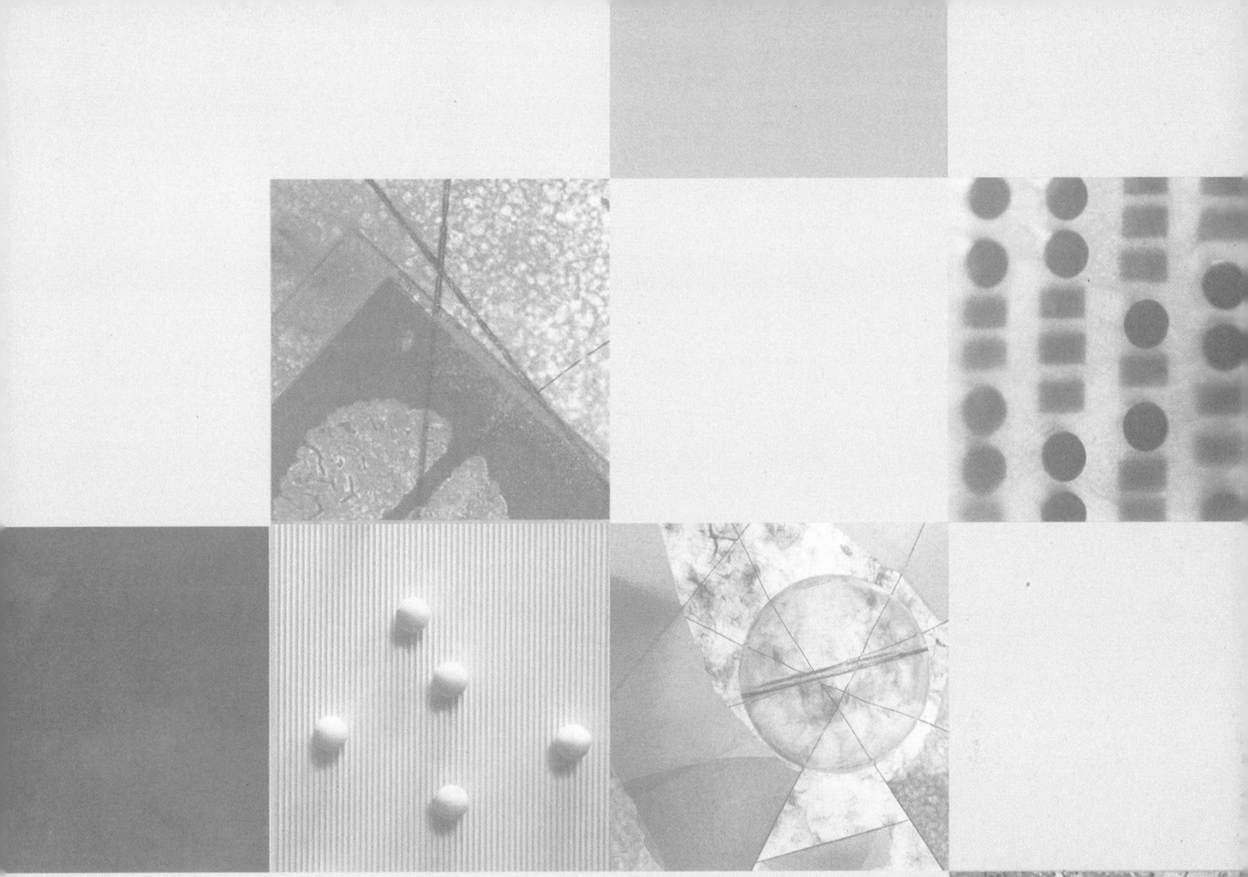

픽션자료를 통한 뉴 리터러시 학습

교과주제통합수업에서 학생들은 다양한 매체읽기를 통해 교과주제관련 문제나 질문에 대한 답을 찾는다. 이때 교과주제에 따라서는 다양한 매체 픽션읽기를 해야 하는 경우가 있다. 교과주제관련 학생 자신의 관심사에 대해 질문을 만들고, 그 질문에 대해 답을 찾기 위해서 픽션이 있는 사이트를 찾아 위치를 지정하고, 픽션읽기를 하게 된다. 이때 픽션읽기에 대한 형식과 특징을 알면 다양한 매체 픽션읽기활동을 효과적으로 할 수 있다.

교과주제통합학습에서 학생들이 교과주제에 대한 질문이나 문제에 답을 찾기 위해 인터넷 온라인상에서 교과주제와 관련된 픽션읽기를 하는 경우, 다양한 매체 픽션읽기는 교과학습을 위한 어떤 유형의 통합학습(내용기반 학습, 주제기반 학습, 과제기반 학습, 탐구기반 학습)에도 뉴 리터러시 학습활동을 가능하게 한다. 다양한 매체 픽션읽기는 초등학생들에게 가장 친근하고 재미를 주는 효과적인 교과통합학습도구이며 뉴 리터러시 학습의 자료가 된다. 그런데 픽션읽기를 가끔 스토리텔링과 혼돈하여 사용하는 사람들이 있다. 픽션읽기는 학생들이 스토리 리터러시를 제대로 할 수 있도록 이끄는 읽기학습인 데 비해, 스토리텔링은 스토리 읽기를 위한 하나의 읽기 리터러시 활동이며 방법이라 할 수 있다.

교사는 학생들이 교과주제학습 목표를 달성하기 위한 방법의 하나로, 학생들에게 익숙한 다양한 매체 픽션을 읽고 쓰는 뉴 리터러시 교수학습 방법을 제대로 지도해야 한다. 교사들이 다양한 매체 픽션을 읽고 쓰는 뉴 리터러시 활동을 제대로 지도하는 데는 특별한 순서와 전략이 필요하다. 때문에 교사는 픽션을 통한 뉴 리터러시 학습방법을 지도하는 범위, 특별한 형식이나 담화적 특징에 대해 제대로 가르치는 방법들은 알아야 한다. 이를 위해 이 장에서는 Reader's Handbook에서 제시하고 있는 픽션읽기(6장)에 대한 내용, 목표 및 전개방식을 우리나라 초등학교 교과주제통합수업 환경에서 뉴 리터러시 학습방법으로 재 적용해보고 그 타당성과 효과성을 재검토 하고자 한다.

다양한 매체 픽션 텍스트의 형식과 담화적 특징들은 이렇듯 다양하다.

〈픽션 텍스트의 형식과 특징〉

픽션 형식	특징
장르(genre)	전통적인 이야기
구조(structure)	회상장면이 예상보다 길어진 담화적 스토리
내용(content)	이슈나 딜레마를 끌어내는 이야기
배경(setting)	익숙한 배경을 가진 스토리. 역사적 배경, 상상의 세상
스타일(style)	오래된 문학작품, 의미있고 중요한 작가들

다양한 매체 픽션은 학생들에게 익숙한 장르이므로 학습의 중심이 되는 텍스트가 될 수 있다. 다시 말해, 교과주제통합학습에서 교과주제관련 다양한 매체 픽션읽기는 교과주제관련 학생들의 아이디어나 경험을 끌어내고, 학생들의 사고를 조직하는 데 효과적인 학습도구가 될 수 있다. 때문에, 교과주제관련 픽션읽기 리터러시 활동은 학생 자신들의 비판적사고와 창의적 표현력을 길러줄 수 있다. 특히, 다양한 매체 픽션읽기활동을 쓰기로 연결하는 뉴 리터러시 활동에서 학생들이 직접 만드는 교과주제관련 다양한 매체 픽션쓰기활동은 학생들의 상상력을 끌어내어 사용하는 창의적 리터러시 활동이 될 수 있다. 다양한 매체 픽션은 어휘, 이미지, 소리의 상호작용적 결합으로 만들어진 스토리이다. 때문에 다양한 매체 픽션은 이메일이나 편지같은 것으로 표현될 수 있으며

그 안에 이야기를 담고 있다. 이런 이야기에는 픽션이 갖추어야 하는 총괄적인 특징이 있다.

다양한 매체 픽션의 목적은 이야기를 전하는 것이다. 하지만 다양한 매체 픽션의 구체적인 목적은 장르에 따라 다양할 수 있다. 예를들어, 픽션 신화의 목적은 자연적 현상을 설명하고, 픽션 전설은 문화적 전통이나 미신들이 표현된다.

이렇듯 다양한 매체 픽션의 특징들은 구조와 언어적 특징을 갖추고 있다.

〈다양한 매체 픽션 텍스트의 구조 및 언어적 특징〉

구조	언어특징	작가의 지식
• 가장 일반적인 구조 • 등장인물을 소개하고 배경을 정하는 데 자유롭다. • 복잡한 사건의 결론을 낸다. • 작가는 예측가능한 담화적 구조에 제한받지 않는다. • 작가와 스토리텔러는 포괄적으로 구조를 수정한다. • 순서에 의해 발생된 사건을 말하지 않고 변화한다(시간의 이동, 회상장면). • 학생들은 자신의 글에 담화적 구조를 담아낸다.	• 픽션은 장르에 따라 언어특징은 다양하다. • 픽션은 구어나 문어적 형식으로 표현된다. • 픽션은 이미지, 비디오, 오디오 같은 상호작용적이나 멀티미디어 요소나 그림 같은 이미지를 사용하면서 표현되거나 논쟁한다. • 픽션은 1인칭이나 3인칭으로 표현된다(나, 우리, 그녀, 그것, 그들). • 픽션은 주로 과거시제로 표현된다(때론 현재시제). • 픽션은 사건의 발생순서가 있다. 픽션의 플롯이나 내용이 특별하게 발생하는 사건의 시대적 순서가 있다. • 픽션의 참여자들은 대략 인식될 수 있다. 특히, 불의에 앞장서는 영웅적인 등장인물이 있다. • 픽션의 전형적인 등장인물의 환경과 사건은 장르마다 다르다.	• 작가는 픽션의 스타일을 결정한다. • 작가는 픽션에서 시간적 연대를 표현하기 위해 주요 사건들이 끝을 향해 가도록 스토리를 만든다. • 작가는 픽션에서 중요한 사항들을 묘사하기 위해 배경과 등장인물을 비주얼스럽게 묘사한다. • 작가는 픽션의 등장인물들이 어떻게 느끼고 생각하는지를 말하는 다른 방식들을 찾는다. 즉, 등장인물들이 말하고 행하는 것을 묘사한다. • 작가는 픽션읽기를 하는 학생들과 연결하기 위한 전략을 사용한다. 예를 들어, 같은 언어패턴을 반복한다든지, 독자에게 질문을 하고 도대체 어떤 일이 일어나고 있는지? 그럴 것이라고 누가 생각하는지? 등을 독자에게 묻고 말한다. • 픽션의 작가는 주인공이나 등장인물들이 끝가지 어떤 방식으로 어떻게 변화하고 움직이는지를 보여준다.

	• 픽션에서 사용되는 연결어들은 독자에게 특별한 영향을 미치며, 담화에 따라 다르게 사용된다. • 픽션에서 시간을 알리기 위해 '그날 이후, 전에' 등의 연결어를 사용한다. • 픽션의 배경을 전혀 다른 면으로 이동하기 위해, '그러는 동안' 등의 연결어를 사용한다. • 픽션에서 나타나는 의심이나 궁금증을 불러일으키기 위해, 경고 없이, '갑자기'라는 연결어를 사용한다.	• 픽션에서 작가는 독자들이 이야기를 이해하는지를 점검하고, 더 잘 이해할 수 있도록 바꿔 표현한다.

다양한 매체 픽션읽기가 교과주제통합학습 도구로서 효과적인 이유는 픽션 스토리는 인위적인 상황이 아니라 학생들의 실제 삶에서 일어나는 상황과 사건을 중심으로 스토리가 전개되기 때문이다. 교과주제통합학습 도구로서 다양한 매체 픽션읽기가 좋은 이유는 훨씬 더 많다(김지숙, 2014). 픽션 스토리에는 내용을 지원해주는 그림들이 있고, 그림만으로도 표현될 수 있는 스토리가 있다. 픽션 스토리에 있는 그림은 학생들의 이해를 도와준다. 또한 다양한 매체 픽션읽기는 사회・문화를 대변하는 문학작품이므로 다양한 주제의 융합적 내용을 포함하며 학생들이 실제 사용하고 있는 살아있는 언어를 배울 수도 있다. 이러한 이유 때문에 미국의 초등학교 읽기수업은 교과서를 사용하기보다 다양한 매체 픽션, 즉 스토리 북 읽기나 문학작품 읽기를 한다. 이렇듯 다양한 매체 픽션읽기는 학생들에게 재미를 줄 뿐 아니라 또래 이야기를 통해 학생들의 심리상태를 치료해주기도 한다. 우리나라 초등학교 교과주제통합 교과서에도 최근 이러한 픽션읽기가 상당히 강화되고 있다. 때문에 다양한 매체 픽션읽기는 파닉스 접근(Phonics approach)이나 총체적 언어접근(Whole Language Approach), 둘 다에 적용될 수 있는 효과적인 읽기 교수학습 방법이 된다.

다양한 매체 픽션읽기가 초등학교 학생들에게 효과적인 교과주제통합 학습도구가 될 수 있는 더 구체적인 이유는 무엇보다 학생들의 삶의 이야기를 담고 있기 때문에 학생들의 공감을 이끌어낼 수 있기 때문이다. 따라서 학생들은 픽션읽기를 공부라고 느끼기보다는 즐거운 공감놀이 활동으로 느낀다. 때문에 학생들은 재미있는 픽션을 반복해서 읽고 싶어한다. 특히 학생들은 일상의 삶과 비슷한 스토리를 읽게 하므로, 읽기가 익숙하다는 느낌이 들어 계속 읽고 싶어한다. 일반적으로 다양한 매체 픽션 텍스트에는 그림이 있어 학생들이 이야기를 이해하도록 단서를 제공해준다. 때문에 학생들이 픽션읽기를 하는 도중에 모르는 어휘가 있어도 그림을 보면 스토리를 쉽게 이해할 수 있게 된다. 특히 다양한 매체 픽션 스토리나 드라마의 내용으로 역할극을 하거나, 역할에 따라 성우처럼 큰소리 읽기를 하다보면 픽션 스토리나 드라마에 몰입하여 학생들은 그 픽션 텍스트의 내용을 자신의 이야기와 연결한다. 이렇듯 픽션 스토리나 드라마는 학생들의 삶을 다루고 있으므로 학생들은 픽션 스토리 내용을 쉽게 예측하기도 한다. 다양한 매체 픽션 스토리를 예측하다 보면, 학생들은 읽기에 대한 성공적 느낌을 갖게 되고 읽기를 하고 싶어하는 동기부여가 된다. 무엇보다 다양한 매체 픽션읽기를 하다보면, 학생들은 재미에 빠져 읽게 되고, 자신도 모르게 픽션읽기스킬과 전략을 사용하며 자신만의 독특한 스토리를 만들어내는 상상력도 발휘한다.

픽션 스토리는 반복되는 언어패턴을 사용하므로 다양한 매체 픽션읽기를 통해 학생들을 유창한 읽기활동으로 이끌 수 있다. 다양한 매체 픽션읽기에서 학생들은 재미를 느끼고 읽기에 대한 성공의 느낌과 읽기에 자신감을 갖게 된다. 학생들은 익숙한 이야기가 있는 다양한 매체 픽션읽기를 반복적으로 읽고 싶어 한다. 읽기에 대한 성공관성은 더 어려운 픽션 자료도 척척 읽어낼 수 있는 능력을 가진 학생으로 성장하게 해준다. 학생들이 픽션 이야기를 계속 읽고 싶어지게 됨으로써 자연스럽게 유창한 읽기스킬이 길러진다. 뿐만 아니라 교과주제관련 학습내용에 대한 학생들의 배경지식뿐 아니라 다양한 주제로 교과 간 넘나드는 스템교육이 이루어질 수 있고 언어지식과 담화지식이 확장되어 말하기도 유창하게 된다. 이렇듯 다양한 매체 픽션읽기는 학생들에게 언어와 내용의 통합교육 및 다양한 교과주제가 융합된 스템교육을 가능케하는 무궁무진한 긍정적인 선물을 제공해 준다.

픽션읽기는 책을 통해서도 가능하지만 최근에는 디지털매체를 통해서도 언제 어디서나 쉽게 접할 수 있다. 초등학교 교과주제통합교과서에 있는 특정 주제에 대한 읽기 자료를 읽으면서 교과주제관련 다양한 픽션 스토리를 인터넷에서 찾아 교과주제관련 내용을 더 확장해서 읽어볼 수 있다. 디지털매체 픽션읽기자료는 학생들의 교과주제나 교과과제에 맞는 적절한 픽션읽기자료인지를 평가해야 한다. 교과주제는 학생들의 연령에 가장 적절한 주제가 될 수 있기 때문이다. 디지털매체 픽션읽기자료로는 실제적 소재(authentic materials)를 다루는 순수 이야기와 동화, 읽기를 목적으로 쓰인 리더스(readers)같은 다양한 매체 스토리일 수 있다. 픽션 리더스는 단어, 어휘, 문법, 리듬, 그리고 이야기 내용 등을 레벨에 따라 통제하여 실제 언어학습을 위해 쓰인 스토리이다. 픽션 스토리는 크기가 다양하여 골라 읽는 재미를 주기도 하지만 책 정리가 어려울 수 있다. 이를 주제별, 영역별, 수준별 색깔이 다른 스티커를 사용하여 정리하지만 여전히 보관이 어려울 때가 있다. 이에 비해 디지털매체 픽션 스토리는 폴더를 만들어 보관해 두면 언제든 읽고 싶을 때 편리하게 뉴 리터러시 자료로 사용될 수 있다.

교과주제에 대한 확장으로 찾아 읽게되는 다양한 매체 픽션읽기자료는 인터넷에서 검색을 통해 찾을 수도 있고 픽션 스토리 북이 될 수도 있다. 특히 스토리 북을 선정할 때는 유의해야 할 점이 있는 데, 영어 학습을 목적으로 스토리를 선택하는지, 스토리 읽기를 목적으로 선택하는지 등, 스토리 읽기목적을 먼저 생각해야 한다. 영어 학습을 목적으로 픽션 스토리를 선정하는 경우, 학생들에게 영어 공부한다는 느낌을 주게 되어 자칫 읽기에 흥미를 잃게 할 수 있다는 점을 유념해야 한다. 특히 영어 학습을 목적으로 단어, 문법, 어휘 등이 통제된 리더스 읽기를 하는 경우 살아있는 언어표현을 접하기가 어려울 수도 있다. 따라서 교과과제학습을 하기 위해 픽션읽기를 하는 경우, 학생들이 즐기고 흥미 있어 하는 소재나 부제들에 맞는 다양한 매체 픽션을 선택하고, 살아있는 실제 사용 가능한 표현들이 녹아 있는 픽션 스토리인지를 평가하여야 한다.

디지털매체를 통한 픽션읽기에서는 세심하게 표현된 그림이나 영상, 그리고 감정이 섞인 음성으로 대사를 들을 수 있어 학생들을 픽션 스토리에 더욱 심취하게 해 준다는 장점이 있다. 이렇듯 디지털매체 픽션읽기는 유용한 점들이 많다(김지숙, 2014). 1) 디지털매체 픽션에는 다양한 그림이나 삽화, 그리고 동영상들이 함께 제공되어 학생들의 흥미를 더해준다. 2) 디지털매체 픽션은 음성지원이 가능함으로 학생들이 반복적으로 문장이나 표현들을 읽고 들을 수 있으므로 패턴처럼 쓰인 표현들을 보다 쉽게 재미를 느끼며 기억하게 된다. 특히 음성으로 제공된 디지털매체 픽션은 학생들이 스토리에 사용된 리듬이나 라임을 자유롭게 들을 수 있게 해주어 언어를 더욱 쉽게 기억할 수 있게 해준다. 이러한 디지털매체 픽션읽기에서 제공되는 익숙한 표현들과 패턴들의 음성지원은 학생들의 유창한 읽기에 아주 효과적이다. 특히 디지털매체 픽션읽기나 스토리 책 읽기에서는 학생 자신들의 언어지식이나 사전지식들이 동화 속 단어, 그림이나 상황들과 상호작용하면서 스토리 의미를 예측하게 해준다. 그래서 디지털매체 픽션읽기에서는 무엇보다도 학생들이 가진 사전지식이나 경험을 이끌어내는 과정이 매우 중요하다.

▌픽션읽기는 어떻게 교수학습 되어야 할까?

가장 먼저 스토리에서 작가가 말하고자 하는 것과 스토리의 의미 같은, 스토리가 전하고자 하는 메시지와 개념을 찾기 위한 질문을 만들어야 한다. 픽션 스토리는 재미있을 수 도 있고, 놀랍고 무서울 수도 있다. 때론 매우 복잡한 이야기 전개를 갖고 있을 수도 있다. 만일 즐기기 위해 픽션 스토리를 읽는 경우라면, 학생들은 스스로에게 질문을 하고, 질문에 답을 찾아내는 게임읽기를 하면 재미있는 픽션읽기 리터러시 활동이 이루어질 수 있다. 하지만 어떤 목적을 위해 다양한 매체 픽션읽기를 하든지 읽기 전에 스토리 장르를 알아보고, 도식화를 사용한 읽기전략을 사용하고, 픽션 스토리의 전개방식을 이해해야 픽션 스토리를 더 잘 즐길 수 있다.

뉴 리터러시 교육(2004)에서 제안한 교과주제학습에서 이루어지는 뉴 리터러시 픽션읽기 교수학습 방법을 학생들에게 익숙한 'Little Red Riding Hood'라는 픽션읽기에 적용해보도록 한다. 이는 초등학교 교과주제통합수업에서 픽션읽기과정(읽기 전, 읽기 중, 읽기 후)의 읽기활동을 실제 수업과정에 적용해보기 위함이다.

질문을 통한 비판적 묻는 읽기
: 질문하기와 텍스트 위치지정하기 및 예견하기

다양한 매체 픽션 스토리를 찾게 되면 바로 읽기를 서두르기보다는 픽션 스토리가 무엇에 관한 이야기인지에 대해 생각하는 시간을 갖는 것이 중요하다. 다양한 매체 픽션 읽기 방법은 한 가지 방법만 있는 것이 아니다. 같은 스토리를 읽어도 어떤 누구도 똑같은 방식으로 읽지 않는다. 어느 누구와도 같이 할 수 없는 자신만의 픽션읽기 방식이 있다. 그럼에도 교사들은 교사자신의 입장에서 픽션읽기 방식을 학생들에게 설명하고 가르치곤 한다. 교사는 학생들이 스스로의 방식으로 픽션읽기 방식을 찾도록 질문으로 이끌어야 한다. 학생들이 다양한 매체 픽션읽기를 하는 동안 스스로 묻는 읽기, 비판적 탐구읽기와 창의적 쓰기를 학생이 주도적으로 할 수 있도록 교사는 질문으로 픽션읽기를 이끌어야 한다. 이 같은 학생 주도적 다양한 매체 픽션읽기는 학생들이 스스로 자신에게 질문을 하고 스스로 질문의 답을 찾고자 탐구읽기를 하는 것이다. 교사가 학생들이 주도적으로 다양한 매체 픽션읽기를 하도록 질문으로 이끌면, 학생들은 스토리에 흥미를 갖게 되고, 스토리를 예측을 하면서 다양한 매체 픽션읽기에 자신감을 갖게 된다. 교사의 효과적인 질문은 학생들로 하여금 픽션읽기에 자신감을 갖게하고 유창한 읽기를 가능하게 한다. 다양한 매체에서 유창한 픽션읽기가 되면 픽션읽기에 성공관성이 생겨, 다양한 매체 픽션이나 다른 교과관련 픽션읽기에도 효과적인 읽기성과를 낼 수 있게 된다.

• 픽션읽기의 목적을 정하는 질문을 하도록 한다

다양한 매체 픽션을 읽는 궁극적인 이유는 재미를 얻기 위해서일 것이다. 학생들이 픽션을 좋아하는 이유는 재미있는 영화나 노래를 좋아하는 것과 같은 방식에서 좋아한다. 같은 노래나 영화를 보더라도 자신의 연령이나 관심사, 시대적 사회문화 환경이나 수준에 따라 그 내용의 이해는 달라질 수 있다. 어린 왕자라는 책은 어릴 때 읽을 때는 그냥 스토리로 읽을 수 있다. 하지만 어른이 돼서 다시 읽게 되면 자신의 살아온 인생과 연결하며 어릴 때 읽었을 때는 생각지도 못했던 새로움을 발견하게 되는 것과 같다. 어른이 되어서야 어린왕자라는 책은 어린이를 위한 책이 아니라 성인을 위한 책이라는 것을 재발견하게 된다. 이처럼 같은 픽션읽기를 해도 엄마와 자녀가 다르게 이해할 수 있다. 홍부와 놀부나 토끼와 거북이라는 스토리에 대한 과거의 해석과 요즘 해석에는 차이가 있는 것도 같은 맥락일 것이다.

다양한 매체 픽션읽기를 하는 목적이 선생님이나 부모가 읽으라고 하니까, 시험을 봐야 하니까 읽어야 하는 강요된 읽기가 되어서는 안 된다. 픽션읽기를 통해 무엇을 찾고 싶은 것인지 스스로 질문을 하면서 먼저 제목을 읽어보도록 한다. 그리고 읽기 목적에 맞는 질문을 만들어 보도록 한다. 읽기 목적은 언어목적과 내용목적을 구분하여 구체적으로 작성하도록 하는 것이 중요하다.

〈읽기 목적에 맞는 질문들〉

언어목적 (Language Objectives)	내용목적 (Content Objectives)
• 소리와 문자 리터러시 (Sound/Letter Literacy) • 어휘 및 어휘군 리터러시 (Lexis/Chunks Literacy) • 문장 리터러시 (Sentence Literacy) —어순의 정확성과 유창성 내면화 훈련 • 단락 리터러시 (Paragraph Literacy) —정확성과 유창성 적용	• 누가 'Little Red Riding Hood'인가? Who is 'Little Red Riding Hood'? • 그녀는 어떤가? What is she like? • 이 이야기는 무엇에 대한 것인가? What is the story talking about?

다양한 매체 픽션읽기 목적에 대한 질문을 만들 때는 일단 제목에서 예측해보는 것이 일반적이다.

• 학생들의 흥미와 수준에서 질문을 통해 픽션 스토리를 예측해 본다.

넌픽션 텍스트와 비교해 볼 때, 다양한 매체 픽션읽기는 예측하기가 쉽지 않다. 픽션읽기에서 그림이 있는 경우는 의미파악에 도움을 주긴 하지만, 그림이 없는 스토리에서는 부제들도 없다 보니 스토리를 예측하기가 쉽지 않다. 따라서 픽션읽기에서 예측하기를 위해서 다른 여러 요인들에 대해서도 알아 볼 필요가 있다.

• 픽션의 제목이나 작가에 대해 파악하면 스토리를 대략 예측할 수 있다.
• 픽션의 배경과 전기적 관점을 파악하면 스토리를 예측할 수 있다.
• 픽션은 처음 한두 단락을 읽어보면 스토리가 예측된다.

• 픽션의 주인공이나 장소 등의 이름을 파악하면 스토리를 대략 예측할 수 있다.
• 픽션에서 반복되는 단어나 볼드체로 인쇄된 주요단어들을 파악하면 스토리를 대략 예측할 수 있다.
• 픽션의 마지막에 묻는 질문들을 보면 스토리에서 무엇을 전하고자 하는지를 예측할 수 있다.

다양한 매체 픽션읽기에서 사전읽기활동을 통해 스토리를 예측할 수 있다.

〈다양한 매체 픽션의 사전읽기활동〉

픽션읽기 전 과정	뉴 3Rs 과정	픽션읽기활동	매체읽기
1. 책 표지와 그림 읽기	묻는 읽기	스토리 커버 그림을 보면서 스토리 전체 내용을 예측한다.	디지털 스토리 + 스토리 책
2. 저자와 삽화가에 대해 읽기	비판적 읽기 탐구읽기	작가와 일러스트레이터에 대해 알아본다. 인터넷에서 저자나 북 리뷰에 대해 찾아 읽도록 한다.	
3. 첫 단락 읽기	묻는 읽기	이야기 배경이나 등장인물, 배경 등의 이름들을 확인하고 스토리를 예측한다.	
4. 중심단어 읽기	탐구읽기 비판적 읽기	주요어휘들을 중심으로 읽고, 배경과 관련하여 어휘를 확인하면서 스토리를 예측한다.	
5. 스토리 관련 질문 읽기	묻는 읽기	스토리를 읽기 전에 질문을 확인하면 스토리에서 무엇을 읽어야 하는지에 대해 예측할 수 있다.	

위와 같은 다양한 매체 픽션읽기활동에서 질문을 통해 픽션읽기목적을 정하고, 읽기를 예측하며, 읽기를 계획한다.

활동유형	읽기 리터러시 활동
질문을 통한 비판적 묻는 읽기	• 읽기목적(내용목표와 언어목표)을 정하기 위한 질문하기 • 픽션 스토리 예측을 위한 질문하기 • 학생들의 사전지식 공유를 위한 질문하기 • 커버스토리에서 제목읽기를 통한 질문하기

• 픽션 스토리에 친숙해지기 위해 질문을 통해 학생들의 사전지식 공유하기

다양한 매체 픽션의 등장인물이나 장소 이름들에 대해 학생들이 친숙해지도록 교사는 스토리의 그림을 보여주고, 학생들이 그림을 보면서 주인공이나 픽션 스토리를 예측하도록 질문을 제시한다. 또한, 교사는 학생들이 픽션 스토리에 관한 노래나 시를 인터넷에서 찾아보게 하거나, 인터넷이나 다양한 매체로 이를 들려주고 학생들에게 그림을 그려보게 하는 활동을 할 수도 있다. 이러한 활동들은 학생들이 스토리의 상황과 친숙해지는데 도움이 될 수 있다. 이러한 다양한 매체 픽션읽기활동은 읽기 전이나 읽기 후에 사용해도 효과적일 수 있다.

〈사전지식 공유를 위해 읽기 전 활동으로 사용할 수 있는 질문들〉

국어 스토리 읽기 유도질문	영어 스토리 읽기 유도질문
소녀는 어디에 갈까요?	Where does she go?
소녀는 누구를 보러 갈까요?	Who(m) does she go to see?
소녀는 어떤 길로 가는가요?	Which way does she take?
소녀는 길에서 누구를 만났나요?	Who(m) did she meet on the way?
소녀는 무엇을 가지고 가는 것 같나요?	What does she take to go?
소녀에게 무슨 일이 일어날 것 같나요?	What will happen to her?

다양한 매체 픽션의 묻는 읽기활동으로 교사는 학생들의 생각, 사전지식이나 경험을 이끌어내기 위해 적절한 질문을 제시한다. 또는 픽션 스토리 주제에 대해 학생 자신이 궁금한 사항에 대해 질문을 만들도록 한다. 무엇보다 교사는 학생들이 스토리에 흥미를 갖도록 읽기동기를 부여하기 위해 픽션 스토리와 관련된 학생들의 사전지식을 공유하는 질문을 할 수 있다. 그리고 학생들에게 픽션 스토리와 관련된 노래나 시를 디지털매체를 통해 찾아보게 하거나 이들을 들려줄 수도 있다.

〈스토리에 친숙할 수 있도록 읽기 전 활동으로 사용할 수 있는 질문들〉

국어 스토리 읽기 유도질문	영어 스토리 읽기 유도질문
주인공 이름이 무엇인가?	What is character's name?
다른 등장인물들은 누구인가요?	Who are other characters in the story?
지금 누가 아픈가?	Who is sick now?
길에서 누구를 만나는가?	Who(m) did she meet on the way?

■ 픽션 스토리의 앞 · 뒤 표지 읽기, 또는 스토리 제목읽기를 통한 묻는 읽기

픽션 스토리 책 읽기 경우, 교사는 학생들에게 스토리의 앞과 뒤 표지 그림을 보면서 스토리의 제목과 표지의 그림에 대해 이야기해 보도록 하고, 스토리의 내용도 예측해보도록 질문을 한다(김지숙, 2014). 픽션 스토리 책을 읽은 경우, 책 표지에 대해 말해보기 활동에서, 학생들에게 책의 제목을 읽고, 작가나 삽화가에 대한 정보를 인터넷에서 찾아 읽어보게 함으로서 교사는 픽션 스토리 책 읽기와 디지털매체 픽션읽기를 연결하는 교과주제통합읽기활동을 이끌 수 있다. 교사와 학생, 또는 학생들 간 픽션 책 표지 그림에 대해 이야기를 나눌 수도 있다. 그리고 교사는 학생들에게 표지 그림을 보고 픽션 스토리가 무엇에 관한 이야기인지 예측해보는 질문도 한다. 그리고 학생들은 픽션 스토리 제목 읽기(Title Reading)를 하고서 관련 자료를 인터넷에서 찾아보고 다른 사람들의 리뷰를 읽어보거나 책에 대한 정보를 찾아보는 활동도 할 수 있다. 픽션책과 디지털매체 픽션자료를 연결하는 뉴 리터러시 활동에서는 학생들이 필요한 자료의 위치를 적절하게 지정하는지, 찾고자 하는 픽션자료인지 평가하는지를 확인해야 한다.

• 읽기목적을 통해 무엇을 배울 것인가에 대한 읽기계획하기.

다양한 매체 픽션읽기를 할 때, 학생들은 그들이 읽고 보는 모든 정보를 받아들이지는 못한다. 때문에 픽션읽기를 하기 전에 배울 것에 대한 예측 활동을 해야한다. 예를 들어, 'Little Red Riding Hood'라는 픽션읽기를 하기 전에, 예측활동을 통해 학생들이 다음과 같은 내용을 배우게 된다는 점을 알게된다.

— 할머니는 손녀에게 Little Red Riding Hood를 만들어주었다.
— 어린 소녀의 이름은 Little Red Riding Hood이다.
— 어린 소녀는 할머니를 보러 갔다. 할머니는 다른 마을에 살고 계신다. 할머니는 어린 소녀의 엄마가 할머니를 위해 만들어주신 girdlecake를 갖고 있다.
— 어린 소녀는 가는 길에 늑대를 만났다.

학생들은 다양한 매체 픽션읽기에서 예측활동을 통해 이 같은 사실을 알게 되었고, 그녀에게 어떤 일이 일어날 것인가에 대해 궁금하게 된다. 학생들이 예측활동을 통해 배운

것에 대한 픽션읽기계획을 세우면 더욱 도움이 된다. 특히 Little Red Riding Hood에서는 어떤 일이 일어나는 지를 알아보는 활동이 바로 읽기목적이기도 하다.

■ 묻는 읽기(Reading with Questions)를 위한 질문 만들기

다양한 매체 픽션읽기를 할 때는 끊임없이 자신에게 질문을 던져 이야기의 내용과 학생 자신의 생각이나 경험사이에 상호작용을 해야 한다. 묻는 읽기를 위한 질문 만들기 활동으로 다양한 매체 픽션의 그림을 살펴보면서 내용파악에 도움이 되는 요소들에 대해 물어보는 질문을 한다. 묻는 읽기에서 질문은 다양한 매체 픽션읽기를 하면서 학생이 궁금한 것에 대해 자신에게 물어보는 방법이다. 다양한 매체 픽션읽기 전 활동으로 가장 중요한 것은 읽기를 어떻게 이끌어 갈 것인지에 대한 문제이다. 교사는 학생들이 궁금해 할 사항에 대해 질문을 함으로써, 학생들이 다양한 매체 픽션 스토리에 궁금증을 갖고 픽션 스토리 내용이해를 도와주는 질문을 해야 한다.

■ 대충 읽기(Skimming)와 자세히 읽기(Scanning)

다양한 매체 픽션읽기를 할 때, 픽션 스토리에 있는 그림을 대충 훑어보면서 스토리 내용을 파악하는 스키밍 활동으로 인쇄매체 스토리 책의 페이지나 인터넷 스토리의 스크린을 넘기면서 이야기를 예측할 수 있는 묻는 읽기를 한다. 다양한 매체 픽션 스토리를 훑어 읽는 동안 하나의 초점에 맞춰 표시해가면서 읽는다. 예를 들어, Little Red Riding Hood라는 소녀가 처음 등장할 때 표시를 하고, 그녀가 대화하는 것을 표시하고, 특히 무엇을 말하는지를 표시해봄으로써 소녀의 행동에 초점을 두고 스토리를 연결해 볼 수 있다.

다음으로 학생들은 다양한 매체 픽션에 있는 그림을 보거나 주요 어휘를 자세히 스케닝 하면서 픽션 스토리에서 어떤 일이 일어날지에 대해 예측해보도록 한다. 또는 교사나 부모는 픽션 스토리 책에서는 각 페이지마다, 인터넷 매체에서는 각 스크린마다 학생들에게 질문을 주어 학생들로 하여금 스토리 내용을 예측하고, 상상하면서 다양한 매체 픽션읽기에 동기 부여되도록 한다. 또한, 학생들에게 픽션 스토리의 그림을 훑어보

고 등장인물과 사건에 대해 말해보도록 한다. 또는 등장인물이 어떻게 변화되는지에 대해 관찰하고 설명하도록 할 수도 있다. 교사는 픽션 스토리에서 일어나는 변화를 보면서 작가가 말하고자 하는 것에 대해 학생들의 생각을 끌어내어 생각지도를 만들도록 브레인스토밍 활동을 유도할 수도 있다. 학생들은 대충 읽기와 특정 부분 자세히 읽기를 한 후 결론을 예측해보는 활동으로 스토리 내용에 대해 도식화하거나 그림을 그리는 읽기 활동을 할 수 있다.

〈스토리 예측을 위한 읽기 전 활동으로 적절한 질문들〉(김지숙, 2014)

픽션읽기 유도질문	
스토리 표지에 뭐가 있니?	What do you see on the cover?
제목 읽어볼까?	Can you read the title?
작가가 누구지?	Who is the author?
무엇에 대한 이야기일까?	What do you think this story is about?
이게 뭐야?	What's this?
주인공에게 무슨 일이 일어날까?	What happens to the character?
이 그림에는 어떤 것들이 있지?	What can you see in this picture?
다음에는 어떤 일이 일어날까?	What will happen next?
또 다른 것은?	What else can you see?
이것이 뭔지 알아?	What do you know about this/that?
늑대가 뭐하고 있지?	What are the wolf doing?
늑대는 어디에 있지?	Where' s the wolf?
이것은 뭐 같이 보이니?	How does it look like? wow!!
네가 주인공이라면 어떤 느낌일 것 같니?	If you were the character, how would you feel?
________ 때 어떻게 느끼지?	How do you feel when ______?
이 그림에서 어떤 일이 일어나고 있지?	Let's find what happen in this picture
작가는 스토리에서 무엇을 말하고자 하는가?	What is the author trying to say in the story?

픽션 스토리 텍스트 예시

1st 단락

Once upon a time, there lived in a certain village, a little country girl, the prettiest creature was ever seen. Her mother was excessively fond of her; and her grand-mother doated on her much more. This good woman got made for her a little red riding-hood; which became the girl so extremely well, that every body called her Little Red Riding-Hood.

Background information

Character name

One day, her mother~~, having made some girdle-cakes, said to her:~~

Character of mother

"Go, my dear, and see how thy grand-mamma does, for I hear she has been very ill, carry her a girdle-cake, and this little pot of butter."

Little Red Riding-Hood set out immediately to go to her grand-mother, who lived in another village. As she was going thro' the wood, she met with Gaffer Wolf, who had a very great mind to eat her up, but he durst not, because of some faggot-makers hard by in the forest.

He asked her whither she was going. The poor child, who did not know that it was dangerous to stay and hear a Wolf talk, said to him:

"I am going to see my grand-mamma, and carry her a girdle-cake, and a little pot of butter, from my mamma."

"Does she live far off?" said the Wolf.

"Oh! ay," answered Little Red Riding-Hood, "it is beyond that mill you see there, at the first house in the village."

"Well," said the Wolf, "and I'll go and see her too: I'll go this way, and you go that, and we shall see who will be there soonest."

Repeated word

The Wolf began to run as fast as he could, taking the nearest way; and the little girl went by that farthest about, diverting herself in gathering nuts, running after butterflies, and making nosegays of such little flowers as she met with. The Wolf was not long before he got to the old woman's house: he knocked at the door, *tap, tap*.

Conflict with wolf

"Who's there?"

"Your grand-child, Little Red Riding-Hood," replied the Wolf, counterfeiting her voice, "who has brought you a [Little Red Riding-Hood] little pot of butter, sent you by mamma."

Conflict continuing

The good grand-mother, who was in bed, because she found herself somewhat ill, cry'd out:

"Pull the peg, and the bolt will fall."

Situation getting worse

The Wolf pull'd the peg, and the door opened, and then presently he fell upon the good woman, and ate her up in a moment; for it was above three days that he had not touched a bit. He then shut the door, and went into the grand-mother's bed, expecting Little Red Riding-Hood, who came some time afterwards, and knock'd at the door, *tap, tap*.

"Who's there?"

Little Red Riding-Hood, hearing the big voice of the Wolf, was at first afraid; but believing her grand-mother had got a cold, and was hoarse, answered:

"'Tis your grand-child, Little Red Riding-Hood, who has brought you a girdle-cake, and a little pot of butter, mamma sends you."

Repeated word

The Wolf cried out to her, softening his voice as much as he could, "Pull the peg, and the bolt will fall."

Little Red Riding-Hood pulled the peg, and the door opened. The Wolf seeing her come in, said to her, hiding himself under the bedclothes:

Conflict continuing

"Put the cake, and the little pot of butter upon the bread-bin, and come and lye down with me."

Little Red Riding-Hood undressed herself, and went into bed; where, being greatly amazed to see how her grand-mother looked in her night-cloaths, she said to her:

Tension building

"Grand-mamma, what great arms you have got!"

Little Red Riding-Hood

"That is the better to hug thee, my dear."

"Grand-mamma, what great legs you have got!"

"That is to run the better, my child."

"Grand-mamma, what great ears you have got!"

"That is to hear the better, my child."

"Grand-mamma, what great eyes you have got!"

"It is to see the better, my child."

"Grand-mamma, what great teeth you have got!"

"That is to eat thee up."

Climax

And, saying these words, this wicked Wolf fell upon poor Little Red Riding-Hood, and ate her all up.

〈출처 : http://www.homeofbobocom/literature/genre/fiction/falktales/fairyTales/LRRHPerranlt.html.〉

▌탐구읽기 : 읽기목적에 따라 비판적으로 평가하기와 종합하기

묻는 읽기단계 후, 읽기목적에 맞는 교과주제관련 다양한 매체 픽션 탐구읽기가 시작된다. 다양한 매체 탐구읽기 과정에서는 교과주제와 읽기목적에 맞는 픽션 스토리인지를 평가하고, 스토리를 종합하고, 자신의 글로 요약한다. 다양한 매체 픽션 탐구읽기 활동은 픽션읽기 중 활동은 내용목표와 언어목표를 달성하도록 읽는 것이다.

픽션읽기과정	뉴 3Rs 과정	픽션읽기활동	매체읽기
1. 첫 번째 읽기	탐구읽기 : 묻는읽기 비판적 읽기	모델 읽어주기, 함께 읽기, 짚어 읽기를 한다. 이때는 페이지/스크린마다 그림을 중심으로 간단한 질문을 하며 읽도록 한다. 특히, 글을 읽지 않고 그림에 대해 질문을 하면서 이야기에 익숙해지도록 이끈다. 교과주제관련 자료나 그림을 인터넷에서 찾도록 적절한 질문을 만든다.	디지털매체 읽기 + 인쇄 매체 책 읽기의 통합
2. 두 번째 읽기	탐구읽기 : 묻는 읽기 비판적 읽기	페이지/스크린마다 글을 읽고, 스토리 내용에 대한 질문을 하며 스토리 표현에 익숙하도록 이끈다. 스토리를 전개하기 위해 반복된 표현을 자주 사용하도록 이끄는 질문을 제시한다. 교과주제관련 픽션 자료를 인터넷에서 찾아 더 읽도록 한다.	
3. 세번째, 네 번째, 다섯 번째 읽기	탐구읽기 : 묻는 읽기	픽션 스토리에서 교과주제관련 궁금한 점에 초점을 두고 특정한 교과주제관련 질문에 답을 찾도록 국소적으로 여러 번 읽게 한다.	
4. 파닉스나 표현 익히기	언어학습	파닉스나 중요한 표현들에 대해 익히는 활동을 한다.	
5. 글의 내용파악	비판적 읽기	내용파악을 위해 질문이나 다양한 매체 읽기활동으로 확장한다.	

▪ 다양한 매체 픽션읽기목적에 맞는 탐구읽기

학생들은 읽기목적에 맞도록 읽기전략을 사용하며 본격적으로 'Little Red Riding Hood'라는 픽션 스토리 탐구읽기를 시작한다. 이 픽션 스토리 탐구읽기에서는 픽션 스토리를 학생 자신의 속도로 읽되, 큰소리로 실제 연기하듯 드라마틱하게 읽으면 더욱 흥미 있게 픽션읽기를 할 수 있다. 픽션읽기에서는 빨리 읽는다고 효과적이지 않다. 다양한 매체 픽션읽기를 할 때, 어떤 일이 일어나는지 이해하면서 천천히 읽으면 읽기를 즐기게 된다. 픽션 탐구읽기를 하는 동안 빨간 두건을 쓴 소녀에 대해 생각해보고, 스토리의 상황에 몰입하여 읽기 시간을 즐기도록 한다.

다양한 매체 픽션 탐구읽기를 할 때는 스토리 표지(cover) · 제목(title) · 목차(content)를 먼저 읽고, 스토리 내용을 표현하고 있는 그림 중에서 스토리 내용에 대해 중요할 것 같은 그림에 대해 학생 스스로 질문을 해본다. 학생들이 첫 번째 읽기를 하고 난 후에는 학생 자신에게 이야기를 좋아하는지, 즐기는지를 물어보는 것도 필요하다. 그리고 픽션 탐구읽기를 하는 동안 학생들의 머릿속에 떠오르는 것에 대해 적어보도록 한다. 또한, 등장인물의 성격 같은 스토리의 특정 부분, 즉 등장인물의 특징에 대한 '등장인물 맵(Character Map)'을 그려볼 수도 있다. 이때는 가능한 등장인물의 어떤 특징에 초점을 맞추고 '의문사 질문'을 사용하면 스토리를 예측하는 데 효과적이다.

다양한 매체 픽션 탐구읽기에서 '도식(organizers)'을 사용하면 픽션을 이해하는 데 도움이 된다. 픽션 탐구읽기를 하는 동안 학생들은 스토리에서 원하는 것을 얻는 데 어떤 도식이 가장 적절한지를 생각하며 스스로 도식을 결정하도록 한다. 선택한 도식이 픽션 스토리 전체를 이해하는 데 적절한 선택이 아닐 수 있으므로 교사는 학생들이 읽기목적에 맞는 적절한 도식을 사용할 수 있도록 예를 들어 도움을 줄 수 있어야 한다.

'Little Red Riding Hood' 픽션 스토리의 등장인물에 대한 맵을 그려 보도록 한다. 이 도식은 다양한 매체 픽션읽기에서 등장인물에 초점을 두고 중요한 사항들에 대해 정리하는 도구가 될 수 있다.

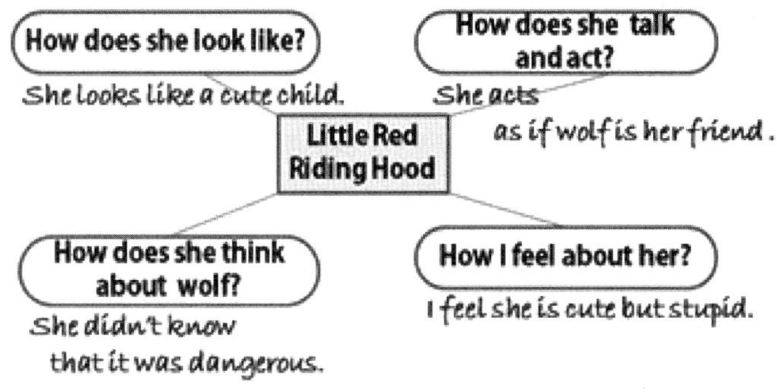

〈Laura. R., 2002, p.306 참조〉

'Little Red Riding Hood' 픽션 스토리에서 어떤 일이 일어나는지를 알아보기 위해 간단한 단어나 그림을 통해 스토리보드를 작성해 볼 필요가 있다. 이 스토리보드는 다양한 매체 픽션읽기에서 간단한 사건을 가진 스토리 전개를 이해할 때 효과적인 도식이다.

초반(Beginning)	중반(Middle)	후반(End)
소녀는 할머니에게 간다. 할머니는 다른 마을에 살고 계신다. 가는 길에 늑대를 만났다.	소녀는 할머니 집에 갔다. 늑대는 할머니를 넘어뜨리고, 할머니를 잡아먹어 버렸다.	늑대는 Little Red Riding Hood 도 넘어뜨리고 그녀도 모두 잡아먹어 버렸다.

〈Laura. R., 2002, p.307 참조〉

'Little Red Riding Hood' 픽션 스토리에서 일어나는 많은 사건들에 대해 보다 자세한 내용이나 목록을 작성하여 주요 문장으로 스토리 라인을 작성해볼 수 있다. 이 도식은 픽션 스토리에 사건들이 복잡하게 엮어 있거나 뒤틀려 있는 경우에 사용하면 효과적이다.

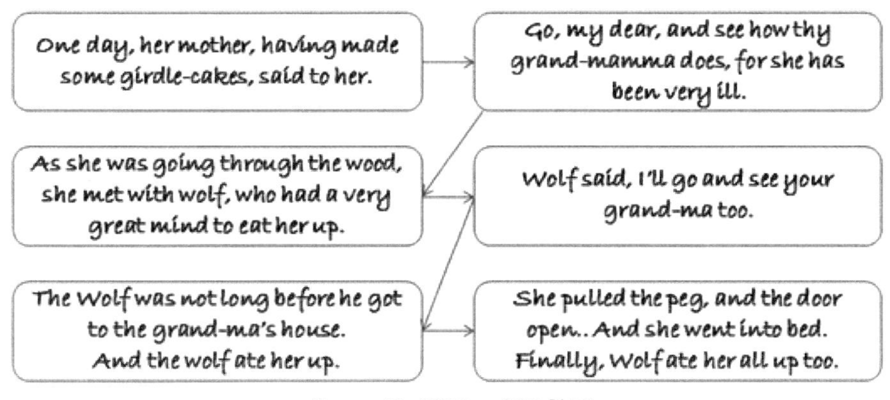

〈Laura. R., 2002, p.307 참조〉

그 외에도 'Little Red Riding Hood' 픽션 스토리 전개 도식을 사용할 수도 있다. 이 도식은 픽션 스토리에서 등장인물, 배경이나 사건들에 대한 정보를 모으고자 할 때 효과적인 전개방식이다.

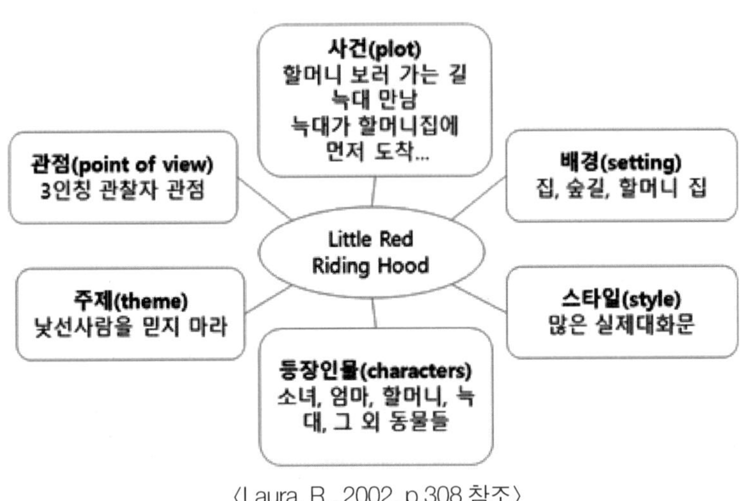

〈Laura. R., 2002, p.308 참조〉

다양한 매체 픽션은 일반적으로 5단계를 거치면서 발전된다. 픽션에서 가장 핵심요소인 갈등, 긴장과 절정을 통해 사건의 전개를 추적해 갈 수 있다. 하지만 모든 픽션읽기에서 널리 사용되는 5단계의 사건 전개가 사용되는 것은 아니다. 'Little Red Riding Hood'에서 처럼 설명—행동야기—절정의 3단계로 사건이 마무리되는 경우도 있다.

〈다양한 매체 픽션읽기에서 사건 전개〉

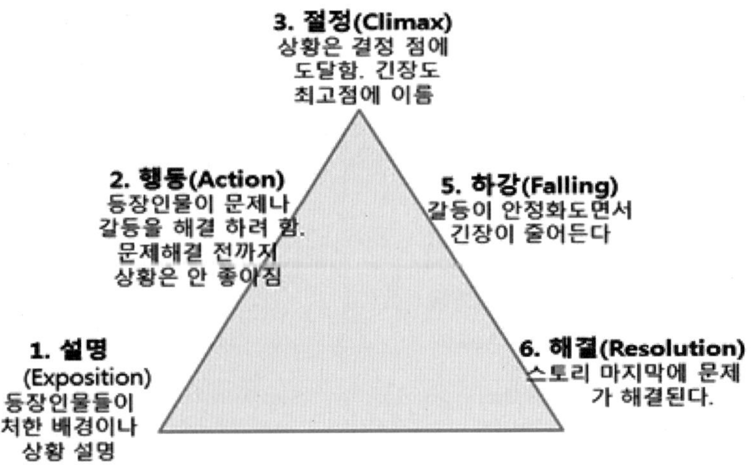

〈Laura. R., 2002, p.309 참조〉

■ 질문을 통한 첫 번째 탐구읽기

'Little Red Riding Hood' 픽션읽기 중 첫 번째 읽기에서 사용할 수 있는 질문들이 있다.

〈첫 번째 탐구읽기에서 사용할 수 있는 질문들〉 (김지숙, 2014)

국어 스토리 읽기 유도질문	영어 스토리 읽기 유도질문
이 이야기 좋아하나요?	Do you like (enjoy, love) this story?
누가 주인공인가요?	Who is the main character?
늑대가 주인공인가요?	Is wolf main character?
다른 동물은 어때요?	How about other animals?
(칭찬 피드백을 주면서) 그렇지요, 빨간 두건 소녀가 주인공이지요.	Yes, Little Red Riding Hood is also main character.
늑대는 어디에 살지요?	Where does wolf live?
그림은 어디에서 일어난 일인가요?	Where is this picture taken place?
(칭찬 피드백을 주면서) 대단한데, 늑대는 숲에 살고 있지요.	Good, wolf lives in the forest .

첫 번째 읽기에서 교사나 부모는 학생들이 다양한 매체 픽션을 이해하는 데 도움이 되도록 재미있게 읽어주거나(Read aloud) 다른 매체(MP3, YouTube) 및 인터넷 사운드 등을 통해 즐거운 읽기 모델을 보여주는 것이 좋다. 특히 픽션의 전반적인 이해와 느낌을 갖고, 등장인물이나 장소 등에 대해 친숙해 질 수 있는 질문을 하도록 한다. 그리고 학생들이 픽션 스토리에 관심을 갖고 적극적으로 읽기에 참여할 수 있도록 칭찬 피드백을 주는 것이 좋다. 첫 번째 읽기의 초반에는 보다 큰 그림을 볼 수 있는 질문을 하고, 점차 스토리를 자세히 이해할 수 있도록 구체적인 질문을 제공하는 것이 좋다. 첫 번째 읽기의 마지막 활동은 인터넷 음성기능을 사용하여 픽션 스토리 듣기를 통해 스토리의 전체적인 느낌을 갖도록 해주는 것이 효과적이다.

■ 질문을 통한 두 번째 탐구읽기

두 번째 읽기(Second Reading)는 다양한 매체 픽션의 내용목적과 언어목적 둘 다에 초점을 둔 스토리 이해력과 언어학습목적을 위한 읽기 리터러시 활동을 하는 단계이다.

두 번째 읽기에서는 학생들의 유창한 읽기를 이끌 수 있도록 내용이해와 언어목적을 위한 다양한 읽기활동(학생들과 함께 읽기(Shared Reading), 듣고 따라 하기(Listen & Repeat), 파닉스 익히기(Phonics Study), 단어 짚어주기(Word Study), 단어 감각 익히기(Word Building), 어휘 확장하기(Vocabulary))을 할 수 있다(김지숙, 2014, p.261).

두 번째 읽기에서 주로 사용되는 읽기활동은 다음과 같다.

〈두 번째 탐구읽기에서 주로 사용되는 읽기활동〉(김지숙, 2014, p.261)

학생들과 함께 읽기 (Shared Reading)	학생들을 읽기에 참여시켜 픽션 스토리 모델 읽기를 따라서 함께 큰소리로 박자 맞춰 반복 읽기를 한다.
듣고 따라 하기 (Listen & Repeat)	픽션 스토리를 보지 않고 내면화 활동으로 다양한 디지털매체를 사용하여 듣고 따라 읽기를 한다. 이때는 픽션 스토리 라인을 재정리 할 수 있다.
파닉스 익히기 (Phonics Study)	픽션읽기에서 파닉스 학습을 할 수 있는 단계로 단모음에서 장모음, 이중모음 등의 변화를 통해 단어를 해독하고, 단어 패턴(bat/hat, act/fact, go/show)을 통해 유추하여 읽기의 정확도를 높이는 파닉스 규칙을 확장하는 활동을 한다.
단어 짚어주기 (Word Study)	첫 번째 픽션읽기를 통해 익숙해진 단어를 효과적으로 익히는 활동이다. 그림을 보고 단어를 유추하여 읽어보는, 해독연습을 할 수 있다. 특히 유창한 읽기를 위한 첫 단계로 정확성에 초점을 둔 읽기연습을 하게 된다.
단어 감각 익히기 (Word Building)	픽션 스토리에서 읽을 수 있는 단어에 모음이나 자음을 변경하여 새로운 단어를 유추하여 읽어보는 연습 (hay, say, way, pay)을 한다. 그림에 라벨(이름표나 스티커)붙이기 활동, 그림사전을 만들기 활동, 그리고 그림 카드를 연결하여 문장 만들기 활동도 한다.
어휘 확장하기 (Vocabulary)	등장인물의 행동과 그림을 연결하며 새로운 단어들의 의미 파악을 유도하는 활동이다. 예를 들어 Mother, Grandmother 등의 단어들을 통해 가족(family) 같은 폭넓은 어휘 확장과 의미 파악(making meaning)을 유도하는 읽기전략이다.

두 번째 탐구읽기에서 사용할 수 있는 질문들을 'Little Red Riding Hood' 스토리에서 적용해본다.

〈두 번째 탐구읽기에서 사용할 수 있는 질문들〉 (김지숙, 2014, p.262)

국어 스토리 읽기 유도질문	영어 스토리 읽기 유도질문
같은 소리를 가진 단어를 찾아볼래요?	Can you find out the words with same sound.
이 단어 한번 읽어보세요.	Read the word.
____는 어디에 있지?	Where is the __________?
____는 숲속에 있어요.	The _____ is in the forest.
____ 글자를 빼고 한번 읽어보세요.	Take away the letter _________ and read it.
____ 글자를 넣어 한번 읽어보세요.	Put the letter _______ and read it.
어떤 글자가 이 소리로 발음되지요?	Which letter makes the sound _________?
이 그림에서 빠진 것을 찾아보세요.	Find the missing one in the picture card.
이 단어의 의미가 무엇인가요?	What does it mean?
단어를 읽어보고 의미를 말해보세요.	Read this word and tell me its meaning?
첫 음과 끝 음을 나눠보세요.	Divide onset and rime.
같은 패턴을 가진 단어를 찾아볼 수 있나요?	Can you find the word with the same patterns?
문장을 읽고 이 단어 의미를 추측해 보세요.	Read this sentence and guess the meaning of the word ________.

■ 픽션 텍스트 평가하기와 연결하기

다양한 매체 픽션 스토리가 재미있는 것은 자신의 삶과 관련 있는 것을 다루고 있기 때문이다. 다양한 매체 픽션읽기에서 학생들은 주인공이 어떤 사람인지, 또는 사건을 요약하고, 교과주제와의 관련성에 대해 팀원들과 논의해본다. 학생들이 픽션읽기를 하는 경우는 대부분 엄마의 권유나 학교 과제를 해야 하는 특별한 읽기목적이 있다. 하지만 때론 재미가 있어 읽는 경우도 있다. 어떤 이유에서든 픽션읽기를 하는 경우에는 교과주제관련 적절한 픽션 스토리인지를 평가하고 이를 학생 자신의 삶과 스토리를 연결하는 읽기를 해야 한다.

세 번째 읽기(Third Reading), 네 번째 읽기(Fourth Reading), 다섯 번째 읽기(Fifth Reading)와 유창한 읽기(Fluency)를 통해 학생들은 단계별 다양한 연결활동을 할 수 있다. 세 번째 픽션읽기는 등장인물이나 사건 같은 변인들의 연결을 통해 학생들의 추론 능력과 이해력을 점검하는 질문을 주며, 학생들과 상호작용 읽기(Interactive Reading)를 할 수 있다. 네 번째 픽션읽기에서는 무엇보다 픽션 이야기 내용과 자신의 경험을 연결하는 활동을 유도할 수 있다. 다섯 번째 픽션읽기에서는 언어목적을 유도하는 빈칸 채우는 괄호 넣기(Cloze) 활동을 통해 자신의 생각을 스토리와 연결하는 표현 활동을 할 수 있다. 이때는 픽션 스토리 내용을 중심으로 할 수도 있고, 자신의 경험을 바탕으로 빈칸 채우기 같은 부분적인 쓰기 활동을 할 수 있다. 마지막 픽션읽기 단계는 학생 혼자읽기(Independent Reading)를 통한 유창한 읽기를 유도한다. 정확한 발음으로 픽션 스토리의 역할에 맞는 주인공이 되어 감정을 살려 스토리 상황에 맞도록 자연스럽게 표현하며, 약간 빠른 속도로 읽어내는 유창한 읽기를 이끈다. 유창한 읽기는 큰소리 읽기를 통해 말하기 능력으로 연결될 수 있다.

다양한 매체 픽션 탐구읽기를 할 때는 픽션 스토리에 대한 학생 자신의 반응을 계속 점검해 볼 필요가 있다. 그리고 픽션 스토리에 대해 학생은 무엇을 생각하는지, 픽션 스토리가 학생 자신의 어떤 경험을 상기시켜주는지, 이와 비슷한 어떤 스토리를 어디서 본적이 있는지에 대해 끊임없이 학생 자신의 경험과 생각을 확인해보는 질문을 스스로에게 던지며 픽션 탐구읽기를 해야 한다.

〈픽션읽기 각 단계에서 사용할 수 있는 질문들〉

	국어 스토리 읽기활동	영어 스토리 읽기활동
3번째 읽기	이 스토리는 무엇에 대해 생각하게 하는가? 어떤 경험이 생각나는가? 비슷한 다른 스토리가 있는가? 숲속에서 걸어본 적 있는가? 숲속에서 놀았던 경험을 그려보기 숲속에서 일어났던 일에 대해 일기쓰기 '늑대와 함께'라는 소녀자신에 관한 그림에 대해 글쓰기 버블 스티커를 사용하여 대화글 만들기 등장하는 동물과 동물의 소리를 연결하기 (글씨가 없는 경우도 가능)	What does it make you think about? What experience of your own does the story remind you of? What other stories is it like? Have you ever walk in the forest? Draw about the experience that he played in the forest. Keep a diary about things happened in the forest. Write on his own picture "with the wolf". Make dialogue using speech bubble sticker. Connect animal sound to a animal.

4번째 읽기	듣기를 하면서 빈칸 채우기 활동하기 틀린 단어 찾기 빈칸 채우기	Fill in the blank in worksheet listening to the tape. Find the missing words Fill in the blanks
5번째 읽기	교사가 분명하고 또렷한 발음으로 읽어주기 학생들과 큰소리로 함께 읽기	Read aloud by teacher. Read together with kids.
유창한 읽기	캐릭터의 분위기에 감정이입하여 큰소리로 끊어 읽기 문장의 강세/리듬감, 높낮음을 연습하는 읽기	

이러한 다양한 픽션읽기활동은 학생들의 읽기 유창성을 길러주는 데 효과적이다.

Little Red Riding-Hood set out immediately to go to her grand-mother, who lived in another village. As she was going thro' the wood, she met with Gaffer Wolf, who had a very great mind to eat her up, but he durst not, because of some faggot-makers hard by in the forest.

He asked her whither she was going. The poor child, who did not know that it was dangerous to stay and hear a Wolf talk, said to him:

"I am going to see my grand-mamma, and carry her a girdle-cake, and a little pot of butter, from my mamma."

"Does she live far off?" said the Wolf.

"Oh! ay," answered Little Red Riding-Hood, "it is beyond that mill you see there, at the first house in the village."

〈출처 : http://www.homeofbobocom/literature/genre/fiction/falktales/fairyTales/LRRHPerranlt.html.〉

다양한 매체 픽션을 읽을 때, 학생들의 머릿속에서 순간순간 생각나는 것을 적어두거나 그림을 그려보는 학생은 적극적인 탐구읽기를 한 것이다. 다양한 매체 픽션에서 작가가 말하고 있는 것에 대해 뭔가를 배우고, 이에 대한 학생 자신의 각오를 적어보는 활동도 적극적 탐구읽기활동이 된다. 적극적 탐구읽기활동은 첫 번째, 두 번째 읽기에서 놓친 사항들에 대해 도식을 통해 다시 점검해 볼 수 있다.

다양한 매체 픽션 스토리가 읽기목적과 교과주제관련 적절한지를 평가하고, 다양한 매체 픽션 스토리를 자신의 삶과 연결하기도 한다. 그리고 다른 교과주제와 연결하여 교과주제통합학습으로 연결할 수도 있다.

〈연결하기에서 사용할 수 있는 활동〉

나와 관련짓기	픽션 스토리를 학생 자신의 경험과 관련지어 생각해보는 읽기활동으로 이는 픽션 스토리를 능동적이고 흥미롭게 이해하고 표현하도록 도와주는 이해 및 표현 활동이다.
교과목과 연관 찾기	픽션 스토리의 주제를 수학/과학/사회/음악/미술/체육교과 등과 연계하여 다양한 교과내용의 이해와 표현 학습활동으로 확장하는 활동이다. 또한 픽션읽기를 디지털매체 리터러시 활동으로 연결할 수 있다. 또는 Little Red Riding Hood의 다양한 버전을 읽고 스토리 간 차이를 비교하고 비판적으로 평가해 볼 수 있다. — Little Red Cap by Jacob and Wilhelm Grimm — Little Red Hood by Lower Lusatia — Little Red Hat by Italy/Austria — The Grandmother by France

소통하기
: 종합하여 쓰고 탑재하여 피드백주기

'Little Red Riding Hood' 픽션 스토리를 읽고 비극으로 끝나는 스토리며, 비교육적 스토리라는 우려가 생길 수도 있다. 이러한 이유 때문에서도 읽기 후 활동이 더욱 중요하다.

■ 픽션 스토리 내용을 종합하기와 되새겨보기

'Little Red Riding Hood' 픽션 스토리는 주인공의 도덕성, 성격, 지능이나 언어표현 수준으로 보아 대략 7세~11세에 적당한 스토리라 할 수 있다. 주인공인 소녀는 아직 늑대의 존재가 무엇을 의도하는지 모르는 소녀이다. 다른 어른들에게 대답하듯 늑대의 질문에도 친절하고 자세하게 대답을 하고 부모의 심부름을 잘 따르는 소녀이다.

The wolf asked her whither she was going. The poor child, who did not know that it was dangerous to stay and hear a Wolf talk, said to him:
"I am going to see my grand-mamma, and carry her a girdle-cake, and a little pot of butter, from my mamma."
"Does she live far off?" said the Wolf.
"Oh! ay," answered Little Red Riding-Hood, "it is beyond that mill you see there, at the first house in the village."

이렇듯 픽션 스토리의 마지막에 학생들은 많이 슬퍼할 수 있다. 이 스토리에서 소녀가 뭘 잘못 했기에 이런 위험에 처하게 되었는지를 학생들에게 물으면 대부분의 학생들은 뒤로 돌아가 스토리를 다시 읽는다. 이 스토리를 얼마나 잘 이해했는지 알아보기 위해 교사는 학생들에게 소녀는 어떤 유형의 아이인지에 대해 묻고, 이에 대해 학생들이 서로 이야기해보는 시간을 줄 수 있다. 교사는 이 픽션 스토리에 대한 다양한 질문으로 학생들에게 스토리를 되새겨 보도록 한다.

〈'Little red Riding Hood' 스토리를 되새겨 보게 하는 질문들〉

	국어 스토리 읽기활동	영어 스토리 읽기활동
되새겨 보기 활동	스토리 주제가 무엇인가요?	What is the story's themes?
	스토리 읽기를 하는 목적이 무엇이었나요?	What was the story reading purpose?
	주요 등장인물들은 어떤가요?	What are the main characters like?
	이 스토리에서 어떤 일이 일어났는가요?	What happened in this story?
	스토리 마지막이 왜 놀라운가요, 또는 왜 놀라지 않은가요?	Why or why not did the ending come as a surprise?
	스토리에 어떤 점이 혼란을 주는가?	What does anything in the story confuse me?

■ 소통을 위한 다시 읽기

좋은 픽션 스토리는 읽는 동안 많은 질문이 생기고 다양한 제안을 제공해준다. 학생들이 궁금한 것들에 대한 해결점을 찾아가는 방법은 궁금할 때마다 필요한 정보를 찾아보기 위해 픽션 스토리를 다시 읽어보는 것이 최선이다. 다시 읽어보는 방법에는 픽션 스토리에 따라 다양한 방법이 있을 수 있다.

픽션 스토리를 다시 읽어보는 경우는 교과주제관련 궁금한 것들에 대한 답이 되는 정보를 찾기 위해 자세하게 읽어보는 것이다. 픽션 스토리를 자세히 다시읽어 보는 것은 픽션 스토리를 표현하기 위해 사용되는 어휘, 스토리의 특정 요인이나 특정 부분, 때론 전체를 자세히 읽는 것이다. 특히, 특정 어휘나 문장, 그리고 특정 단락에 초점을 두고 자세히 읽기를 하는 것이다. 마치 뭔가를 찾는 게임을 하듯, 작가가 왜 특정 단어를 사용했는지, 왜 픽션 스토리는 특정 사건을 포함하고 있는지에 대해 끊임없이 스스로에게 질문을 하면서 읽어야 적극적으로 다시 읽기를 하는 것이다.

〈다시 읽기를 유도하는 읽기활동〉

<table>
<tr><td>등장인물 비교하기</td><td>픽션 스토리 주인공들의 특징과 생김새, 성격과 이야기 속 역할에 대해 다시 되새겨 보거나 돌아가 다시 읽어보고, 다시 말해보는 쓰기활동을 한다.
Little Red Riding Hood는 소녀와 늑대라는 두 주인공에 대해 비교하고 대조해보는 활동을 하면 픽션 스토리를 이해하는 데 도움이 될 수 있다.
<table><tr><th>Little Red Riding Hood (소녀)</th><th>Wolf (늑대)</th></tr><tr><td>• 순진하고 마음이 고운 소녀
• 자기감정에 충실함
(할머니께 가는 길에 숲속구경에 열중)
• 도덕성이 투철한 아이
(엄마 심부름, 늑대의 말에도 순종)</td><td>• 간교한 늑대
• 자신의 욕심이 가득함
• 교활함과 속임수가 있음</td></tr></table></td></tr>
<tr><td>스토리 장소 묘사</td><td>픽션 스토리에서 사건이 발생한 장소를 오감을 통해 구체적으로 묘사해보고, 이에 대해 쓰기활동을 한다. Little Red Riding Hood는 소녀의 집에서 숲길을 통해 할머니 집으로 스토리 장소가 옮겨진다.</td></tr>
<tr><td>회상하고 요약하기</td><td>픽션 스토리 사건이나 실제 이야기를 전개, 설명, 사건발단, 전개, 절정, 결말 등으로 나누어 돌이켜보고, 스토리에 대해 요약 정리해보는 쓰기활동을 한다.</td></tr>
</table>

<table>
<tr><td>스토리 구조 파악하기</td><td>픽션 스토리 구조를 다양한 그림이나 도표로 정리하여 시각화하면 사건이나 문장에 대한 이해가 수월해진다. 스토리 구조는 일반적으로 다음과 같다.
• 사건의 순서대로 나열하는 방법(sequencing)
• 원인과 결과를 파악하는 방법(couse & effect)
• 비교와 대조를 파악하는 방법(compare & contrast)
• 원인인식과 해결하기(problem & solving)
Little Red Riding Hood는 사건의 순서에 따라 원인과 결과방식으로 전개하고 있음을 알 수 있다.</td></tr>
<tr><td>관점 다시보기</td><td>픽션읽기를 하고 나면 이야기가 어디서 어떻게 온 것인지에 대한 궁금한 정보를 찾고 싶다. 이때, 스토리를 다시 읽고서 스토리에 대해 말하는 사람이 누구인지, 즉 화자의 관점에 초점을 두고 다시 읽기를 할 수 있다.
Little Red Riding Hood는 제3자의 입장에서 스토리를 전개하고 있다.</td></tr>
<tr><td>생각한 것 적어보기</td><td>픽션 스토리를 읽어가면서 특정부분을 읽을 때 생각나는 것을 적어보는 활동이다.
<table><tr><th>Little Red Riding Hood 내용</th><th>내 생각(What I think about it)</th></tr><tr><td>늑대의 큰 소리를 듣고서 Little Red Riding-Hood는 처음에는 두려워했다. 하지만 그녀의 할머니가 감기에 걸려 목이 쉬어 대답했다고 믿었다.</td><td>나는 그 소녀가 어리석다고 생각한다. 나는 그녀가 할머니 목소리를 알아차리지 못한 것이 이해가 안된다. 반대로 심부름을 혼자가는 것을 보고 그녀가 이미 감지했다고 생각한다.</td></tr></table></td></tr>
</table>

다양한 매체 픽션읽기 후 다시 자세히 읽기를 한 후, 학생들의 창의적 쓰기활동으로 이끌 수 있는 질문들은 다음과 같다.

	국어 스토리 쓰기 유도질문	영어 스토리 쓰기 유도질문
요약하기	스토리를 요약해볼까요? 처음에 무슨 일이 일어났지요? 다음에 무슨 일이 일어났던가요?	Let's summarize the story. What happened at first? What happened next?
인물묘사	주인공에 대해 말해볼까요? 그는 어떤 사람이었던가요? 그는 어떻게 느꼈지요?	Let's talk about the main character. What did he look like? How did he feel?
장소묘사	어디서 일어난 일인가요? 스토리가 일어난 장소를 묘사해볼래요? 무엇을 보고/느꼈는가요?	Where did it happen? Draw the place where the story happens? What did you see/hear/touch?

■ 확장읽기를 통한 종합하고, 평가하고, 연결하기

다양한 매체 픽션읽기에서 확장읽기는 읽기 후 연결하기를 위한 효과적인 읽기활동이다. 확장읽기는 교과주제 관련 픽션스토리를 디지털매체읽기활동으로 확장하는 단계이다. 먼저, 학생들은 자신들의 학교 교과문제나 일상생활의 문제와 연계한 탐구질문을 만든다. 그리고서 탐구문제에 답이 되는 디지털 매체 정보를 찾아 읽거나, 픽션스토리에 대한 다양한 리뷰읽기를 하여 자신의 생각과 비교하는 글쓰기 활동을 할 수 있다. 이때, 리뷰 글이 있는 위치를 지정하고, 그 사이트 리뷰가 전문가의 리뷰인지, 신뢰 있는 리뷰인지를 평가하고 종합한다. 그리고 다양한 매체 픽션 스토리와 사회 교과목의 도덕성이나 길 찾기 등과 연계한 교과주제통합 탐구읽기활동으로 확장할 수 있다. 이 경우 픽션 스토리의 주제나 사건에 대해 디지털매체 논픽션 자료를 찾아 읽고 쓰는 뉴 리터러시 탐구과정으로 연결함으로써, 교과주제통합학습 및 교과연계 뉴 리터러시 학습을 이끌수도 있다.

이렇듯 확장읽기는 픽션 스토리를 넌픽션 정보와 연결하거나, 픽션 스토리 내용에 자신의 생각을 더해 말하기와 쓰기 활동으로 연결할 수 있다. 픽션 스토리를 읽고, 다시 읽으면서 순간순간 생각나는 자신의 생각을 기록하고 도식화하는 것은 픽션읽기에서 더 많은 것을 기억하게 해준다.

〈픽션 확장읽기를 통한 다양한 연결 활동〉

활동유형	활동내용
스토리에 대해 말하기	픽션 스토리를 기억하는 최선의 방법은 스토리를 읽지 않은 친구나 부모들에게 스토리에 대해, 가장 좋았던 부분이나 감동적인 부분에 대해 이야기 해주는 것이다. 픽션 스토리가 영화로 제작된다면 어떤 부분이 주요장면이 되어야 하는지에 대해서도 팀원들과 생각을 공유해보는 활동을 할 수 있다.
쓰기 활동	픽션읽기를 하고 스토리에 대해 학습저널 쓰기를 하도록 한다. 스토리에 대한 한두 단락을 적어보고, 이를 도식화하는 작업을 하도록 한다.단, 초보 읽기 학생들은 처음부터 저널쓰기를 하기보다 다음과 같은 초보 쓰기 활동을 단계적으로 하는 것이 좋다. • 빈도수가 높은 문장을 이용하여 문장 만들기 • 문장 안에 자신의 단어를 사용하여 문장 변형하기 • 인쇄매체 스토리 읽기를 디지털매체 논픽션읽기로 연결하는 글쓰기

스토리 평가하기	픽션 스토리 평론가가 되어 스토리에 대해 다양하게 평가해보는 읽기 후 활동이다. 픽션 스토리 평가는 디지털매체에서 픽션읽기를 하는 경우, 원작과 비슷한 이야기인지, 스토리의 다른 버전은 신뢰성 있는 전문가에 의해 작성된 것인지 등을 평가해보는 활동이 필요하다. • 스토리의 어느 부분이 흥미로웠는지 • 스토리가 교육적인지, 그렇지 않으면 비도덕적인지 • 학생 자신이 작가라면 이 스토리를 어떻게 전개할 수 있는지 • 스토리의 다른 버전과 비교 및 대조하거나, 다른 스토리를 읽고 비교하고 대조하기
블로그 올리기	픽션 스토리를 읽고 난 후 스토리에 대해 자신의 의견을 쓰거나, 픽션 스토리에 대한 자신의 생각이나 탐구학습활동 결과에 대해 블로그에 쓰도록 한다. 다른 학생들의 글에 대해 긍정적 피드백을 올리도록 한다. 교실 앞에서 그룹활동으로 스토리에 대해 역할놀이를 한다.

다양한 매체 픽션읽기에서 창의적 표현활동으로 확장읽기를 이끌 수 있는 질문들은 다음과 같다.

〈창의적 쓰기활동으로 사용할 수 있는 질문들〉(김지숙 2014, p.264)

국어 스토리 쓰기 유도질문	영어 스토리 쓰기 유도질문
____으로 문장을 만들어볼까요?	Let's write some sentence with _____.
새로운 이야기로 만들어볼까요?	Let's make a new story.
다음에 어떤 일이 일어날지 상상해볼래요?	Would you imagine what will happen to _____?
어떤 스토리였지요?	Do you remember the story?
스토리에서 무슨 일이 일어났지요?	What happened in the story?
스토리 주인공에게 일어났던 일에 대해 써볼까요?	Write about what happened to the main character through out the story.

다양한 매체 픽션 스토리의 확장읽기에서는 스토리를 기억하고, 사건의 전개나 등장인물의 특징을 도식화하는 전략을 사용할 수 있다. 도식화는 스토리에서 무슨 사건이 일어났는지를 눈으로 보게 해주고, 사건 전개를 이해하도록 도와준다. 픽션읽기를 할 때 스토리 전개구도, 등장인물 조직도, 스토리보드, 스토리 연결, 추론차트, 사건전개 구도, 저널 쓰기 등 여러 가지 유용한 도구를 사용하며 읽기를 할 수 있다. 대략 읽

기와 자세히 읽기는 픽션 스토리의 다시읽기를 하는 데 매우 효과적인 읽기전략이다.

다양한 매체읽기로 연결하고 통합하고 평가하는 뉴 리터러시 읽기능력을 갖추기 위해 교사나 학생들은 상호 협업 활동을 통해 디지털매체에서 제공하는 교과주제관련 픽션 스토리나 스토리 리뷰를 선택하여 읽게 된다. 이때 디지털매체에 있는 픽션 스토리를 찾게 되면, 그 스토리에 대해 평가를 해야 한다. 학생들이 디지털매체에서 찾을 수 있는 스토리가 신뢰 있는 것인지, 아닌지를 평가하는 일은 다음과 같은 특징을 갖춘 스토리인지를 확인하는 것이다.

- 어려운 단어들보다는 큰소리로 읽으면서 소리의 리듬감을 느낄 수 있는 운율(rhyme)이 들어있는 스토리가 좋다. 운율이 있는 표현들은 속도를 내어 읽으면 리듬감이 살아, 읽는 재미를 느낄 수 있고 말하는 느낌이 들어 기억하기도 쉽다.
- 익숙한 패턴으로 이루어진 단어나 표현들이 풍부한 픽션 스토리는 학생들이 쉽게 해독(decoding)할 수 있어 '유창한 읽기'를 가능하게 해준다.
- 픽션 스토리가 실제 말하는 표현들로 쓰인 스토리이면 더욱 좋다.
- 다양한 문장 부호, 의성어, 의태어를 접할 수 있는 다양한 표현의 픽션 스토리는 '문장 부호'가 표현해준 대로 읽으면 문장의 의미뿐 아니라 느낌도 접할 수 있다.
- 다양한 의성어나 의태어가 포함된 스토리는 유창한 읽기를 위해 더욱 효과적이다. 이러한 픽션 스토리는 학생들이 오감을 통해 느끼면서 읽고, 문장의 의미를 잘 살려 읽을 수 있는 '유창하게 읽기' 능력을 갖추게 해준다.
- 무엇보다 픽션 스토리의 내용이 재미있고 구어체로 표현되어 있으면서 다양한 등장인물들의 특징에 대한 묘사가 문장 속에 잘 나타나는 스토리는 의미단위로 끊어 읽기가 용이하고 이해도 쉽다.
- 마지막으로 픽션 스토리에 등장하는 주인공들이 말하는 다양한 표현들에서 주인공마다의 표현, 성격, 인물 특성, 환경, 내면세계를 이해하도록 도와주고 실감 나는 표현연습도 가능하게 해준다.

다양한 매체 픽션읽기에 앞서 다양한 매체에서 픽션 스토리 선정을 위해 도움이 되는 몇 가지 접근을 살펴보고자 한다(양병현, 2009 참조).

무엇보다도 먼저, 학생들의 흥미와 재미를 줄 수 있는 오락성이 있는지를 판단한다. 픽션 스토리를 읽는 이유나 목적이 무엇이든지 픽션을 읽어야 한다면 무엇보다도 재미가 있어야 한다. 학생들을 위한 픽션 스토리는 대부분 어른에 의해 쓰여진다. 작가는 주로 어른의 입장에서 학생들을 바라보는 관점으로 학생들이 이런 생각을 하고 성장해주길 바라는 심정에서 교훈적이나 도덕성을 포함하여 스토리를 쓰게 된다. 때문에 자칫 픽션 스토리가 재미를 놓칠 수 있다. 하지만 픽션 스토리는 무엇보다 학생들에게 재미를 주는 스토리가 포함되어야 한다.

둘째, 픽션 스토리의 유형과 내용이 적절한지를 파악한다. 스토리가 어떤 유형의 작품인지, 즉, 우화인지, 아동문학 작품인지, 세계 명작동화인지, 만화인지를 파악해야 한다. 스토리에 재미있는 오락성, 전하고자 하는 메시지를 가진 교훈성, 선과 악의 판단을 이끄는 도덕성이 포함되어야 한다.

예를 들어, 'Little Red Riding Hood'는 순진한 시골 소녀가 엄마 심부름으로 할머니께 케이크을 가져다 드리러 가는 길에 음흉한 늑대의 교활함에 속아 잡아먹히고 만다는 안타까운 구전동화이다. 서로 다른 길로 가자고 제안하는 늑대의 말을 듣고 숲 속 길에서 여러 동물들을 보며 즐기다가 빨리 도착한 늑대가 할머니를 잡아먹고 누워있는 늑대를 할머니라 믿다가 그만 늑대의 먹이가 되고 만다는 오락성, 교훈성과 도덕성을 포함하고 있는 이야기이다. 다른 해석본들에서는 이 스토리의 마지막의 참혹함을 수정하여 소녀가 지혜를 발휘하여 늑대를 죽이는 것으로 수정하기도 하고, 사냥꾼의 도움을 받아 늑대를 물리치게 된다는 이야기로 번역되기도 한다. 결국, 학생들이 읽는 스토리가 어떤 내용이며, 스토리를 통해 무엇을 전하고 있는지를 파악해야 한다. 또한 교사는 스토리가 학생들이 무엇을 느끼도록 이끌고 있는지에 대한 적절한 질문과 전략을 준비해야 한다.

교훈성으로는 낯선 사람을 가까이하면 위험에 빠지게 된다는 공포와 두려움을 준다. 이러한 잔인성과 폭력성이 학생들에게는 부모의 말보다도 더 강한 이미지로 전달될 수 있다. 예를 들어, 낯선 사람이 하는 말은 속임수 일 수 있고 죽음을 당할 수도 있으니 순수하게 믿지 말라는 강력한 교육메시지로 인식될 수 있다. 하지만 교사나 부모가 지나치게 강하게 공포감을 조장하는 경우, 사람들과 만남에 대한 트라우마를 갖게 될 수도 있다. 때문에 교사는 이 스토리와 학생들의 유괴사건을 연결하며 학생들이 그 사건에 대해 어떤 생각을 하는지 말해보게 이끌어주는 것도 좋다. 학생들을 대상으로 하는 픽션 스토리는 재미보다는 어른들이 학생들에게 교훈을 주는 방향으로 전달되고 해석된다. 한편으로는 스토리 자체가 도덕성을 전해주는 수단이 되기도 한다.

셋째, 교사는 학생들이 픽션 스토리에 대한 다양한 버전이나 디지털매체 자료를 찾아보고 비교하는 탐색읽기를 유도할 필요가 있다. 다른 우화들에서도 자주 접할 수 있듯이 'Little Red Riding Hood'를 읽어보면 상당히 난폭하고 폭력적인 면을 볼 수 있다. 이러한 난폭성을 어떻게 접근하고 이끌 것인지가 리터러시 교육의 중요한 점이다. 'Little Red Riding Hood'는 여러 버전이 있다. 다양한 해석 버전들은 다양한 결말을 보여준다.

- 해석 버전 1: 소녀가 늑대에 속지 않고 도망쳐 집으로 돌아온다. 결국 소녀가 자기를 추적한 늑대를 죽이는 지혜로움을 보여주는 버전이다.
- 해석 버전 2: 길을 가던 사냥꾼이 소녀를 구하고, 잠들어 있는 늑대의 배속에 돌멩이를 집어넣어 늑대가 물을 먹으로 강에 갔다가 몸이 무거워 물에 빠져 죽었다는 버전이다.

이렇듯 다양한 버전의 우화를 통해 교사는 현실 세계를 적응해가는 삶의 이치나 지혜에 대한 리터러시 학습을 이끌 수 있다. 그 외에도 최근에는 디지털매체에서 음향과 애니메이션을 접목하여 소개된 'Little Red Riding Hood'의 디지털 버전들도 있다. 특히, 최근 추리 애니메이션으로 재창조된 DVD는 어린 학생들을 대상으로 한 상상을 초월할 정도의 새로운 스토리를 창의적으로 재미있게 재구성하고 있다.

〈Little Red Riding Hood의 다른 버전의 예〉(네이버 검색)

빨간 모자의 진실 (Hoodwinked)  (출처 : 네이버)	2005년에 개봉된 미국의 추리 애니메이션(Hoodwinked)으로 우리나라에는 2006년에 빨간 모자의 진실이란 제목으로 개봉된 DVD 버전의 작품이다. 동화 빨간 두건을 원작으로 했지만, 원작과는 거의 무관한 동화 비틀기라 할 수 있다. 미국에서 1위를 차지할 정도로 미국아이들에게 인기 있는 80분짜리 DVD이다. 스토리는 요리책 도난 사건으로 시작되지만 요란한 사이렌으로 박진감을 준다. 사건현장에 있던 4명의 용의자들은 영문도 모른 채 범인으로 추궁당한다. 순진하고 착해 보이는 빨간모자, 음흉해 보이는 엉큼한 늑대, 다정하고 따뜻한 우리의 할머니, 무식한 도끼맨. 이들은 서로 엇갈린 증언으로 자신의 결백을 주장한다. 빨간모자 소녀는 나이만 어렸지 당돌한 불량소녀, 스키보드를 타는 할머니는 상상을 초월하는 이중생활을 즐기는 미스터리 엽기할머니, 특종전문 늑대 기자는 늘 너무 빠르거나 한 발 늦거나, 덩치만 큰 소심한 도끼맨은 개미 한 마리 죽일 줄 모른다는데…. 더더욱 믿을 수 없는 건, 이렇듯 말도 안 되는 주장을 하는 용의자들의 알리바이가 완벽하다는 것이다. 사건은 점점 미궁 속으로 빠져들고 숲의 평화를 발칵 뒤집어놓을 진실이 드러나려 하는데…(네이버 영화 줄거리 소개에서 발췌). 이는 원작 스토리를 완전히 비틀었다. 상상조차도 안 되는 엽기 할머니 캐랙터, 소녀와 늑대 간 미스터리를 재미있게 엮어 잔재미를 더해주는 버전이다.
어둠의 부활 (잉크하트:Inkheart)  (출처 : 네이버)	코넬리아 푼케(Cornelia Furke)의 3부작으로 어둠의 부활(2008)이라는 스토리는 처음에 Little Red Ring Hood의 주인공인 빨강망토의 소녀와 할머니 스토리가 소개되면서 잉크하트의 스토리가 시작된다. 큰 소리로 책을 읽으면 책 속의 인물을 현실 세계로 불러낼 수 있는 신비한 능력을 가진 실버텅(silvertongue). 실버텅은 큰 소리로 읽으면 문자가 살아 움직이고 책 속의 등장인물들과 사건들이 나타나게 되는 데 그런 읽기능력을 실버텅이라고 한다. 9년 전, 우연히 [잉크하트] 책을 읽고, 그 속에서 어둠의 제왕 카프리콘과 불을 다스리는 마법사 더스트핑거를 현실로 불러낸다. 이렇듯 어린 학생들을 위한 스토리는 과거의 문학작품들이 시대와 장소에 따라 주술을 걸면 신비한 세계로 나타날 수 있는 실버텅을 가능하게 한다. 최근 인터스텔라(interstella)에서는 시대를 넘나들며 실버텅을 묘사하기도 한다. 어린 학생들의 스토리에서는 언제, 어떤 내용과 목적으로, 어떤 매체를 통해 실버텅 될 수 있는 점에 관심을 갖고 이 스토리가 해석되어야 한다.

넷째, 픽션 스토리를 이해하기 위해서는 스토리가 어떠한 사회문화적 환경과 어떠한 작가의 입장을 취하고 있는지를 파악하는 것이 중요하다.

〈사회 · 문화적 환경의 변화에 따른 픽션〉(양병현, 2009 참조)

19세기 중반	영국에서 민주주의가 성숙하고 정치 경제적 발달이 유럽이나 근동에 뿌리내린다. 이러한 사회경제적 환경을 기반으로 현대 다양한 아동문학이 발전된다.
19세기 후반 빅토리아 시대	어린 학생들을 위한 스토리가 황금기를 맞이하던 시기다. 산업발달과 식민지 개척으로 중산계층의 급격한 성장과 인쇄기술의 발달로 다양한 스토리 리터러시와 창작활동이 대중들에게 광범위하게 확산된다.
산업혁명 시대	기술혁명이 이루어지면서 영국의 문학적 성장은 시민계급의 성장과 공교육에서 문학적 기회가 증가되는 데 기인된다.
이후 ~ 20세기	루이스 캐롤의 '이상한 나라의 엘리스' 와 마크 트웨인의 '톰 소여의 모험'을 분기점으로 아동문학은 교훈적인 이야기 중심에서 오락성이 가미된 교양적 성격으로 전환된다.

20세기 이후 아동 문학들은 사회적 환경에 따라 미국과 영국의 스토리 스타일에도 많은 차이를 보인다. 20세기 아동문학은 19세기의 도덕성보다는 흥미와 재미를 중시하는 픽션 스토리가 등장하게 된다. 따라서 어떤 특성이 더 강하게 어필되는지에 따라 현대적 스토리 성향인지, 과거 고전적 스토리 성향인지를 구분할 수 있다(양병현, 2009).

〈사회적 환경에 따른 픽션 스타일〉

미국적 스토리	광활한 대 초원을 배경으로 한 자유분방한 분위기의 스토리
영국적 스토리	오밀조밀하게 잘 가꿔진 정원을 배경으로 한 스토리

교사는 이러한 사회적 환경이나 지역에 따른 특성을 고려해서 어린 학생들 스스로가 고른 픽션 스토리를 읽도록 권할 수 있어야 한다.

다양한 매체 픽션읽기에서 언어능력은 학생의 언어와 인지능력을 이해하는 스토리 맥락에서 지도되어야 한다. 이러한 점에서 Little Red Riding Hood에서 사용하고 있는 언어사용 수준과 인지능력을 살펴보면서 7세~11세 어린 소녀의 언어수준과 인지능력의 특징을 살펴볼 수 있다. 7세~11세의 학생들은 세심한 낱말들을 하나의 문장으로 완성해내는 언어발달 단계를 보이고 각 사물을 종합하여 의미를 알리려하는 인지능력을 보이는 단계이다. 이렇듯 소녀가 사용하는 담화에는 완전한 문장의 사용을 보인다.

"I am going to see my grand-mamma, and carry her a girdle-cake, and a little pot of butter, from my mamma." 할머니 보러 가고 있어요. 그리고 엄마가 그녀에게 케일과 버터 팟을 전해 주랬어요.

소녀는 접속사(and)를 사용하여 단문을 연결하며 의사전달을 하고 있다. 작가는 소녀가 할머니를 보러 가는 중이라는 시제표현을 주어 'I'에 맞게 'am going to'로 잘 표현한 문장 표현 규칙을 터득하고 있음을 알려준다. 작가는 이 주인공 소녀의 연령에 맞춘 언어수준을 표현해준다. 여기서 작가가 보여준 소녀의 담화수준은 S-V-O라는 문장구조 형식을 이해하는 정도이며, 이러한 단문형식을 접속사를 사용하며 연결하여 의사소통을 하고있다. 그리고 주어와 동사의 일치와 시제표현을 적절하게 사용할 줄 아는 7세~11세 정도의 어린 학생을 표현하고 있다. 피아제의 인지발달과 언어발달 단계상 3단계에 해당되며 3000여개 정도의 어휘능력을 갖춘 나이라고 본다(양병현, 2009).

이 연령대 초등학생들은 머리를 쓰며 여러 상황을 조합하고, 이해하고, 해석하고 평가하는 단계를 이해한다. 작가는 주인공 소녀가 단어조합과 단문의 연결을 중심으로 정확한 문장을 사용할 수 있다는 점을 알려준다. 이는 피아제의 인지발달 3단계인 구체적 조작기에 속하는 연령의 학생들과 언어조합수준과 생각조합 지능 및 인지수준 연령이 비슷한 수준이다. 이 단계에서는 구체적인 상황을 알고 생각을 정리하여 행동하는 인지단계를 보인다. 즉, 지금 엄마가 할머니에게 케이크를 갖다 드리라고 해서 가는 중이라는 사실, 즉 무엇을 해야 하는지 정확하게 알고 있는 연령이다. 하지만 아직 어른들의 추상적 사고는 이해하지 못하는 단계이므로 갖다 줘야 한다는 생각만을 생각하게 된다.

"Does she live far off?" said the Wolf. (할머니는 여기서 멀리 떨어진 곳에 사느냐? 늑대가 말한다).

"Oh! ay," answered Little Red Riding-Hood, (Little Red Riding-Hood는 오, 애라고 대답했다)

"it is beyond that mill you see there, at the first house in the village."

(그 집은 저기 보이는 그 방앗간 너머에 있다, 마을에 첫 번째 집).

이 담화에서 보면 소녀는 'it~that' 강조구문을 사용할 정도로 상당한 언어능력을 갖고 있다. 하지만 다른 한편으로는 단문이나 구문을 연결하여 의사전달을 하는 연령이라는 점을 알 수 있다. 작가는 구체적 조작기에 있는 이 소녀가 늑대도 또 다른 어른으로 보고 있다는 점을 보여준다. 소녀에게 늑대는 또 다른 어른에 불과하다. 다시 말해, 늑대가 어른들이 생각하는 위험한 동물이라는 사물이면의 추상적 개념과 상황대처 능력은 아직 없는 연령이다. 특히 위의 두 담화에서 보면 늑대가 어디 가느냐고 물으니 늑대의 음흉한 속마음을 감지하지 못하고 고분고분 대답을 하고있는, 요즘 7~11세 초등학생들과는 약간 다른 순진하고 착한 소녀라는 것을 알 수 있다. 현재 우리나라 초등학생들이 이 스토리를 읽으면서 많이 안타까워할 대목이다. 학생들은 자기감정에 솔직하고 다른 추상적인 생각을 하지 못하고 주어진 상황에 잘 몰입하는 연령이므로 어린 소녀의 행동에 대해 이 책을 읽는 어린 학생들의 감정을 물어보는 것이 픽션 리터러시 학습의 좋은 방법이다.

"Well," said the Wolf, "and I'll go and see her too: I'll go this way, and you go that, and we shall see who will be there soonest." (그래, 나도 가서 할머니 만날거야, 라고 늑대가 말한다. 나는 이 길로 갈거야, 넌 저길로 가, 누가 먼저 거기에 도착하는지 어디 보자.)

이 담화를 보면 순진하기 그지없는 소녀는 늑대의 간교한 술책에 넘어가고 만다. 늑대는 '누가 더 빨리 도착하는지' 같은 이 연령의 학생들이 좋아하는 게임을 유도한다. 소녀는 늑대의 간교한 게임에 말려들고 만다. 구체적 조작기의 학생들은 엄마 말에 심부름을 잘하는 것이 착한 사람이 되는 거라고 생각한다. 엄마 말이 곧 법이고 윤리라고 생각하는 시기이기 때문이다. 엄마 같은 어른들의 말을 잘 듣지 않고, 대답을 안 하면 나쁜 사람이고 야단을 맞는다고 생각하며 단순하게 대처하는 단계이다. 이 장면에서 독자는 결말을 예측하게 된다(양병현, 2009). 책을 읽은 초등학생들은 예상되는 비극적 결말을 감지하고, '모르는 남의 말을 너무 잘 믿고 따르면 안 되겠다' 또는 '외딴길에 혼자 심부름 가면 못된 사람 만난다'는 학생 자신의 경험 수준에서 나름의 해석을 시작한다. 이때 교사가최근 유괴사건과 관련된 내용을 지나치게 관련지어 가르치려 들면 학생들에게 모르는 사람에 대한 트라우마가 생겨 의사소통에 문제가 생길 수도 있다. 학생들이 생각하는 수준에서 학생 자신의 생각을 끌어내고 소녀의 행동에 대한 문제를 파악하고 스스로 해결점을 찾도록 이끌어주는 것이 좋다. 구체적 조작기의 학생들은 남의 말을 잘 듣는 것이 착한 사람이라고 생각하기 때문에 부모가 아무리 가르쳐도 남의 말을 잘 듣게 된다. 어른들의 말을 잘 들어야 한다는 교육과 늑대 말을 잘 들으면 안 된다는 교훈 사이에 일관성이 없어 혼란을 느낄 수도 있다. 때문에 학생 자신이 문제점을 찾아내고, 스스로 자신의 생각을 끌어내도록 이끌어야 한다. 남의 말을 듣지 말라고 가르치기보다, 겉모습만 보고 판단하지 말고 늑대의 폭력성과 음흉한 이미지를 부각하여 상대를 정확하게 판단하는 능력과 상황에 지혜롭게 대처하는 방법에 대해 논의해보는 것이 좋은 읽기 리터러시 지도방법이다.

다양한 매체 픽션읽기에서 언어목적을 달성하기 위해서는 연령대에 알맞은 단어와 문장으로 표현되는 언어적 의미, 각 낱말과 문장들이 표현하는 의미와 지적수준 정도, 각 낱말과 문장에서 보여주는 등장인물들의 성격, 각 낱말이나 문장으로 전달되는 스토리의 도덕성에 대해 올바른 판단을 하고서 다양한 매체에서 픽션 스토리가 선정되어야 한다. 학생의 수준과 연령에 맞는, 그리고 사회적 문화와 도덕성에도 무리가 없는 적정한 스토리를 판단할 줄 아는 교사, 학부모와 학생이 되어야 올바른 뉴 리터러시 교육을 이끌 수 있다.

언어학습을 목적으로 다양한 매체 픽션읽기를 하는 경우 어떤 점에 초점을 두고 학생들을 이끌어야 하는지 구체적으로 살펴보자.

언어목적을 위해 다양한 매체 픽션읽기에 대한 단계별 리터러시 지도의 실제는 다음과 같다.

〈언어학습을 위한 단계별 리터러시〉

단계별 리터러시 지도	내용
소리와 문자 리터러시	• 픽션읽기에서 알파벳을 소리 내어 읽으면서 소리와 문자를 연결하며 문자를 인식하는 단계이다. • 저학년은 문자음운인식보다 음성소리인식이 강하다. • 교사의 소리나 디지털매체에서 제공하는 소리를 들으면서 눈은 글자를 보는, 청각과 시각을 동시에 사용하면서 소리와 문자를 뇌에 인식시킨다. 이러한 소리와 문자 학습의 힘을 영상화 한 작품이라는 '잉크하트'를 생각하면 그 효과성을 알 수 있다. • 픽션읽기에서 교사는 손가락으로 글자를 하나하나 짚어가며 소리 내는 모델을 보여주고 학생들이 따라하도록 하거나 함께 읽기도 한다. • 알파벳을 이으면 글자가 되고, 글자가 이어지면 낱말이 된다는 점을 인식시킨다. • 스토리 내용어휘에 강세를 두고 정확하게 읽어 가면 소리와 문자 간의 차이를 인식하게 된다. • 첫 문장은 의미단어의 모음에 강세를 두고, 강세가 없는 단어는 강세에 붙여 전체를 (')7박자로 부드럽게 읽으면 된다. • 교사가 읽기 모델을 보여주는 경우, 처음에는 의도적으로 강세를 주어 읽어주면, 학생들이 스스로 소리와 문자를 연결하는 방법을 인식하게 된다.
어휘 및 어휘군 리터러시	• 픽션읽기에서 낱말을 의미로 연결하는 의미파악 단계이다. • 스토리를 반복적으로 소리 내어 읽다보면, 스스로 교정이 되면서, 새로운 단어도 유추해서 읽어낼 수 있다. • 문자를 소리로 해독하다보면 그림이나 스토리 문맥에서 의미가 궁금해진다. 문자해독이 의미와 연결되는 단계가 어휘력을 확장할 수 있는 시기이다. • 'wood'라는 새로운 어휘를 만났을 때, 스토리 삽화에서 의미를 추론할 수 있게 된다. 어려서 할머니 집에 갈 때, 산길을 걸어갔던 기억을 떠오르게 된다. 큰 소리로 읽다보면 자연스럽게 입에 'thru the wood'라는 어휘군이 익숙해진다. • 많은 어휘나 어휘군을 익히기 위해서는 낱개 단어를 독립적으로 암기하기보다 교사나 다양한 매체를 통해 올바른 읽기 모델을 듣고, 모델을 따라 읽기를 하다가, 점점 혼자 읽기를 통해 유창한 읽기를 하게된다. 이러다보면 스토리 문맥에서 새로운 단어에 대해 학생이 스스로 궁금해하고 의미를 알려는 노력을 보인다. 이때 부모나 교사에게 단어의 의미를 물어보기도 하고 스토리 삽화나 문맥에서 자연스럽게 의미연결을 하다보면 어휘력이 풍부해진다.

문장 읽기 리터러시	• 픽션읽기에서 문장읽기는 낱말 간 의미나 의미단위 어휘군의 연결을 예측하며 의미를 연결해간다. 이는 낱말을 어순으로 배열하고 예측하면서 문장읽기의 정확성과 유창성을 위한 내면화 훈련을 하는 단계이다. 특히 의미단위 군을 읽으며 사건의 흐름에 따른 어휘군을 예측하며 유창한 읽기에 도전한다.
단락 읽기 리터러시	• 픽션읽기에서 낱말 간 의미를 예측하고 어휘군들의 정확성과 유창성을 위한 유창한 읽기를 하면서 작가가 전하고자 하는 의미파악을 한다. 특히 문장 간 연결을 예측하고 작가가 전하고자 하는 의미를 파악하기 위해 단락전개 유형에 따라 연결어를 이해하며 의미파악을 한다. 단락 읽기는 의미단위로 끊어 문장읽기를 하며, 사건의 흐름이나 원인과 결과, 비교와 대조 등의 단락전개 방식을 예측하고 확인하는 질문을 통한 비판적 읽기를 하는 단계이다.
다양한 매체 텍스트 읽기 리터러시	• 다양한 매체에서 픽션읽기를 할 때, 다양한 읽기전략을 사용하며 단락 간 의미를 추정하고 연결하며 작가의 의도를 파악한다. 스토리의 키워드를 통해 의미를 추정하며 주제문과 작가의 의도를 파악한다. 이를 위해 스토리의 전개구조를 파악하고, 스토리 전개과정에 따른 사건의 흐름을 파악한다.

〈언어학습을 목적으로 한 픽션을 통한 뉴 리터러시 학습과정〉

과정	읽기 절차	읽기활동
읽기전 질문을 통한 비판적 읽기	1. 언어 및 내용 학습목적 설정하기	픽션읽기를 위한 언어학습과 내용학습의 목적을 정한다. 언어학습 목표는 소리와 문자, 어휘, 문장, 단락, 텍스트 읽기에 대한 수준에 맞는 구체적인 목표를 제시한다.
	2. 관련자료 준비하기	픽션읽기를 위한 교과주제관련 자료나 다른 스토리 버전들도 준비한다. 그리고 스토리 읽기학습 전략과 활동을 흥미롭게 이끌 수 있는 다양한 스토리 읽기활동 자료도 준비한다.
	3. 질문을 통한 핵심어휘 및 핵심문장 학습계획하기	픽션읽기를 위한 주요단어나 중심어를 파악한다. 핵심어휘를 중심으로 주제어휘 맵을 작성하여 어휘력을 확장한다. 픽션읽기를 위한 주요 표현문장을 정한다. 의미단위 표현이나 교과주제관련 다양한 문장들을 익힐 수 있는 다양한 읽기활동을 준비한다.
	4. 질문만들기 및 텍스트 위치지정하기와 평가 준비하기	픽션읽기를 위한 언어 및 내용 학습 목표성취 및 묻는 읽기나 다르게 읽기를 이끌 수 있는 질문이나 점검사항을 만든다. 질문에 답을 찾고자 디지털매체에서 적절한 텍스트 위치를 지정하고 비판적 읽기가 될 수 있는 학습과정 단계별 질문과 평가를 준비한다.

읽기중 질문을 통한 탐구읽기	1. 어휘 점검과 배경지식 쌓기	픽션읽기에서 내용이해를 위한 장애물인 어휘를 점검한다. 학생들의 사전지식을 이끌고 공유한다. 픽션읽기에서 학생들이 스토리에 사용된 단어에 익숙할 수 있도록 가능한 많이 듣는다.
	2. 이해가능한 질문하기	픽션 스토리 내용을 이해하기 위한 다양한 질문을 만든다.
	3. 그림읽기나 대략읽기	픽션읽기에서 스토리에 사용된 어휘나 표현에 익숙하도록 큰소리(read aloud)로 읽고 텍스트 내용에 대한 이해 가능한 질문에 답을 유도하는 상호작용 읽기전략을 사용한다.
	4. 평가하기와 이해가능한 질문하기	픽션읽기가 교과주제관련 픽션 스토리인지를 또는 읽기목적에 맞는 스토리인지를 평가한다. 그리고 스토리에 사용된 어휘나 표현에 익숙하도록 다양한 읽기전략(guided reading, echo reading 등)사용 및 큰소리로 읽기를 습관화한다. 학생들이 구체적 표현에 익숙하도록 그리고 내용 이해가 가능하도록 질문에 답을 하는 상호작용적 비판적 묻는 읽기전략을 사용한다.
	5. 종합하기, 연결하기와 확장읽기	픽션읽기에서 스토리와 자신의 삶을 연결하는 팀활동과 교과주제관련 넌픽션 스토리를 통한 확장읽기를 한다. 특히 픽션 스토리 형식을 이해하고 다양한 형식의 글을 읽는다. 이때도 큰 소리로 읽는다. 특히 디지털매체읽기를 통해 질문에 답이되는 정보들을 통합하고 확장하는 읽기전략을 사용한다.
읽기후 질문을 통한 소통 하기	1. 되새겨 보기	픽션읽기를 한 후 스토리를 잘 이해하고 있는지를 확인하는 질문에 답을 찾으면서 해당 부분을 큰소리 읽기를 통해 되새겨보도록 한다.
	2. 다시 읽고 기억하기	픽션읽기를 한 후 다양한 질문에 답을 할 수 없을 땐 다시 돌아가 큰 소리로 읽어보고, 내용에 대해 기억하며 이야기 하고 간단한 질문에 어휘수준이나 간단한 표현으로 답을 한다.
	3. 질문에 답하기	픽션읽기를 한 후 스토리에서 사용된 다양한 표현을 활용하며 질문에 답을 한다. 주어진 질문에 스토리의 표현을 사용하며 정확히 말하고 쓰도록 한다.
	4. 창의적 표현하기	픽션읽기를 한 후 스토리에서 사용된 표현을 자신의 표현으로 다시 쓰는 쓰기활동을 한다. 교과주제관련 스토리 내용과 학생들의 삶이 연결되는 이야기들을 글로 표현하도록 이끈다.
	5. 소통하기	픽션읽기를 한 후 언어 및 내용 학습목표를 달성했는지를 확인하는 교사의 다양한 질문에 답을 한다. 블로그나 그룹활동으로 스토리 이야기에 대해 다른 사람들에게 표현하는 소통 활동을 한다.

■ 픽션읽기에 필요한 요인들

다양한 매체 픽션 스토리 리터러시 학습을 위해 가장 먼저 픽션 스토리 선정이 중요하다. 픽션 스토리는 학생들의 언어발달 단계, 두뇌발달 단계, 인지 발달 단계 등을 고려하여 선택되어야 한다. 예를 들어 7세~11세 초등학생들의 인지 발달은 자신의 감정에 충실하고 주어진 상황에 몰입하는 단계이며, 착한 학생이나 좋은 사람이 되기 위해 어른이나 엄마 말을 잘 듣는 연령이다. 이를 거역하면 나쁜 학생이 된다는 두려움을 갖는다. 자녀나 학생들에게 올바른 스토리 읽기를 권하고자 한다면, 교사나 학부모는 작가가 주인공의 연령을 고려하여 사용하는 언어, 지능, 성격, 도덕성의 요인들을 분석해 보고 학생들의 연령에 맞는 스토리인지를 판단할 줄 알아야 한다. 다양한 매체 픽션읽기 리터러시가 효과적이기 위해서는 올바른 픽션 스토리 선택을 자녀와 학생들이 부모와 함께 해보면서 학생 스스로 올바른 스토리 선택을 하도록 이끄는 것이 더 중요하다. 적절하지 않은 스토리를 선택하면 적절하지 않은 방법으로 올바른 리터러시를 이끌 수 없기 때문이다.

다양한 매체 픽션을 이해하고 표현하는 데 고유한 요소들이 있다. 무엇보다 소설이나 단편소설 같은 픽션을읽고 표현할 때 사용되는 용어들이 있다.

〈픽션자료 요인들〉(Laura. R., 2002 와 WIKI 참조)

요인	내용
작가의 목적 (Goals)	픽션 스토리 작가가 특정한 작품을 창조하게 된 이유라 할 수 있다. 일반적으로 작가는 스토리를 쓰기 위해 선택한 이유가 있다. • 뭔가를 설명하거나 알리기 위해, • 누군가를 즐겁게 해주기 위해, • 누군가를 설득하기 위해, • 중요한 진실을 계몽하고 드러내기 위해 작가는 특정한 작품을 창조하게 된다.
작가의 시점 (Point of view)	• 픽션 스토리에서 작가가 전하는 입장이나 시점이다. 1차적 시점은 등장인물 중 한 사람에 의해 이야기 된다. 제3자 화자 시점에서 이야기는 이야기 밖에 서있는 사람에 의해 이야기가 진행되듯 사건을 관찰자 입장에서 전해진다. • 제1인자 관점의 이야기는 주인공 중 한 사람에 의해 'I'나 'we'란 화자 시점에서 이야기하면서 많은 행동에 참석하게 된다. 이야기가 1라는 사람의 관점에서 전개되므로 독자는 등장인물이 알고, 생각하고, 느끼는 것만 제한적으로 알게 될 가능성이 있다. • 제3자적 관점의 이야기는 모든 주인공들의 생각과 느낌과 관련된, 'she', 'he', 'they'란 화자시점에서 이야기하므로 등장인물이 아닌 해설자에 의해 이야기가 전개된다.

등장인물 (Character)	• 픽션 스토리에서 이야기가 전개될 때 일어나는 행동에서 특정한 역할을 하게 되는 사람, 또는 동물이거나 상상할 수 있는 다른 생물체 등이다. 작가가 등장인물의 성격을 만들어내는 기술을 성격묘사(characterization) 라고 하는 데, 특히 작가는 독자들에게 1〉 등장인물들의 외모나 성격, 2〉 말투나 행동, 3〉 생각이나 느낌, 4〉 그리고 다른 등장인물 등과 상호작용 같은 면들을 묘사함으로서 등장인물들에 대해 정보를 주며 등장인물들을 만들어낸다. • 픽션 스토리에서 등장인믈들의 성격의 유형은 다양하다. 많은 이야기에는 중심 등장인물과 조연 성격들이 있다. 주요등장인물(주인공:protagonist)은 가장 중요한 인물이고, 이야기 사건의 행동은 주인공을 중심으로 전개된다. 주인공에 반대적으로 행동하는 사람이나 사물인 조연(antagonist)인물은 덜 중요하긴 하지만 주인공과 상호작용을 하거나 조연인물들 간에 상호작용하면서 이야기가 전개된다. • 픽션 스토리에서 어떤 이야기에는 한 두 사람의 등장인물이 등장하지만, 어떤 이야기에는 수많은 등장인물들이 등장하기도 한다. 어떤 이야기에서는 작가가 등장인물의 외모나 성격 등에 대해 직접적으로 묘사하고 설명하지만, 어떤 이야기에서는 직접적 묘사를 하지 않고 등장인물이나 사물이 어떤지에 대해 독자가 결론을 내리도록 실마리를 남겨두기도 한다. 따라서 독자는 자신이 읽는 글에서 작가가 등장인물에 대해 남긴 실마리에 대해 잘 알아차려야 하고, 기록을 하면서 읽어가면 이야기 전개를 효과적으로 이해할 수 있게 된다. • 픽션 스토리를 읽다 보면 정적인 등장인물과 역동적인 등장인물 사이에 차이를 알게 된다. 정적인 등장인물은 이야기 전체에서 거의 변화하지 않고 같은 상태를 유지하는 반면에, 동적인 등장인물은 처음부터 끝까지 변화한다. 작가는 독자들이 이 변화를 인식하고 해석하도록 기대한다. 그래서 독자들은 작가가 이러한 변화들을 통해 제안하고자 하는 것이 무엇인지를 자신들에게 계속 질문해가며 픽션읽기를 해야 한다.
주인공 (Protagonist/ Antagonist)	• 픽션 스토리(소설이나 이야기)에는 사건을 구성하는 사람이나 사물과 주인공사이에 갈등이 있기 마련이다. 이때 이야기 전개에 중심이 되는 주인공과 주인공을 중심으로 전개되는 다른 힘, 천재지변 같은 자연현상, 다른 인물, 가족이나 사회 등이 있다. 이때 Protagonist는 이야기의 주인공을 의미한다. 즉 이야기 행동에 가장 중심되는 것(or 사람) 중 하나이다. Antagonist는 주인공과 대립되는 인물이나 사물이나 힘이다.
사건전개 (Plot)	• 픽션 스토리에서 작가가 이야기의 시작에서 끝까지 묘사하는 관련된 사건들이다. 모든 픽션 스토리에는 어떤 행동을 이끌어내는 주요한 갈등의 문제에 기반 된 사건의 전개와 행동이 있다. 이러한 갈등의 유형은 1〉 사람과 사람 간 갈등(등장인물 간 문제), 2〉 사람과 사회현상 간 갈등(사람들의 신뢰나 법간 문제), 3〉 사람과 자연 간 갈등(환경과 엮어진 갈등), 4〉 사람과 자기 자신 간 갈등(생각할 것을 결정하는 갈등), 5〉 사람과 운명 간 갈등(통제할 수 없는 것 같은 갈등) 등이 있을 수 있다. 모든 픽션 스토리는 절차적 순서를 따른다. 즉 사건이 일어나는 순서에 따라 스토리가 진행된다. 그 순서는 대개 5가지 기본부분(발단, 전개, 절정, 하강, 결말)으로 전개된다.

<table>
<tr><td></td><td>• 발단은 사건전개의 첫 부분이다. 작가는 이 부분에서 배경, 등장인물의 소개, 추가적인 배경지식을 설정한다.
• 전개는 스토리가 발전되고 긴장이 오르는 갈등의 부분이다.
• 절정은 이야기 갈등이 가장 고조된 부분이고 가장 긴장된 부분이며 전환시점이 된다.
• 하강은 갈등의 안정화가 시작되며, 절정에 도달된 결정에서 해결을 위한 행동이 시작된다.
• 결말은 하강에서 오는 만족된 결말을 야기하고자 의도된 이야기의 끝이 된다.
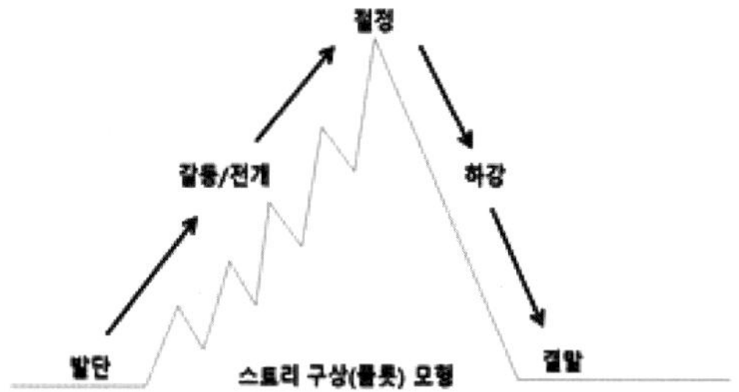

위의 5가지 부분은 절대적인 픽션 스토리 전개형식은 아니다. 스토리들은 각 전개과정에서 많은 단락으로 정리되는 부분도 있고, 한 단락으로 전개되는 부분이 있다.</td></tr>
<tr><td>배경
(Setting)</td><td>• 픽션 스토리에서 이야기의 배경은 스토리가 언제 어디서 일어난 것인지를 말하는 것이다. 픽션 스토리에서 행동이 일어나는 시간과 장소를 의미한다. 픽션 스토리나 소설 단락의 어떠한 실마리에서 사건이 언제 어디서 일어나는지 알려주는 것을 알 수 있게 해주는 실마리에 주목할 필요가 있다.</td></tr>
<tr><td>분위기
(mood)</td><td>• 픽션 스토리가 독자에게 주는 느낌이다. 스토리의 분위기는 독자가 스토리를 읽을 때 작가가 독자가 느끼도록 표현하는 분위기이다. 작가는 분위기(화나 슬픔도 공포나 즐거움 등)를 표현하기 위해 단어, 구문과 상상을 사용한다. 우화에서 반짝이는 불빛이나 향기로운 냄새들을 통해 작가는 작품의 행복한 분위기를 만들어낸다. 단편소설에서는 하나의 분위기가 작품 전체의 색깔을 준다. 긴 작품에서는 여러 장면이나 사건에서 다른 분위기를 표현하기도 한다. 작가가 만들어내는 분위기를 추적하다 보면 작가가 만들어내는 분위기를 이해하게 되고 스토리 전체를 이해하는 데 도움이 된다.</td></tr>
<tr><td>스타일
(style)</td><td>• 픽션 스토리에서 작가가 자신의 생각을 표현하기 위해 사용하는 단어, 구문, 문장을 사용하는 방식이라 할 수 있다. 스타일은 1〉 작가가 어떤 단어를 선택하고, 2〉 어떤 문장구조나 문장의 길이를 사용하고, 3〉 어떠한 문학적 장치(비유적 언어, 상징적 언어, 대화적 표현, 상상적 언어 등)를 사용하는지를 포함한다. 간단히 말해, 스타일은 작가가 자신의 생각을 표현하는 방식이라 할 수 있다. 사람들이 옷을 입는 스타일이 있듯이 작가는 자신만의 글쓰기 스타일이 있다. 스토리의 스타일은 작가가 무엇을 말하는가에 대한 문제가 아니라, 어떻게 표현하는가에 대한 문제다. 독자가 픽션 스토리를 읽을 때 작가의 스타일을 생각해보면, 작가의 생각을 감지할 수 있게 된다.</td></tr>
</table>

상징 (symbol)	• 픽션 스토리에서 뭔가 다른 것을 표현하기 위해 상징적으로 사용된 사건, 사람, 사물, 장소이다. 상징적으로 표현된 것이 무엇을 의미하는지를 알아차리기 위해 문맥의 실마리를 찾아야 한다. 그 상징적인 것이 사람, 사물이나 장소, 개념 같은 추상적인 것일 수도, 구체적인 것일 수도 있지만, 이는 그 자체 이상을 의미한다. 작가들은 의미를 가져오거나 강조하는 방식으로 상징을 사용한다. 어떤 상징은 이미 익숙한 사람관계 같은 것일 수 있다. 어떤 상징들은 새로운 것일 수도 있다. 또한, 같은 것도 다른 사람이나 사물에는 다르게 상징되기도 한다. 장미는 아름다움의 상징이지만, 다른 사람에게는 숨겨진 위협적인 가시를 상징되기도 하다. 독자는 작가의 상징이 스토리에서 어떤 의미를 가지는지에 대한 실마리를 찾아야 한다.
담화 (dialogue)	• 픽션 스토리나 문학작품에서 등장인물이 말하는 말들이다. 담화는 사건에 따라 달라지고, 등장인물이 한 많은 것을 나타내기도 하다. 담화는 독자에게 등장인물의 성격에 대한 실마리를 주기도 한다. 사투리는 특별한 장소나 특정 그룹의 사람들이 말하는 언어의 형태라 할 수 있다.

■ 픽션 자료를 통한 질문전략

픽션의 스토리를 실제 읽으면서 픽션이 갖고 있는 다양한 요소들을 찾아보고 이해해 보도록 하자.

뉴 리터러시 학습은 각 단계에서 인쇄매체 픽션읽기와 디지털매체 픽션읽기를 연결한다. 이 과정에서 질문전략을 통해 교과주제관련 다양한 픽션읽기를 하고, 픽션 스토리 내용에 대한 이해의 깊이를 더해간다. 다음은 픽션읽기에서 질문전략 사용의 예를 보여준다.

The Dinner Party

by Mona Gardner

The country is India. A colonial official and his wife are giving a large dinner party. They are seated with their guests- army officers and government attaches and their wives, and a visiting American naturalist - in their spacious dining room, which has a bare marble floor, open rafters, and wide glass doors opening onto a veranda.

A spirited discussion springs up between a young girl who insists that women have outgrowth the jumping-on-a-chair-at-the-sight-of-a-mouse era and a colonel who says that they haven't.

"A woman's unfailing reaction in any crisis," the colonel says, "is to scream. And while a man may feel like it, he has that ounce more of nerve control than a woman has. And that last ounce is what counts."
The American does not join in the argument but watches the other guests. As he looks, he sees a strange expression come over the face of the hostess. She is staring straight ahead, her muscles contracting slightly. With a slight gesture she summons the native boy standing behind her chair and whispers to him. The boy's eyes widen: he quickly leaves the room.
Of the guests, none except the American notices this or sees the boy place a bowl of milk on the veranda just outside the open doors.
The American comes to with a start. In India, milk in a bowl means only one thing-bait for a snake. He realizes there must be a cobra in the room. He looks up at the rafters-the likeliest place-but they are bare. Three corners of the room are empty, and in the fourth the servants are waiting to serve the next course. There is only one place left-under the table.
His first impulse is to jump back and warn the others, but he knows the commotion would frighten the cobra into striking. He speaks quickly, the tone of his voice so arresting that it sobers everyone.
"I want to know just what control everyone at this table has. I will count to three hundred-that's five minutes-and not one of you is to move a muscle. Those who move will forfeit fifty rupees. Ready!"
The twenty people sit like stone images while he counts. He is saying "...two hundred and eighty..." when, out of the corner of his eye, he sees the cobra emerge and make for the bowl of milk. Screams ring out as he jumps to slam the veranda doors safely shut.
"You were right, Colonel!" the host exclaims. "A man has just shown us an example of perfect control."
"Just a minute," the American says, turning to his hostess. "Mrs, Wynnes, how did you know that cobra was in the room?"
A faint smile lights up the woman's face as she replies: "Because it was crawling across my foot."

〈출처 : http://my.hrw.com/support/hos/hostpdf/host_text_103.pdf.〉

〈픽션자료에서 질문전략을 적용한 예〉

교수학습과정	뉴 리터러시 스토리 읽기 과정에서의 질문들
표지읽기 : 작가	작가는 누구인가요?
표지읽기 : 그림 작가	그림은 누가 그린건가요?
스토리 주제	무엇에 관한 이야기인가요?
스토리 개념	무슨 말을 하고 있지요?
단어/표현 익히기	언어능력을 키우기 위해 어떤 학습활동을 하나요? (어휘, 주제문장, 문법, 파닉스 관련 활동)
이야기 담화 구조	글의 전개가 어떠한가요? (리스트나 순서전개방식, 문제해결식, 원인과 결과 등)
읽기전략	어떠한 읽기전략을 사용하고 있나요? (그림과 글자 매체. 비교와 대조, 결론 이끌어내기 등)
듣기/말하기 활동	어떤 추가 활동을 할 수 있나요? (주제관련 시 들려주기. 이야기 예측 말하기 활동 등)
교과목 연계 탐구읽기활동	주제통합 학습으로 어떤 교과학습과 언어학습을 통합하나요? (사회, 과학, 수학, 미술과 음악 등 기타 관련 탐구활동)
쓰기 활동	어떤 의견을 글로 표현하고자 하나요? (주제관련 자신의 생각을 넣어 글쓰기, 책 만들기 활동)
블로그 탑재 과제활동	어떻게 소통하려 하나요? (자신의 창의적 작품을 블로그에 올리기 활동, 다른 친구 결과물에 긍정적 피드백 주기)

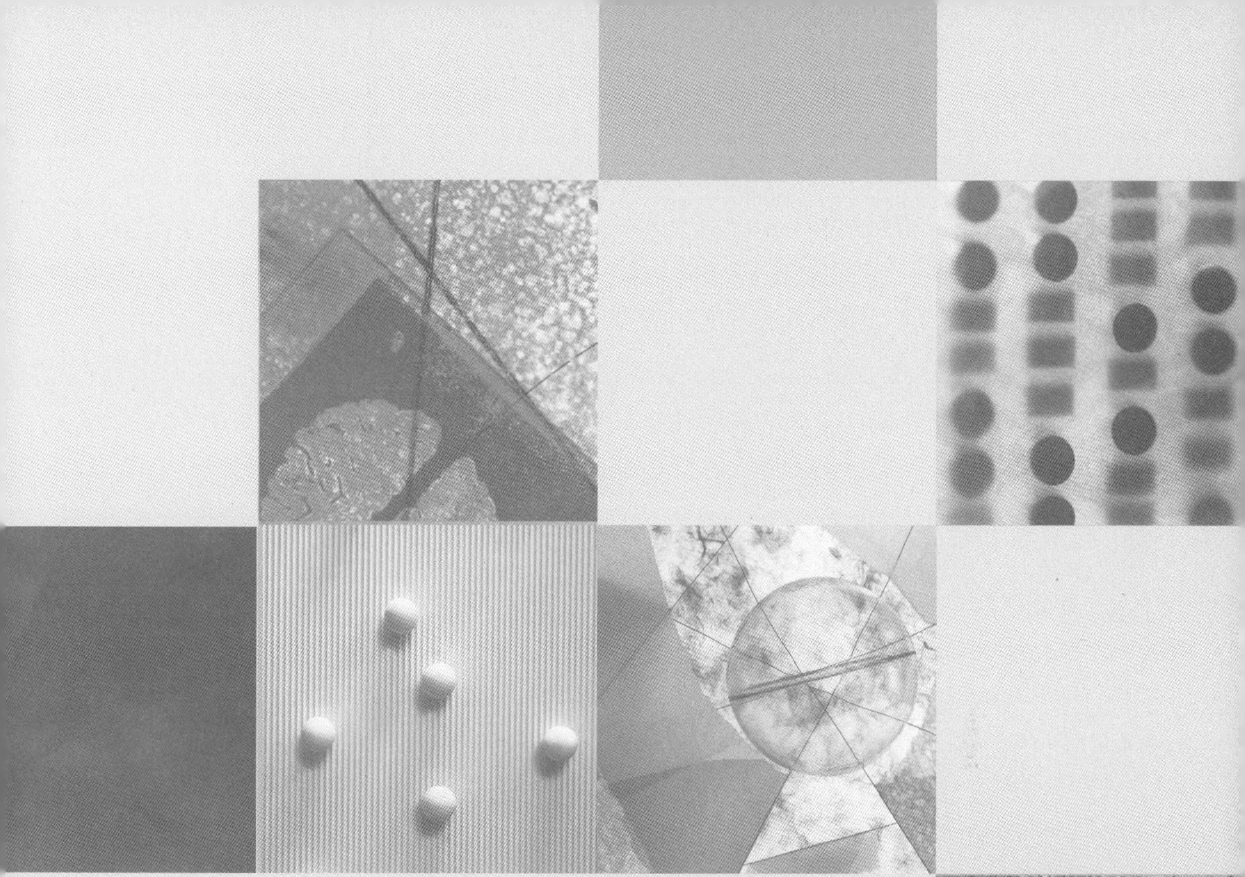

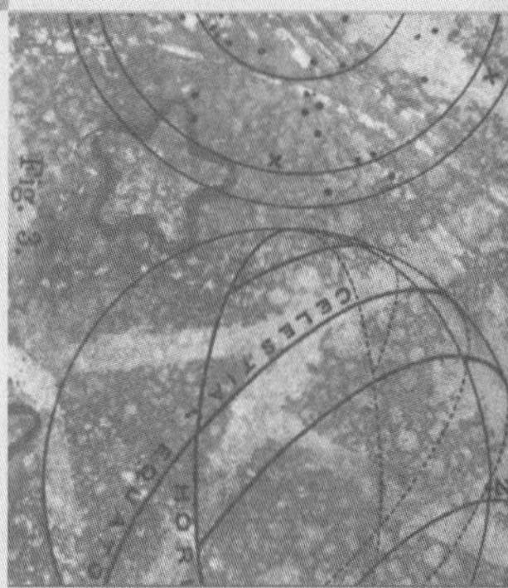

넌픽션자료를 통한 뉴 리터러시 학습

넌픽션읽기(Non-fiction Reading)는 교과주제관련 어떠한 유형의 통합학습(내용기반 학습, 주제기반 학습, 과제기반 학습, 탐구기반 학습)에서도 사용가능한 리터러시 활동이다. 다양한 매체 넌픽션은 일상생활에서 여러 형식으로 나타난다. 초등학교 교과주제통합수업에서는 교과주제에 대해 궁금한 질문이나 문제들에 대한 답이 되는 정보를 찾고, 정보위치를 지정하고, 찾은 디지털매체읽기를 해야 한다. 이를 위해 이 장에서는 Reader's Handbook에서 제시하고 있는 넌 픽션읽기(5장)에 대한 내용, 목표 및 전개방식을 우리나라 초등학교 교과주제통합수업 환경에서 뉴 리터러시 학습과정과 방법으로 재 적용해보고 그 효과성을 재검토하고자 한다. 이 때, 학생들이 읽게 되는 디지털매체 텍스트는 대부분 넌픽션 텍스트들이다.

넌픽션읽기자료의 요인들

다양한 매체 넌픽션읽기를 하기 전에 우선 넌픽션읽기자료의 요인들에 대해 살펴보자.

〈넌픽션 자료의 요인들(Laura. R., 2002와 WiKi 참조)〉

<table>
<tr><th>요인</th><th>내용</th></tr>
<tr><td>논쟁이나
설득 글
(Argument & Persuative wr.)</td><td>논쟁이나 설득 넌픽션 글은 명백하고 강력한 의견이다. 뭔가를 증명하는 넌픽션 설득 텍스트는 작가로서 어떤 하나의 관점을 취하면서 확신하는 글이다. 넌픽션 설득 텍스트는 하나의 분명한 주장과 3개의 부가적 설명을 포함한다.
<table><tr><td>주요관점</td><td></td></tr><tr><td>부가설명1</td><td></td></tr><tr><td>부가설명2</td><td></td></tr><tr><td>부가설명3</td><td></td></tr></table>
때문에 넌픽션 설득 텍스트를 읽을 때는 작가의 관점이나 주장을 보는 것이 중요하다.</td></tr>
<tr><td>사설
(Editorial)</td><td>넌픽션 텍스트 중에 주제에 대한 의견을 주는 기사나 에세이 글이다. 넌픽션 사설 텍스트는 중요한 주제에 대한 의견이나 관점을 표현하는 간단한 설득적 에세이다. 넌픽션 사설 텍스트에서 작가는 주제에 대한 의견을 제공하고, 다양한 사실, 인용과 설명으로 의견을 지지하고, 의견을 재설명함으로서 결론을 내린다. 때문에 넌픽션 사설 텍스트는 신문이나 잡지에서 흔히 나타난다.</td></tr>
<tr><td>관점
(Viewpoint)</td><td>넌픽션 텍스트에서 특별한 주제에 대한 작가의 견해, 의견, 주장이다. 작가의 관점은 직접적으로 표현된다. 독자들은 넌픽션 텍스트의 주제나 주장에 대해 작가가 어떻게 느끼는지를 알아야 할 필요가 있다. 넌픽션 설득 텍스트에서 작가는 자신의 관점을 직접적으로 설명한다. 이렇듯 넌픽션 설득 텍스트에서 작가는 관점에 대한 직접적인 힌트를 주고 독자가 논쟁에 대해 추론하기를 기대한다.</td></tr>
<tr><td>분류와 정의
(Classification & Definition)</td><td>어떤 개념을 설명하고 묘사하기 위해 사용되는 넌픽션 텍스트이다. 다른 그룹들 사이에서 어떻게 보이고, 어떻게 행동하고, 얼마나 적절한지를 설명하고 묘사하기 위해 사용된 넌픽션 형식이다.
넌픽션 텍스트에서 작가는 용어를 명명하고 그것을 적절하게 분류하거나 설명하면서 시작한다. 넌픽션 텍스트에서 작가는 그 용어가 다른 것들과 어떻게 다른지를 보여주기 위해 다른 부가설명을 제공하기도 한다.
<table><tr><th>Dialogue</th><th>Dialect</th></tr><tr><td>문학작품의 등장인물들이 말하는 어휘들. Dialogue는 독자에게 작가의 성격에 대해 실마리를 주거나 사건을 전개한다.</td><td>특별한 장소에서 말하거나 특별한 그룹의 사람들이 말하는 언어의 형식.</td></tr></table></td></tr>
</table>

원인과 효과 (Cause & Effect)	넌픽션 텍스트에서 2개 이상의 사건들 간 관계에서 하나의 사건이 다른 사건을 불러일으키게 하는 관계이다. 처음에 일어나는 사건이 원인이고, 다음에 일어나는 사건이 결과가 되는 것이다. 넌픽션 텍스트에서 처음에 발생한 사건이나 상황은 다른 것이 발생하는 원인이 된다. 그 사건이 원인이 되어 발생한 사건은 결과이다. 단순한 결과를 야기하는 원인은 하나의 원인이 될 수도 여러 원인이 될 수도 있다. 때론 결과 자체가 원인이 될 수 도 있다. 원인 → 결과
문제와 해결 (Problem & Solution)	넌픽션 텍스트에서 작가는 문제를 묘사하고 좀 더 가능한 해결책을 제안한다. 넌픽션 텍스트는 종종 정보를 조직하기 위해 문제—해결의 패턴을 사용한다. 넌픽션 텍스트에서 단락은 보통 문제—해결 순서로 정리된다. 넌픽션 텍스트를 읽을 때, 전개방식은 문제—해결 방식을 추적하도록 도움을 주기위해 이런 전개방식을 사용한다. 문제 → 해결
사실과 의견 (Fact & Opinion)	넌픽션 텍스트에서 사실은 인정될 수 있는 설명이며, 의견은 작가의 신뢰를 반영하는 설명이다. 의견은 증명될 수 없지만, 강력한 사실과 상세한 내용으로 지원되어야 한다. 넌픽션 텍스트에서 사실은 진실로 알려진 서술이다. 의견은 주제에 관한 개인적인 신뢰이다. 독자로서 사실을 읽거나 의견을 읽을 때, 주어진 정보가 사실인지 의견인지를 평가할 수 있어야 한다. 넌픽션 텍스트에서 사실을 읽을 때는 정보의 자료를 보는 습관을 갖는 것이 중요하다. 의견을 읽을 때는 사실, 경험, 전문가의 설명이나 다른 신뢰 있는 자료를 확인하는 것이 중요하다.
함의와 명시 (Connotation & Denotation)	넌픽션 텍스트에서 함의는 단어를 둘러쌓고 있는 감정적인 느낌이다. 명사는 단어에 대한 단호하고 문학적인 의미이다. 같은 사전적 의미를 가진 단어의 명시적 의미는 다른 함의를 갖기도 하고 확장된 의미를 갖기도 한다. bear와 tolerate는 사전상으로 같은 의미지만 함의로는 [bear]는 끝까지 견뎌내는 의미를 갖지만 [tolerate]는 불쾌한 일을 용인해준다는 의미를 갖는다. 넌픽션 텍스트에서 작가는 감정적 의미를 표현하기 위해 함의적 단어를 표현해야 하는 경우도 있다.
연대순 (Chronological Order)	시간의 순서에 따라 정보 내용의 전개가 되는 넌픽션 텍스트이다. 넌픽션 텍스트에서 작가가 사건이 실제 일어난 순서로 사건 및 경험의 단계를 설명한다. 넌픽션 텍스트에서 작가는 사건이 일어난 순서에 따라 묘사하기 위해 시간, 날자, 그리고 첫 번째, 나중에, 또는 마지막 등과 같은 전환어를 사용한다. 또는 품목을 나열하거나 시간의 흐름으로 내용의 순서를 정리하기도 한다.

	1960 출생 · 1968 입학 · 1978 졸업 · 1983 취직 · 1990 결혼
비교와 대조 (Comparison & Contrast)	넌픽션 텍스트에서 비교는 둘 사이에 비슷한 점을 표현하는 것이고, 대조는 둘 사이에 차이점을 표현하는 것이다. 넌픽션 텍스트에서 비교는 두 물건 사이에 공통점이 무엇인지를 표현하는 것이고, 대조는 차이점을 표현하는 것을 의미한다. 2가지 유형인 경우에 넌픽션 텍스트에서 작가는 두 가지 일이 비교될 수 있다고 생각한다. 넌픽션 텍스트에서 비교와 대조, 즉 차이점이나 유사성은 독자로 하여금 새로운 시각에서 넌픽션 텍스트의 주제를 볼 수 있게 한다.
인터뷰 (Interview)	넌픽션 텍스트에서 두 사람사이에 질문과 답으로 정리된 시리즈이다. 인터뷰 텍스트의 목적은 주어진 주제에 대한 정보를 교환하는데 있다. 이렇듯 인터뷰는 계획된 대화의 텍스트이다. 인터뷰 텍스트는 짧거나 길기도 하고, 형식적이거나 비형식적이기도 하다. 인터뷰를 하는 사람은 앞서 질문을 준비하고, 인터뷰를 당하는 사람은 그들에게 답을 한다. 질문은 개인적이거나 전문적인 주제, 둘 다를 다룰 수 있다. 사람들 간 전화로나 온라인을 통해서도 인터뷰가 이루어지는 경우가 있다.
도입부 (Lead)	신문, 잡지나 인터넷 기사 등 열려진 넌픽션 텍스트의 단락이다. 기사가 무엇에 대한 것인지, 5Ws(who, what, where, when, and why) 질문에 대한 답을 이끈다. 특히 도입부는 기사의 열린 단락을 위한 넌픽션 텍스트이다. 기사는 5Ws라는 가장 중요한 기본 형식으로 질문에 답을 하는 텍스트이다.
중심생각 (Main Idea)	넌픽션 텍스트의 중심생각이다. 중심생각은 작가가 가장 강조하고자 하는 관점이다. 넌픽션 텍스트 단락의 큰 생각이라 할 수 있다. 중심생각을 알아내는 것은 넌픽션 텍스트 전체에 대해 이해하도록 도와준다. 넌픽션 작가들은 중심생각을 직접적으로 설명하기도 하고, 또한 중심생각에 대해 독자가 합리적으로 추측하도록 한다. 넌픽션에서 중심생각은 주제와는 다르다. 주제는 넌픽션 텍스트가 무엇에 대한 글인지를 말해준다. 넌픽션 텍스트에서 중심생각은 작가가 주제에 대해 만들고자 한 작가의 관점이다. 넌픽션 텍스트에서 중심생각은 단어가 아니라 문장으로 나타난다. 넌픽션 텍스트에서 중심생각을 찾기 위해서는 다음과 같은 형식을 사용하는 것이 효과적이다. 중심생각 = 주제 + 작가가 주제에 대해 말하는 것 Bike are popular = Bicycles + reasons why bikes are popular.

	Bicycles are very popular today in many countries. Many people use bicycles for exercise. But exercise is only one of the reasons why bicycles are popular. Another reason is money. Bicycles are not expensive to buy. They do not need gas to make them go. They also are easy and cheap to fix. In cities, many people like bicycles better than cars. With a bicycle, they never have to wait in traffic. They also do not have to find a place to park. And finally, bicycles do not cause any pollution! 〈출처 : Beatrice, S. M. (1964)〉 넌픽션 텍스트의 중심생각은 보통 3곳에서 주어질 수 있다. • 서두에서는 첫 문장에 주로 위치한다. • 후미에서는 마지막 문장에 주로 위치한다. • 설명되지 않고 모든 문장을 통해 함축되기도 한다.
주제문과 부가내용 (Topic Sentence & Supporting Details)	넌픽션 텍스트의 단락은 어떤 것에 대한 초점을 설명하거나 강하게 제안한다. 그 외 주변 문장은 전개방식에 따라 넌픽션 텍스트 단락에서 주제문을 지원하는 문장들이다. 이러한 문장들은 부가적 내용이라 한다. 이런 부가적 문장들은 주제를 묘사한다. 넌픽션 텍스트에서 주제문을 지원하기 위해 작가가 사용하는 증거나 부가적 설명은 보통 예시, 사실, 개인적 경험, 전문가의 의견, 비교나 대조, 정의 같은 것이다. 넌픽션 텍스트에서 단락의 구성이나 조직을 이해하는 것은 단락의 주제문과 부가내용을 이해하는 데 가장 중요한 것을 알고 있는 것이다.

넌픽션 논의 텍스트

다양한 매체 넌픽션 논의 텍스트는 작가가 서로 다른 관점을 어떻게 표현하고, 이에 대한 증거를 어떻게 제공하는지를 학생들에게 가르치기가 쉽다. 이는 작가가 하나의 일방적인 관점이나 편파적인 관점을 표현하고 있는 넌픽션 설득적 텍스트와는 대조적인 텍스트라 할 수 있다.

넌픽션 논의 텍스트의 목적은 어떤 특정 이슈에 대해 합리적이고 균형적인 관점을 표현하거나 서로 모순된 주제를 다루는 데 있다. 또는 정확한 증거나 예를 제시하고 있는 이슈에 대해 두 개 이상의 다른 관점을 표현하는 데 그 목적이 있다 하겠다.

〈넌픽션 논의 텍스트의 특징〉

특징	내용
구조 (Structure)	• 이슈에 대한 설명과 핵심 논쟁에 대한 예견을 한다. • 증거나 예를 지원하는 주장을 한다. • 증거나 예를 지원하면서 반대되는 논쟁이나 대안을 제시한다. • 대안적으로 찬성하고 반대하는 주장을 한다. • 추천이나 결론에 대한 설명과 요약으로 마무리한다. • 요약은 증거기반 합리적인 판단을 사용하는 특별한 관점으로 전개한다.
언어특징 (Language Features)	• 단순 현재형 시제를 사용한다. • 셀 수 없는 명사구, 추상명사, 범주화된 명사(오염, 기구들)를 사용하면서 참석자나 사물을 일반화한다. • (예를 들어, 그러므로, 하지만 등) 연결어를 사용한다. • 특정한 예를 들어 설명한다. • 추가 정보를 제공하거나 증거를 주기 위해 그래프, 그림, 동영상, 소리 등을 결합한다.
지식 (Knowledge)	• 질문은 좋은 제목이 될 수 있다. • 어떤 이슈를 논의해야 하는 이유를 보여주기 위해 서론을 이용한다. • 공정하게 논쟁의 모든 면을 보여준다. • 이유나 증거로 표현하는 관점을 지원한다. • 결론에서 특정한 관점을 지원하고자 한다면 결론에 대한 근거를 제공한다. • 관중과 목적에 따라 다른 넌픽션 텍스트유형과 결합할 수 있다.

넌픽션 설명문 텍스트

교과주제학습에서 교과주제에 대해 다양한 매체 읽기를 해야 하는 경우, 디지털매체 넌픽션 설명문 텍스트를 찾아 읽어야 하는 경우가 있다. 디지털매체 넌픽션 설명문 텍스트는 일반적으로 어떤 원인, 동기나 이유 등에 대한 정보를 묘사하는 수준 이상의 텍스트라 할 수 있다. 다양한 매체 넌픽션 설명문 텍스트는 보고문 텍스트와 구별이 어려울 수 가 있지만, 다음과 같은 예를 통해 그 차이를 구별해낼 수 있게 된다. 교과주제학습에서 학생들이 교과주제와 관련된 보고문을 써야 하는 경우에는 설명문을 쓸때와 다른 표현들을 사용해야 한다. 어떤 실제 보고문을 작성해야 할 때는 어떤 연구나 사건이 어떻게, 왜 발생했는지 등의 설명문에서 주로 사용되는 용어를 피해야 한다. 일반적인 디지털 매체 넌픽션 텍스트처럼, 넌픽션 설명문 텍스트도 다른 유형의 다양한 매체 텍스트와 결합하여 다양한 매체 텍스트 형식으로 재구현되고 표현될 수 있다.

교과주제관련 다양한 매체 넌픽션 설명문 텍스트를 읽어야 하는 경우, 넌 픽션 설명문 텍스트의 목적을 알면 이해가 용이할 수 있다. 넌픽션 설명문 텍스트는 자연발생적으로나 사회적 현상에 의해 발생한 과정을 왜나 어떻게 라는 의사질문에 답을 하기 위해 설명하고, 또는 왜 어떤 사건이나 연구가 그런 방식으로 발생하였는지를 설명하기 위해 작성된다.

〈넌픽션 설명문 텍스트 특징〉

특징	내용
구조 (Structure)	• 주제를 소개하기 위한 일반적인 텍스트 구조이다. • 겨울에 동물들이 동면하는 과정에서 어떤 단계나 국면은 논리적으로나 순서에 의해 설명된다. 예) 밤이 길어져, 기온이 떨어지기 시작하기 때문에 고슴도치는 숨을 곳을 찾는다.
언어특징 (Language Features)	• 단순 현재시제가 사용된다. 예) 고슴도치는 봄에 다시 깨어난다. • 현실적인 연결어를 사용한다. 예) first, then, after that, finally.. • 긍정 및 역전의 연결어를 사용한다. 예) 예를 들어, 그러므로, 하지만 등 • 원인 연결어를 사용한다. 예) 그래서, 이것 때문에 등
지식 (Knowledge)	• 왜(Why) 또는 어떻게(How)를 사용하면서 제목을 표현한다. (Why does it get dark at night? How do Bear survive the winter?) • 독자에게 도움을 주기 위해 상상력이나 다른 특징(도표, 사진, 순서도, 지문, 자막, 목록작성, 용어사전)을 포함할 필요가 있는지를 결정한다. • 첫 단락에서 설명할 것을 소개한다. • 설명 순서를 계획하고 왜/어떻게 이런 일이 일어났는지를 설명하기 위해 필요한 정보가 있는지를 점검한다. • 몇 가지 흥미로운 자료들을 첨가한다. • 직접 말하거나 주제를 자신의 경험과 연결함으로서 독자에게 흥미를 주기도 한다. • 주제에 대해 전혀 아무것도 모르듯이 설명을 다시 읽어보고 설명된 정보에 틈이 없는지를 점검한다. • 독자나 읽기목적에 맞도록 다른 유형의 넌픽션 텍스트와 결합도 가능하다.

넌픽션 교육용 텍스트

교과주제관련 디지털매체 교육용 넌픽션 텍스트를 찾아 읽어야 하는 경우도 있다. 디지털매체 교육용 넌픽션 텍스트는 보통 다른 여러 텍스트에서 요인이나 특징들, 그리고 어떤 순서를 설명할 때 사용되므로 다양한 텍스트들과 결합이 용이하다. 다양한 매체 넌픽션 교육용 텍스트는 잘 알다시피 다양한 매체 텍스트 전개과정에서 특정한 사항에 대한 순서나 특징들을 단계적으로 나열하거나 이를 도표 같은 도식화로 표현되기도 하고, 특정 단어, 그림, 그래프나 해당 이미지가 결합되어 표현되기도 한다. 교육적인 점이나 특정 교과주제관련 탐구과정 등을 표현해내는 과정적 넌픽션 텍스트는 교육과정의 모든 영역에서 사용될 수 있다. 특히 게임의 법칙, 운동순서, 레서피 또는 뭔가 만드는 지시와 방향들에 대한 전개나 순서나열을 표현하는 다양한 매체 넌픽션 텍스트가 이에 속한다.

〈넌픽션 교육용 텍스트 특징〉

특징	내용
구조 (Structure)	• 읽기목표와 그에 따른 바람직한 결과를 정의하면서 시작한다. • 순서에 따라 필요한 자료나 도구들의 목록을 정리한다. • 간단하고 명확한 지시를 제공한다. 과정이 시작되면 각 단계는 설명된 목적을 성취하기 위해 순서를 지켜야 한다. • 도식화나 예시들은 통합되기도 하고 설명 텍스트의 특정한 위치에 놓일 수 있다.
언어특징 (Language Features)	• 명령동사를 사용한다. (당근을 자르도록 해라. Cut the carrot.) • 때론 부정적인 명령어를 사용하기도 한다. (이 단계에서는 풀을 사용하지 않도록 해라. Do not use any glue at this stage.) • 추가적 충고나 제안된 부가설명들이 포함된다. (시간이 있다면 밤새 그것을 놔두는 것은 좋은 생각이다, It's a good idea to leave it overnight if you have time)

지식 (Knowledge)	• 텍스트에서 보여줄 교육이 무엇에 대한 것인지를 보여주는 제목을 쓴다. (사전에서 새 단어를 찾는 법. How to look after new word in the dictionary.) • 계획된 목표를 성취하기 위해 어떤 절차가 필요한지 정확하게 작성한다. • 형식적 / 비형식적인 텍스트, 중 어떻게 표현할지를 결정한다. • 텍스트의 각 단계를 작업할 때, 독자가 각 단계를 확인할 수 있도록 번호나 문자를 표기한다. • 가능한 간결하고 단순한 문장을 사용한다. • 대상 독자가 젊은 층이라면 불필요한 형용사, 부사나 기술적 용어사용은 피한다. • 학습이나 음식 만드는 과정 전체를 정리하는 마무리 설명을 주도록 한다. (샐러드 만드는 과정 텍스트에서 '여러분의 아름다운 샐러드기 준비되어있다!') • 언어가 가능한 단순하고 명확하다. • 독자들에게 지시나 가이드 법칙이 필요할 때, 다양한 텍스트 유형에서 과정적 텍스트를 사용한다.

넌픽션 설득용 텍스트

교과주제관련 디지털매체 넌픽션 설득 텍스트를 읽어야 하는 경우가 있다. 다양한 매체 넌픽션 설득적 텍스트는 텔레비전에서 방송될 스크립트 같은 텍스트이기도 하다. 또는 특정한 편견에 대해 명확하지는 않지만 어떤 증거나 사실처럼 묘사된 의견들이 포함되기도 한다. 다양한 매체 넌픽션 설득적 텍스트에서 작가는 설득하고자 하는 것들을 독자들이 알아차리도록 의도적으로 드러내주기도 하지만, 때론 독자가 인식하지 못하도록 드러내지 않은 경우도 있다. 하지만 다양한 매체 넌 픽션 설득적 텍스트는 대체로 설득적 텍스트라는 특징이 명확하게 정해져 있지 않기 때문에 독자들이 명확하게 구분해내기가 쉽지 않다. 넌픽션 설득적 텍스트들은 동영상 텍스트나 디지털 멀티미디어 텍스트를 포함한 다양한 매체 텍스트에서 등장하고 표현되기도 한다.

넌픽션 설득적 텍스트의 목표는 특정한 편견이나 관점의 상황에 대해 작가가 독자의 관점을 격려하기위해 쓰여진 텍스트라 볼 수 있다.

〈넌픽션 설득적 텍스트 특징〉

특징	내용
구조 (Structure)	• 넌픽션 설득 텍스트에서 표현될 작가의 관점을 종합하는 열린 설명을 한다. 예) 월드컵 호텔은 세계에서 가장 좋다. • 전략적으로 구성된 정보는 바람직한 관점에서 정교하게 표현한다. 예) 내가 가장 경험자이니까 나를 뽑아주세요. • 닫힌 설명은 반복하고 열린 설명을 더 강조한다. 예) 모든 증거가 ~을 보여준다. ~은 분명하다. 내가 최고인 것은 의심할 여지가 없다.
언어특징 (Language Features)	• 단순한 현제시제를 사용한다. • 일시적인 연결보다 논리적인 연결을 사용한다. 예) 이것은 ~을 증거한다. 그래서 명확하다, 그러므로… • 중요한 점을 표현할 때, 일반적인 것에서 특별한 것으로 전개한다. 예) 이 호텔은 편안하고, 침대는 부드럽고, 의자는 등을 기대게 특별히 만들어졌다. • 수사적인 질문을 사용한다. 예) 이 도시에서 가장 편안한 사람이 되길 원하는가? 그래서 뭘 하길 원하는가?
	• 넌픽션 설득 텍스트는 논쟁을 감성적으로 접근시키기 위해 다른 미디어와 결합한다. 예) 태양의 광선, 속의 새소리, 귀여운 강아지 그림 등.
지식 (Knowledge)	• 넌픽션 설득 텍스트에서 표현하고자 하는 관점을 정하고 그것을 지지하는 정보를 선택한다. • 넌픽션 설득 텍스트에서 어떤 순서로 정리하고, 각 설득적 정보를 지원하기 위해 추가로 덧붙일 것을 정한다. • 넌픽션 설득 텍스트에서는 정교한 설명을 계획한다. 중요한 점에 대한 증거와 설명도 계획한다. 하지만 각 목록을 작성하는 텍스트로 마무리하는 것은 피한다. • 감성적 언급과 사실들을 사용하고 합리적으로 표현되도록 한다. • 넌픽션 텍스트에서 뭔가를 강조를 위해서는 짧은 문장을 사용한다. • 넌픽션 설득 텍스트에서 자신의 입장에 선 독자를 가능한 많이 만들기 위해 묘사적 표현을 사용한다. • 직접적으로 설명한다. 예) 이것이 바로 내가 원한 것이다. • 비형식적 톤으로 기억할 수 있는 슬로건을 사용한다. • 독자의 판단에 호소하는 단순한 심리를 사용한다. 예) 모든 사람들이 ~을 안다. 사람들의 10분의 9가 ~에 동의한다. • 독자를 행복하게 해주거나 만족하게 해주는 것을 선택한다. • 다른 넌픽션 설득 글과 결합하여 사용할 수 있다.

연대순이 아닌 넌픽션 보고문 텍스트

교과주제관련해서 학생들이 궁금한 질문에 답이 되는 정보가 디지털매체 연대순으로 쓰여있지 않은 넌픽션 보고문 텍스트를 읽어야 하는 경우가 있다. 이러한 비 연대순 넌 픽션 보고문은 일반적으로 있는 그대로의 사실을 객관적 방식에서 묘사하고 표현한다. 하지만 넌 픽션 보고문이 때론 작가가 선택한 정보를 편파적인 보도되는 경우도 있다. 다른 여러 다양한 매체 넌픽션 텍스트처럼, 넌픽션 비 연대순 보고문 텍스트도 다른 여러 넌픽션 텍스트 유형과 결합되어 표현되기도 한다. 다양한 매체 비 연대순 보고문 텍스트는 보통 현재시제로 표현되는 경우가 많아 다른 보고문들과는 약간 다른 넌픽션 텍스트 형식을 갖춘다. 그리고 다른 넌픽션 보고문은 특별한 예시에 대해 구체적인 설명을 덧붙이며 묘사되기도 한다. 예) 영국해협 주위에 고래들이 종종 보인다. 하지만 그 고래들은 사람들을 거의 해치지 않는다. 2006에 한 사람이 Cornwall에서 써핑을 하고 있었는데 그 순간 그 사람이 몹시 물렸다. 하지만 그것이 20년 동안 거기서 기록된 유일한 사고였다(Laura. R., 2002 참조).

넌픽션 연대순이 아닌 보고문 텍스트를 쓰는 목표는 특정한 사물이나 사건이 발생된 경우를 묘사하기 보다는, 그 사건에 대한 구체적인 정보나 묘사된 정보를 독자가 제대로 이해하도록 돕기 위해서다.

〈넌픽션 연대순이 아닌 보고문 텍스트 특징〉

특징	내용
구조 (Structure)	• 넌픽션 보고문 텍스트에서 사건이 특별한 순서에 따라 발생된 연대적인 구조는 없다 해도 비 연대순 보고문은 보통 논리적 구조가 있다. 넌픽션 보고문 텍스트에서 어떤 그룹의 정보를 보고하는 경우가 있다. 이러한 일반적인 정보에 대한 보고문 텍스트는 보다 구체적인 내용, 예시나 고려사항 순으로 정리한다. • 일반적인 구조는 다음과 같다. 예) 열린 설명, 일반적 분류. 예) 새의 부리들 상세하거나 기술적인 분류. 예) 그들의 라틴어 이름은…

	• 보고문의 주제가 '조직하는 것이 어떤 것인가'에 대한 것일 때는 설명을 한다. 예) 질(Qualities) : 대부분의 새처럼, 딱따구리는 날개가 있다. 기능(Functions) : 부리는 —을 할 수 있도록 작고 강하다. 습관/행동/사용(habits/behavior/uses) : 딱따구리는 —에 둥지를 튼다.
언어특징 (Language Features)	• 넌픽션 보고문 텍스트는 3인칭이나 현재시제로 쓰인다. 예) 새들은 둥지를 짓고 싶어 한다. 그 둥지는 살기에 차갑고 위험한 장소이다. • 넌픽션 보고문 텍스트가 역사적 보도를 할 때는 과거시제로 쓰인다. 예) 7살 어린아이가 공장에서 일을 했다. 그 아이는 가난하게 먹고 입었다. 그리고 위험한 일을 했다. • 넌픽션 보고문 텍스트는 수동태 문장으로 쓰인다. 동사의 목적어를 칭하는 것을 피하고, 문장의 다양성을 추가하고, 쓰기 목적과 문맥의 적절한 수순을 유지하기 위해 수동태 문장이 사용된다. 예) 딱따구리는 -에서 발견되었다, 고래는 사냥 된다. 금은 높은 가치가 있다. • 넌픽션 보고문 텍스트는 특별한 주제(my dog ben)보다는 일반적인 주제(dogs)에 초점을 두는 경향이 있다. • 넌픽션 보고문 텍스트는 비교와 대조의 언어를 포함한다. 예) 폴라 곰은 모든 것들 중에 가장 큰 육식동물이다. 폴라 곰은 다른 곰처럼 동면한다. 폴라 곰의 코는 석탄 조각처럼 까맣다. • 넌픽션 보고문 텍스트는 감정적 반응보다 정밀함을 표현한다.
지식 (Knowledge)	• 넌픽션 보고문 텍스트에 포함하고 싶은 정보를 어떻게 조직할 것인지를 계획한다. 넌픽션 보고문 텍스트는 단락마다 제목을 붙인다. • 넌픽션 보고문 텍스트는 광범위한 자원으로부터 정보를 모은다. • 넌픽션 보고문 텍스트는 독자가 흥미를 느끼도록 제목으로 질문을 사용한다. 예) 그것들이 왜 그리 중요한가? • 넌픽션 보고문 텍스트에서 주제를 보고하기 위해 새로운 방법을 찾도록 시도한다. 그리고 독자를 유혹하기 위해 흥미롭게 시작한다. • 넌픽션 보고문 텍스트에서 정보를 추가하거나 요약할 때 도표, 도식화나 이미지를 사진, 그림 등을 포함한다. • 넌픽션 보고문 텍스트에서 독자들과 연결하는 방법을 찾는다. 그리고 직접적인 질문을 한다. 예) 해머대가리 상어를 본적이 있는가? • 넌픽션 보고문 텍스트에 개인의 감각을 추가한다. 예) 강아지를 선택한 다음에는, 그것이 개로 성장하는 것에 대해 생각해보도록 한다. • 넌픽션 보고문 텍스트에서 저자는 텍스트의 정보가 논리적으로 잘 조직되고 명확하게 보고되었는지 점검한다. 그리고 청중을 위해 더 효과적인 텍스트가 되도록 특별한 텍스트 유형을 사용한다.

▌넌픽션 설득적 텍스트 읽기를 통한 뉴 리터러시 학습

교과주제학습에서 학생들이 궁금한 사항에 대해 문제제기를 하고, 문제해결을 위해 디지털매체 탐구읽기를 하게 된다. 학생들이 인터넷에서 특정한 정보를 찾기 위해 검색을 할 때 넌픽션 설득적 텍스트를 자주 마주치게 된다. 화장품 광고나 음료수 광고도 설득 글이다. 돈을 빌려달라는 친구의 편지도 설득 글이라 할 수 있다. 설득 글에는 작가가 말하고, 행하고 생각하는 것을 독자가 말하고, 행하고, 생각하도록 주장하고, 그럴 거라고 확신하는 것이다. 대부분의 설득 글은 우리가 저자의 생각이나 의견을 받아들이고, 행동을 취하도록 요구한다.

다양한 매체 넌픽션 설득적 텍스트 읽기에서는 작가의 3가지 논리, 작가의 관점과 텍스트의 주제를 파악하고, 글의 논리를 평가하기 위해 읽기전략을 사용해야 한다.

■ 질문을 통한 비판적 묻는 읽기 : 질문하기 및 정보위치 지정하기

교과주제관련 디지털매체읽기에서 자주 접하게 되는 넌픽션 설득적 텍스트읽기를 위해서는 먼저, 넌픽션 설득 텍스트의 전개방식을 알아야 한다. 그리고 넌픽션 설득적 텍스트에서는 설득하고자 하는 점에 대한 주제와 작가의 의견, 그리고 설득을 하는 주요 쟁점을 찾아야 한다. 작가의 의견은 작가의 관점이며 작가가 설명하고 지원하고자 하는 믿음에 대한 설명이다. 작가의 관점은 '우리가 —해야 한다고 나는 생각한다, 그 점은 —이다, 끝에서 그것이 의미하는 것은 —이다' 등과 같은 구문을 포함하기도 한다(Laura. R., 2002). 작가의 관점은 넌픽션 설득적 텍스트 어느 곳에서도 나타날 수 있으며, 가장 흔히 나타나는 장소는 첫 번째나 두 번째 단락, 또는 마지막 한두 번째 단락이다.

다양한 매체 넌픽션 설득 텍스트의 전개방식은 대체로 다음과 같다.

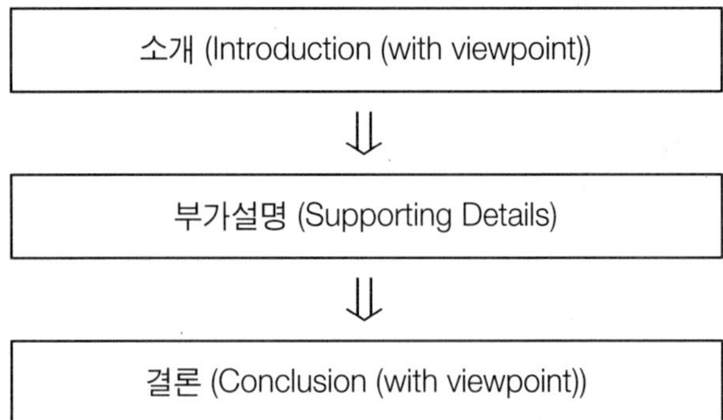

교과주제관련 문제나 질문에 답이되는 디지털매체 넌픽션 설득 텍스트가 있는 정보위치를 지정하고, 문제해결을 위해 탐구읽기를 하게 된다. 디지털매체 넌픽션 설득 텍스트의 주제나 작가의 관점을 찾기 위한 사전읽기는 제목이나 첫머리 문장을 점검하고, 첫 단락을 읽어보고 반복된 단어, 구문이나 문장을 점검하는 질문 만들기와 질문하기활동을 해야 한다. 예를 들어, 다양한 매체 넌픽션 설득적 텍스트에서 작가의 주제나 관점을 찾을 수 있는 근거가 무엇인가에 대한 질문을 만드는 것이다. 학생들이 넌픽션 설득 텍스트에서 주제나 작가의 관점에 대한 생각을 갖게 되면 바로 탐구읽기를 시작하면 된다.

■ 탐구읽기 : 평가하기 및 종합하기

다양한 매체 넌픽션 설득 텍스트를 비판적으로 탐구읽기하기 위해서는 설득하고 있는 논쟁이나 논리를 평가할 필요가 있다. 설득하고 있는 논쟁이나 논리를 평가하는 최선의 방법은 비판적으로 탐구읽기를 하는 것이다. 다양한 매체 넌픽션 설득 텍스트에서 학생들이 제목이나 헤드라인, 그리고 첫 단락을 읽고서 작가의 관점을 알아차리고 나면, 작가가 나머지 부분에서 논쟁거리를 어떻게 지원하고 있는지를 확인해야 한다.

다양한 매체 넌픽션 설득 텍스트를 읽을 때, 학생들은 작가의 설득에 동의하는지 아닌지를 빨리 평가해버리기 쉽다. 하지만 넌픽션 설득 텍스트에서 작가의 주장이 무엇인지 확인하기 전에, 작가의 주장에 대해 학생 자신이 어떻게 느끼는지를 빨리 평가하려고 하지 말아야 한다. 그리고 작가의 주장이 무엇인지 확신이 들 때까지 인내를 가지고 탐구읽기를 하도록 한다. 다양한 매체 넌픽션 설득적 텍스트에서 작가의 주장은 일반적으로 3가지 부분으로 구성된다. 넌픽션 설득 텍스트를 읽을 때는 다음의 3가지 부분을 찾으면서 탐구읽기를 하도록 한다.

〈넌픽션 설득 글 전개의 3영역〉(Laura. R., 2002, p. 253 참조)

작가의 관점	설득을 위한 지지	반대의 관점
넌픽션 설득 텍스트에서 작가가 설명하고 지지하는 것에 대한 설명. 이를 의견 설명이라고 하거나 주장이라고 함,	넌픽션 설득 텍스트에서 사실, 특징, 통계나 예시를 들어 작가의 주장을 지지함.	넌픽션 설득 텍스트에서 작가가 하는 모든 주장은 2가지 면이 있다. 작가는 독자가 자신의 관점에 대해 반대할지도 모른다는 예견을 한다. 그리고 작가는 이러한 반대관점에 답을 한다.

다양한 매체 넌픽션 설득 텍스트에서 작가의 주장에 대한 3가지 부분은 순서에 따라 나타날 수 있고, 섞어서 나타날 수도 있다. 넌픽션 설득 텍스트 탐구읽기를 하는 독자는 3부분이 모두 존재하는 지를 점검해야 하고, 어느 한 부분이라도 빠져 있으면 이 주장은 결점이 있다는 것을 인지해야 한다.

• 디지털매체 넌픽션 설득 텍스트에서 작가의 주장을 평가하기

교과주제관련 궁금한 점을 디지털매체에서 검색한 후, 찾게 된 넌픽션 설득 텍스트에서 교과주제문제에 대한 작가의 주장이 효과적인지, 작가의 주장에 대한 관점은 명확하고, 확신이 있고, 이를 제대로 지지되고 있는지를 평가해야 한다. 넌픽션 설득 텍스트에서 작가의 주장이 얼마나 설득적인지에 대한 독자 자신의 의견은 무엇인가? 작가의 지지가 인상적인가? 다른 증거가 작가의 관점에 힘을 더 실어주는지? 학생들은 자신의 읽기 노트에 차트를 만들어 작가의 주장과 위의 주장에 대한 질문을 적어보도록 한다. 디지털매체 넌픽션 설득 텍스트에서 작가의 주장에 대해 학생은 어떻게 생각을 하는지도 평가되어야 한다.

■ 쓰기 : 종합하기 및 소통하기

디지털매체 넌픽션 설득적 텍스트 읽기를 다하고 나면, 교과주제문제에 대한 작가의 주장에 대해 다시 되돌아 생각해보도록 한다. 교과주제문제에 대해 학생 자신의 의견은 무엇인지, 작가의 주장이 학생 자신의 삶과 어떤 관련이 있는지, 교과주제에 대한 학생 자신의 관점에 어떤 영향을 미치는지? 등에 대해 다시 되돌아 생각해보는 리터러시 학습이 이루어져야 한다. 교과주제관련 문제를 확인하고자 다시읽기를 하는 것은 문제해결에 초점을 두게 해준다. 교과주제 문제해결을 위해 다음과 같은 읽기활동을 해보도록 한다.

• 생각을 종합하고 글쓰기로 연결하기

디지털매체 넌픽션 설득적 텍스트 읽기 후, 디지털매체 설득적 텍스트에 대한 학생 자신의 반응을 생각해보도록 한다. 교과주제에 대한 학생 자신의 감정은 어떤가? 디지털매체 설득적 텍스트에서 작가가 이야기 하는 것에 대해 학생 자신은 경험이 있는지, 작가의 주장에 대한 특정부분에 대해 학생 자신은 어떻게 반응하는지를 적어보도록 한다.

〈넌픽션 텍스트읽기에서 자신의 반응적기(Laura. R., 2002, p.254)〉

from 'Parents, Not Cash, Can Enrich a Students

"You can't focus on how much we spend on students.
Just looking at the simple numbers doesn't tell the whole story."
Exactly. And crying out for more money for Chicago's schools isn't the answer unless the money is s... in a way that will get results.

How come more money hurt?
We need more money for books at my school.

• 작가의 주장에 대해 학생은 어떻게 느끼는지를 종합해보고 연결하기

디지털매체 설득적 텍스트 읽기 동안, 학생들은 교과문제에 대한 작가의 주장에 확

신이 있는지 또는 없는지를 정한 후, 교과문제에 대한 작가의 관점에 대해 자신이 어떻게 느끼는지 생각해 보고자 할 것이다. 결국, 교과문제에 대해 작가의 주장에 대한 근거자료가 부족한지, 교과문제에 대한 작가의 의견이나 결론에 동의하는지를 학생들은 디지털매체 설득 텍스트를 읽기 동안 내내 생각해봐야 한다. 교과주제에 대한 작가의 주장에 대해 학생 자신의 생각을 스스로 들어보는 시간을 갖도록 한다.

디지털매체 설득적 텍스트 읽기를 한 후, 교과주제에 대해 학생 자신이 어떻게 느끼는지를 정하는 방법은 교과주제에 대한 학생 자신의 주장을 만들어내는 일이다. 교과주제에 대한 작가의 주장에 대해 학생 자신의 생각을 3부분으로 나눠 정리해보도록 한다.

〈교과주제에 대한 나의 주장〉(Laura. R., 2002, p. 255 참조)

나의 관점	주장에 대한 지지	반대의 관점
• 나는 영희의 주장에 동의한다. • 그녀의 주장은 더 많은 선물을 얻는 것에 대한 것이다. • 더 많은 돈을 소비하는 것은 학교를 더 좋게 만들지 못한다는 점이다.	• 우리지역에서는 부모들이 많은 시간 학교를 도와야 한다. • 집에서 과제를 도울 수 없다면 학생들은 교과목에 어려움을 느낄 수 있다. • 이 지역의 학생들은 많은 돈을 갖지 못한다. 그런데도 학생들은 표준평가에서 좋은 점수를 받는다.	• 가족의 지지는 오직 하나의 방법이 아니다. • 부모는 항상 도움을 주는 사람일 수 있다. • 학생들은 아직 성공 하지 못하고 있다.

• 디지털매체 설득적 텍스트 내용에 대해 종합하고 요약하여 소통하기

교과주제에 대한 문제해결을 위해 디지털매체 설득적 텍스트 읽기를 하는 경우, 작가의 관점, 지지, 반대 관점이란 3가지 단계를 가지는 설득적 텍스트들을 종합하고 요약해보도록 한다. 디지털매체 설득 텍스트 읽기에서 작가들의 주장을 분석하고 그 주장의 효과를 평가하기 위해 결정적인 읽기전략을 사용하도록 한다. 읽기전략을 사용하며 교과주제관련 문제해결에 초점을 두고 디지털매체 설득적 텍스트 내용을 종합하고 요약하도록 한다. 요약된 내용을 학습 블로그나 위키에 탑재하여 학생들과 공유하면 학생들간 서로 피드백을 주고받을 수 있다.

넌픽션 전기문 텍스트 읽기를 통한 뉴 리터러시 수업

다양한 매체 넌픽션 전기문 텍스트는 다른 사람이 한 사람의 삶에 대해 작성한 이야기이다. 넌픽션 전기문 텍스트는 어떤 사람에 대해 쓴 글이고, 출판된 전기문 텍스트는 유명한 사람에 관한 글이기도 하다. 다양한 매체 넌픽션 전기문 텍스트는 작가가 전기문의 주인공에 대해 알고 있는 것을 학생들도 알고 느끼게 하는 것이다.

넌 픽션 전기문 읽기에서는 전기문의 2가지 주요요인, 원인과 결과를 찾는 전략을 사용해야 한다. 또한 넌 픽션 전기문을 읽을 때는 작가가 전기문을 어떻게 전개하고 있는지를 이해하는 것이 중요하다

■ 질문을 통한 비판적 묻는 읽기 : 질문하기 및 정보위치 지정하기

교과주제관련 문제해결을 위해 디지털매체에서 찾은 넌픽션 전기문 텍스트의 일부를 읽어보도록 한다. 대부분 전기문 작가는 2가지 목적을 가지고 전기문을 쓴다.

전기문은 주인공의 삶에서 흥미롭거나 의미있는 이야기를 말하고자 한다. 그러면서 주인공의 인상을 새롭게 만들고자 한다.

• 읽기목적 정하기와 질문하기

교과주제관련 디지털매체 전기문을 읽을 때는 주로 재미를 목적으로, 또는 학교 과제를 위해 읽게 된다. 교과주제에 대한 특별한 사실을 반드시 찾아야 하는 이유 때문에 전기문을 읽지는 않는다. 전기문을 읽을 때는 주인공이 어떤 사람으로 살았고, 주인공은 어떤 사람인 것 같은 지에 대한 질문을 갖고 읽어야 한다. 이를 위해 디지털매체 전기문을 읽을 때는, 왜 전기문을 읽어야 하는지 등, 전기문을 읽는 목적에 대한 질문을 갖고, 묻는 읽기를 하는 것이 매우 중요하다.

• 예견하기 위한 질문하기

디지털매체 전기문의 읽기 전 질문으로, 전기문의 주인공에 대해 들어본 적이 있는지? 이 주인공에 대해 이미 알고 있는 것이 무엇인지? 등을 해볼 수 있다. 이 주인공이 학생들에게 완전히 새로운 사람이 아니라도 어떤 분일 것 같은지에 대해 잠깐 질문을 통해 예견해보는 시간을 가져본다. 전기문 텍스트에 대해 예견해보는 것은 교과주제관련 디지털매체 넌픽션 전기문 읽기에 매우 중요하다. 주인공에 대해 예견 질문을 할 때는 다음과 같은 사항에 관심을 갖는 것이 좋다.

〈전기문에서 예견하기에 필요한 것들〉 (Laura. R., 2002, p. 205)

전기문에 대한 예견하기에 필요한 사항	
제목과 작가	앞 뒤 책 커버와 속지
목차나 각 장의 제목	사진과 삽화
서문, 서론, 작가의 노트	첫, 두 번째 단락
반복된 단어들	

교과주제관련 디지털매체 전기문 읽기를 하고자 할 때, 먼저, 표지와 목차를 읽는다. 전기문의 사전읽기에서 계획하는 것은 질문을 통해 전기문을 사전읽기하면서 다음과 같은 사항들에 대해 뭘 배웠는지를 알아보도록 한다.

디지털 전기문의 사전읽기에서 배운 점
주인공은 어디 사람인지
주인공은 어디서 태어났고 어디로 갔는지
디지털매체읽기가 교과주제관련 어떤 내용인지

교과주제관련 디지털매체 전기문 읽기를 할 때, 읽기목적에 맞는 질문을 하면 전기문 주인공의 삶에 대한 다른 실마리를 발견할 수도 있다. 우선, 디지털매체 넌픽션 전기문이 어떻게 전개되고 있는지에 대한 질문을 해보도록 한다. 그리고 배경지식에 대한 질문도 해보도록 한다. 이러한 묻는 읽기는 주인공에 대해 기대한 것에 대해 읽기계획을 세워보는 읽기 시간이다. 전기문의 주인공이 어떤 사람인 것 같은지에 대해 끊임없이 질문을 하면서 답을 찾아내는 것이 전기문의 읽기목적이다. 디지털매체 넌픽션 전기문 읽기에서는 주인공에게 가장 중요한 사건인 것처럼 보이는 것에 관심을 갖고 묻는 읽기를 하는 것이 중요하다. 전기문에서 나타난 어떤 개개인의 사건들과 그 사건으로 인해 주인공이 어떻게 비쳐지게 되는지에 대해 질문을 하면서 답을 생각해보도록 한다.

• 읽기전략 사용하기 : 원인과 결과

교과주제관련 디지털매체 전기문 읽기에서 원인과 결과를 찾아보는 묻는 읽기전략을 사용하도록 한다. 전기문에서 한 사람의 삶에서 발생한 사건에 대한 질문은 전기문의 주인공이 누구인지를 비쳐줄 수 있는 중요한 실마리가 된다. 전기문에서 등장한 사람에 대한 사건들은 대부분 사실에 근거한다. 전기문을 읽을 때는 원인과 결과에 대한 질문을 통해 조직도를 그려보면 주인공의 삶을 비쳐주는 사건을 추적할 수 있다. 전기문을 읽고 나서는 원인과 결과에 대한 질문의 답을 도식의 빈칸에 기록해보도록 한다. 전기문의 전체 또는 단락마다 원인과 결과에 대한 질문과 답을 도식표에 기록하여 주인공에 대한 중요한 점을 확인해보도록 한다.

원인 및 사건		결과
	⇒	
	⇒	
	⇒	

■ 탐구읽기 : 평가하기 및 종합하기

교과주제관련 디지털매체 넌픽션 전기문을 읽을 때는 어떤 질문을 해야 할까? 전기문을 읽을 때 주인공의 사건들을 추적해 볼 수 있는

디지털매체 전기문 읽기를 위한 질문들
주인공의 생활에서 가장 중요한 사건은 무엇인가?
이 사건은 주인공의 삶을 어떻게 만들어 갔는가?
나는 이 사건을 어떻게 묘사할 것인가?
묘사된 주인공에 대해 어떻게 느끼는가?

• 읽기목적을 분명히 하기위한 탐구읽기

교과주제관련 다양한 매체 전기문의 일부분을 읽어보면서 몇 가지 중요한 점을 기록하도록 한다. 묻는 읽기 활동으로 원인과 결과에 대한 질문을 통해 도식화하며 주요사건을 추적해보도록 한다. 다양한 매체 전기문 읽기를 할 때, 전기문 주인공의 인상을 그려보고 형상화해보면 사건을 통해 주인공의 변화를 느끼게 될 것이다. 이러한 주인공을 변하게 했던 사건들은 주인공에 대해 무엇을 말하고 있는지에 대한 질문에 답을 찾게 해준다.

장기려 (1911~1995)

의학자로 본관은 안동. 호는 성산. 평안북도 용천 출생이다. 한학자였던 장운섭과 최윤경의 둘째 아들로 태어났다. 부친이 설립한 의성초등학교를 거쳐서 1928년 개성에 있는 송도고등보통학교를 졸업한 후 그 해에 경성의학 전문학교에 입학하여 1932년에 수석으로 졸업하였다. 졸업 후 경성의전 외과학교실의 조수로 입국하여 한국 외과계의 권위자 백인제 교수의 제자가 되었다. 1932년 내과의사인 김하식의 맏딸 김봉숙과 결혼하고 슬하에 3남, 3녀를 두었다.

1938년 경성의전 외과학 강사로 근무하다가 경성의전 입학 당시 돈이 없어서 의사의 진료를 받지 못하는 가난한 사람들을 돕는 의사가 되겠다던 하나님과 맺은 약속을 지키기 위해 1940년 기독교 계열의 평양 기휼병원 외과 과장으로 자리를 옮겼고 1940년 9월 「충수염 및 충수복막염의 세균학적연구」로 의학박사 학위를 취득하였다. 교육 및 학술활동으로는 1943년 간상변부에 발생한 간암의 설상절제수술을 실시하고 그 결과를 조선의학회지에 발표하여 주목을 받았으며, 1947년 평양의과대학 외과학 교수 겸 부속병원 외과 과장, 1953년

서울대학교 의과대학 외과학 교수, 1956년 부산대학교 의과대학 외과학 교수 겸 학장, 1965년 서울 가톨릭대학교 의과대학 외과학 교수 등으로 재직하였다.

그뿐만 아니라, 후진 양성은 물론 간에 관한 연구를 활발하게 수행하였고, 1959년에는 한국 사람의 간 대량절제 수술에 성공한 후 그 결과를 대한의학회 학술대회에서 발표하였다. 이에 대한 연구업적으로 1961년 대한의학회 학술상을 수상하였다. 1974년에는 한국간연구회를 창립하고 초대 회장직을 맡아 간 외과학 분야의 학문적 발전에 선구자적 역할을 하였다. 사회봉사활동은 1950년 6 · 25전쟁으로 남하한 후 1951년 경남구제위원회의 전영창과 한상동 목사의 요청으로 부산 영도구 남항동에 위치한 제3교회에서 무료진료기관인 복음병원을 설립하였다. 1976년까지 25년간을 복음병원 원장으로 봉직하면서 1968년에는 청십자 의료보험조합을 발족시키고 영세민들에게 의료복지 혜택을 주기 위한 기틀을 마련하였으며, 1975년에는 의료보험조합 직영의 청십자병원을 개설하였다.

이듬해인 1976년에는 한국청십자사회복지회를 설립하였다. 이러한 그의 지역사회봉사활동에 대한 공로를 인정받아 1979년 막사이사이 사회봉사상을 수상하였다. 이 외에 1968년 부산복음간호전문대학 설립 및 1970년 만성간질환자들의 모임인 부산장미회 창설과 무료진료, 1978년 거제도 애광원 후원회장, 1981년 부산 생명의 전화 개설, 1985년 한국장애자 재활협회 부산지부장 등을 역임하면서 지역사회에서 소외된 사람들을 위해 헌신적으로 봉사한 공로를 인정받아 대한민국 국민훈장 동백장, 호암상 사회봉사부분, 자랑스러운 서울대인상, 인도주의 실천의 사상, 국민훈장무궁화장 등을 받았다.

그는 산상수훈의 삶대로 살려고 노력하였으며 경성의전 입학 당시 '가난하고 헐벗은 불쌍한 환자들의 의사가 되겠다'고 한 하나님과의 약속을 평생동안 지키려고 노력한 진실한 기독교인이기도 하다. 한편, 경성의전부속병원 근무시절인 27세 때 척추결핵으로 입원했던 춘원 이광수의 주치의를 맡았는데, 춘원의 소설 「사랑」의 주인공인 의사 안빈의 실존모델이라고도 한다. 저서로는 『외과학』 · 『간 및 담관계 질환한컴바탕 · 『평화와 사랑한컴바탕 · 『나의 회고록한컴바탕 · 『요한복음강해한컴바탕 등이 있다.

〈출처: http://kin.naver.com/qna/detail.nhn.〉

위의 디지털매체 전기문에서 장기려에 대해 무엇을 배웠는지? 주인공의 인상은 무엇인지? 여백에 중요점을 적어보도록 한다. 이러한 것들이 주인공의 삶에 중요한 시기였다고 인식되면 학생들은 전기문을 바르게 이해한 것이다. 주인공의 가장 힘든 일은 주인공 자신에 대해 학생이 어떻게 느끼는지에 대한 확신을 갖게 해준다.

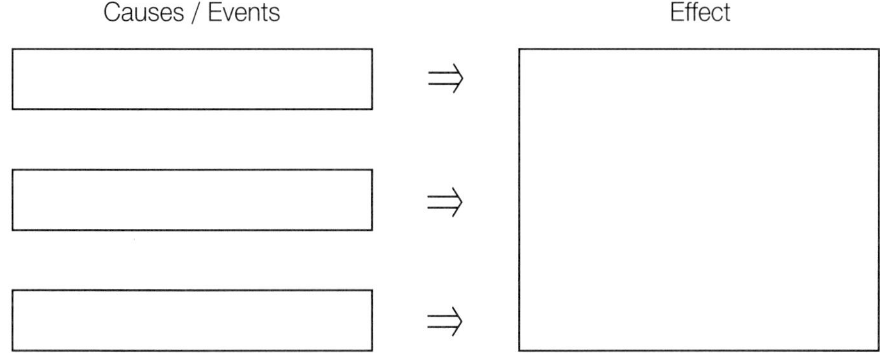

다양한 매체 전기문은 어떻게 구성되는가?

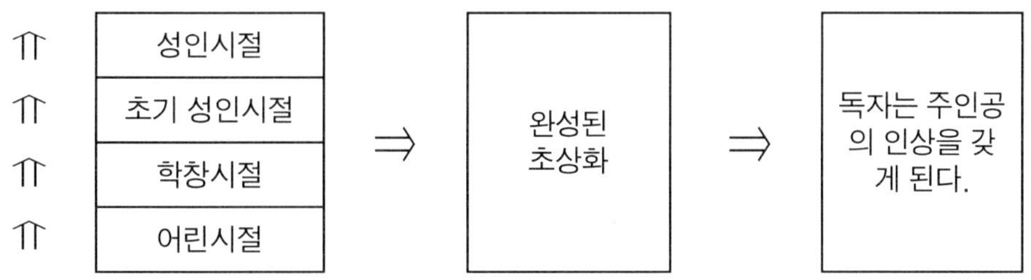

교과주제관련 다양한 매체 전기문을 읽을 때, 주인공의 일생에서 변화를 이끌었던 내용을 찾아보도록 한다. 변화는 때때로 주인공이 사는 곳이나 어떤 일을 하는 가에 따라 변화되어 나타난다. 또는 변화는 주인공의 느낌이나 가치에 따라 변화하기도 한다.

• 시간에 따라 구체적 내용에 대해 질문하며 탐구읽기

다양한 매체 전기문에서 예외적인 것에 대해 궁금한 점을 생각하며 되돌아 보고, '그때이래, 1960년에, 전에 했던 것보다, 그해에, 1954년에' 등의 단어나 구에 대해 주목하며, 시간에 대해 정리해보는 것이 효과적이다.

다양한 매체 전기문 읽기에서 이러한 단어나 구들은 주인공의 일생에서 사건의 순서를 추적하는 궁금한 점들을 확인하게 해준다. 이러한 구들은 어떤 일이 먼저, 두 번째, 세 번째, 그리고 계속 일어나는지를 말해준다.

• 장소에 따라 구체적 내용에 대해 질문하며 탐구읽기

다양한 매체 전기문에서 주인공은 자신의 삶에 강한 영향을 미치는 곳이 어디인지를 말해주고 있다. 때문에, 전기문을 읽을 때 학생들은 주인공이 어디서 태어났고, 태어나서 어떤 다른 삶을 살아왔는지에 대해 궁금한 질문을 하면서 탐구읽기를 하도록 한다. 주인공이 살아온 환경이나 삶의 형태가 그 사람의 일생에서 어떤 변화와 영향을 미쳤는지 궁금한 점을 확인하며, 또한 어떤 장소의 단어나 구가 강조되는지를 물어가며 탐구읽기를 하도록 한다. 이때 사용되는 구들은 '들에서, 큰 집에서, 오두막에서' 등을 주로 사용한다.

• 주요사건의 구체적 내용에 대해 질문하며 탐구읽기

다양한 매체 전기문 읽기에서 주요한 사건에 대한 추적을 도울 수 있는 시간라인이나 목록을 작성해보며 중요한 사건들에 대한 질문에 답을 확인하며 읽는 것이 중요하다. 전기문을 읽으면서 학생들이 교과주제관련 궁금한 것들에 대해 표시해 둔 사건들에 대한 인용을 다시 읽어보도록 한다. 학생들은 전기문에서 주인공의 중요한 사건에 대한 시간적 라인을 만들어보면, 그 사건들이 어떻게 전개되는지를 점검해 볼 수 있다.

〈장기려 전기문에서 시간적 흐름도표〉

1928	1932	1940	1947	1953	1960	1968	1975	1985
고등학교 졸업	결혼	의학박사 학위	평양의과 대학교수	서울대학교 의대 교수	대한의학회 학술상	의료복지 기틀 마련	청십자 병원 개설	재활협회 부산지부장

• 주인공의 구체적 내용에 대해 질문하며 탐구읽기

다양한 매체 전기문에서 주요한 사건에 대해 궁금증을 갖고, 이러한 주요한 사건이 발생할 때 주인공이 어떠했는지에 대한 상세한 내용을 찾도록 한다. 이러한 내용은 전기문에서 주인공의 성격도식을 사용하여 주인공의 구체적인 사건들에 대해 추적해 볼 수 있다.

〈전기문에서 주인공의 성격맵(character map)〉

• 학생 자신과 연결하기

다양한 매체 전기문을 읽을 때마다 다음과 같은 질문으로 주인공의 인상에 대해 학생 자신의 입장에서 생각해보도록 한다. 즉, 주인공과 자신과의 연결을 이끌어내도록 한다.

— 나는 이 주인공을 좋아하는가? 왜 좋아하는가, 아니면 왜 좋아하지 않은가?

(Do I like this person? Why or why not?)

— 나는 주인공을 존경하는가? 왜 존경하는가, 아니면 왜 존경하지 않는가?

(Do I admire him or her? Why or why not?)

— 나는 이 사람같이 되고 싶은가? (Would I want to be like this person?)

거의 모든 자서전 작가들은 자기 자신의 작품에 편견을 갖고 표현하고 있다. 작가들은 독자들이 자서전 주인공에 대해 특별한 인상을 갖도록 편견을 가지고 표현한다. 그래서 독자는 자서전을 읽으면서 작가의 생각에 동의한다. 작가가 자서전에서 편견을 갖고 표현하지만 학생들이 좋아할 수도, 좋아하지 않을 수도 있듯이 주인공을 그려내려고 한다. 자서전을 읽을 때 학생들이 할 일은 작가가 자서전에서 그려내고 있는 주인공에 대해 자신이 어떻게 느끼는지를 그려보는 것이다. 그리고 학생 자신이 그리는 주인공에 대한 생각이 전기문 작가가 그려낸 인물과 동일한 것인지, 아닌지를 결정해야 한다.

다양한 매체 전기문에서 작가가 그려내는 주인공에 대한 느낌을 독자가 생각하는 인물과 연결하는 방법은 읽는 동안 내내 학생 자신의 생각에 대해 질문하고 그 답이 되는 생각을 기록하는 것이다. 이는 자서전에서 그려내고 있는 주인공에 대해 예견을 하고, 일어나고 있는 사건들에 대한 궁금한 것들에 대한 반응을 작성하고, 사건들을 자신의 경험이나 생각과 연결하는 읽기활동이다. 앞의 장기려의 전기문 마지막 단락에 대한 독자의 생각을 작성해 보도록 한다. 주인공이 경성의전 입학 당시 '가난하고 헐벗은 불쌍한 환자들의 의사가 되겠다'고 한 하나님과의 약속을 평생동안 지키려고 노력한 시간과 사건을 연결하고, 이를 자신의 경험과 생각으로 재정리하도록 한다.

다양한 매체 전기문 읽기를 하는 학생들은 독자로서 중요하게 생각하는 부분이나 교과주제관련 학생 자신의 읽기목적과 관련된 것들을 기록해 보도록 한다. 이는 전기문의 주인공이 어떤 사람이고 또한, 사건들이 주인공의 어떤 삶을 이끌어 왔는지에 대한 생각을 정리하는 데 도움이 될 것이다. 특히 전기문의 주인공의 성장과정이나 사건들로부터 학생 자신의 경험이나 생각들을 정리해보도록 한다. 그리고 학생 자신의 경험이나 생각과 작가가 그려낸 주인공의 경험을 연결하는 설명을 정리하도록 한다.

〈주인공의 경험과 독자의 경험을 연결하기 활동〉

주인공의 성장과정이나 사건들로부터 학생 자신의 경험이나 생각과 연결하기	학생 자신의 경험이나 생각과 작가가 그려낸 주인공의 경험을 연결하기
• • • •	• • • •

■ 쓰기 : 종합하고 소통하기

다양한 매체 전기문 읽기를 마쳐도 학생들이 해야 할 일은 아직 남아있다. 전기문을 읽고난 후, 학생들은 무엇을 배웠는지에 대해 잠시 멈추고 생각하고 정리해야 한다.

• 잠시 되새겨 생각해 보기

다양한 매체 전기문 읽기목적은 교과주제관련 인물에 대한 더 자세히 알아보기 위함일 것이다. 이러한 읽기목적을 다시 되돌아보고 교과주제관련 인물에 대한 필요한 정보를 얻었는지?, 즉 배운 것에 대한 질문을 해보면서 잠시 생각해보도록 한다.

〈읽기 목적에 맞는 것을 배웠는가에 대해 되새겨 보는 질문하기〉

우리말 질문들	영문 질문들
• 주인공의 생활에서 어떤 중요한 사건들 있는가? • 주인공은 정말로 어떤가? • 이사건들이 주인공에게 어떤 영향을 미쳤는가? • 나는 그 주인공에 대해 어떻게 느끼는가? • 나는 전기문에 있는 증거를 어떻게 느끼는지 지원할 수 있는가?	• What are several important events in the subject's life? • What was the person really like? • How did these events affect the subject? • How do I feel about the subject? • Can I support how I feel with evidence from the reading?

• 다시 읽어보고 종합하고 요약하기

위와 같은 질문들에 대답을 찾을 수 없다면, 전기문을 다시 읽어야 할 필요가 있다. 다시 읽어보기는 다른 읽기보다 빠르게 쉽게 읽어 볼 수 있다. 처음 전기문 읽기에서 놓쳤던 중요한 사항들(사건들, 사람들, 느낌들)을 찾아 뽑아내듯 다시읽기는 빠르게 읽을 수 있다.

이때 사용하는 연결하기 전략은 전기문에서 종합된 사건들을 요약해 보는 것이다. 이 경우, 먼저, 주인공의 일생에서 몇 가지 사건의 내용들을 끌어내본다. 하지만 초기 사건들은 잃어버릴 수 있다. 이렇듯 전기문에서 주인공의 사건들에 대해 종합하고 요약하기 활동은 주인공의 삶에 대해 학생 자신을 상기해보고자 할 때 사용하는 중요한 전략이다. 다양한 매체 전기문을 다시읽는 활동은 전기문으로 다시 돌아가 페이지마다 주인공의 생활에서 중요한 사건을 종합하고 요약해보는 읽기 후 활동이다. 전기문을 다시 읽는 활동은 전기문 읽기에 대해 배운 것을 다시 생각해보는 활동이기도 하다.

다양한 매체 전기문은 대체로 시대적 순서로 전개된다. 주인공이 태어나서부터 성인이 될 때까지 벌어진 삶의 사건을 추적한다. 전기문에서는 원인과 결과를 찾는 읽기전략을 사용하면 주인공의 삶을 이해하는 데 도움이 된다. 전기문을 읽고 배운 것을 추적하는 도구(원인과 결과 조직도, 요약하기, 시간라인, 공부카드, 성격맵)를 사용해보도록 한다. 전기문의 내용을 종합하고 요약하기 위한 다시읽기전략은 전기문의 인물을 형상화하는 사건들을 뽑아 기억하는 데 도움이 된다.

다양한 매체 전기문 읽기 후 다시 읽어보고 종합하고 요약하는 활동을 위해 아래 요약표의 왼쪽에는 읽은 전기문 전체에 대한 요약을 나열한다. 오른쪽에는 전기문에 대한 완성된 주제 요약을 작성해보도록 한다.

〈다시 읽고 난 후 요약하기〉

전기문 전체에 대한 요약	전기문의 주제/제목요약
• 어린 시절(Early Years) — 중요사건 (Important events) — 중요사건 (Important events) • 학창 시절(School-age Years) — 중요사건 (Important events) — 중요사건 (Important events) • 젊은이 시절(Young Adulthood) — 중요사건 (Important events) — 중요사건 (Important events) • 성인 시절(Adulthood) — 중요사건 (Important events) — 중요사건 (Important events) • 노년 시절(Older Years) — 중요사건 (Important events) — 중요사건 (Important events)	• 어린 시절 (Early Years) • 학창 시절 (School-age Years)

다양한 매체 전기문 읽기에서도 주인공의 삶을 그려주는 주요사건들을 종합하여 간단하게 요약하는 것도 좋은 읽기방법이다. 예를 들어, 주인공이 언제(1911년) 태어났다. 주인공의 삶을 유지하게 하는 힘이 되는 것처럼 보이는 사건이 무엇인지를 찾아

종합하고 요약해보도록 한다.

• 표현하여 소통하기

교과주제관련 다양한 매체 전기문 읽기를 통해 많은 내용을 기억하는 것은 그다지 중요하지 않다. 재미를 위해 읽었다면, 주인공의 삶에 몰입하여 읽기를 즐기면 된다. 하지만 교과주제관련 과제 때문에 다양한 매체 전기문을 읽었다면, 교과주제관련 다양한 매체 전기문의 탐구읽기를 통해 읽기목적에 답이 되는 사항들을 찾아 말이나 글로 표현할 필요가 있다. 특히 이런 사항들에 대해 발표하거나 탐구보고서를 작성하도록 하는 읽기 후 활동이 좋다. 이는 교과주제관련 무엇을 읽었는지를 기억하고 표현하는 기회가 주어지는 활동이다.

• 공부카드 만들기와 블로그에 탑재하기

다양한 매체 전기문 읽기를 통해 배운 것을 기록하는 가장 구체적인 방식은 공부카드를 만들어보는 것이 좋다. 전기문의 사건들에 대한 읽기퀴즈를 만드는데도 공부카드를 사용하면 좋다. 또한 교과주제에 대해 탐구 보고서를 쓰기 위해서도 공부카드를 사용하면 좋다. 학생들이 교과주제관련 다양한 매체 전기문을 읽고 나서, 전기문에서 배운 것에 대해 결과물을 만들기 위해 전기문의 주인공에 대해 60초 말하기 활동을 하거나 자신의 자서전을 써보고 이에 대해 말하기 활동을 준비하도록 시간을 줄 수도 있다. 전기문 작가에 대해서도, 자신의 자서전에 대해서도 언제, 어디서 태어났고… 등을 작성하여 자신의 블로그나 교실 위키에 포스팅하게 한다. 이를 학생들이 서로 공유하고 피드백을 주도록 한다.

넌픽션 연설문 읽기를 통한 뉴 리터러시 수업

교과주제통합수업에서 교과과제 관련 다양한 매체 역사적/정치적 연설문을 읽어야 하는 경우가 있다. 다양한 매체를 통해 접하게 되는 연설문은 정보적인 연설과 설득적 연설이라는 2가지 형식이 있다. 이러한 다양한 매체 넌 픽션 연설문은 일반적으로 읽기보다 듣기를 했던 경험이 더 많을 것이다. 다양한 매체 연설문을 읽을 때, 연설문의 읽기과정을 이해하면 연설문을 평가하는데 훨씬 도움이 될 수 있다. 교과주제관련 다양한 매체 연설문을 읽을 때는 다른 넌 픽션 텍스트를 읽을 때 보다 비판적 읽기스킬이 필요하다. 다양한 매체 연설문을 읽어야 하는 경우, 연설문의 전개방식을 알면 훨씬 이해가 쉬워진다.

■ 질문을 통한 비판적 묻는 읽기 : 질문하기와 정보위치 지정하기

다양한 매체 연설문 읽기도 다른 넌픽션읽기와 비슷하다. 먼저, 교과주제관련 다양한 매체 연설문 읽기를 통해 찾고자 하는 것은 연사가 말하는 것이다. 연설문 읽기를 하는 학생들의 목적은 연사의 연설목적을 찾기 위함일 것이다. 그래서 설득적 연설문 읽기를 하는 경우에는 연사의 위치나 관점이 무엇인지를 알아보는 것이 중요하다. 그리고 정보성 연설문을 읽는 경우라면, 연사의 중심생각이 무엇인지를 알아보는 것이 중요하다.

교과주제관련 다양한 매체 연설문 읽기를 하는 경우, 읽기 전에 이 연설문은 무엇에 관한 연설인지를 예견하는 일은 학생스스로에게 많은 질문을 하는 활동이다. 이때 연설주제, 연사와 그 연설이 전달하는 것에 대해 알고자 하는 것보다, 학생이 연사의 생각을 따라 가는 것이 연설을 더 쉽게 이해할 수 있게 해준다. 질문을 통해 연설문을 예견하는 일은 연설문에서 전달하고자 하는 정보를 읽고 이해하는 데 도움이 된다.

다양한 매체 연설문은 연사의 연설목적에 대해 제목, 배경지식 및 정보, 열린 닫힌 단락, 반복적인 말이나 구문, 연설문의 전반적인 길이 등에서 다양한 실마리를 제공해 준다.

〈2008년 미셸 오바마(코리아 헤럴드)〉

"And Barack and I were raised with so many of the same values: that you work hard for what you want in life; that your word is your bond and you do what you say you're going to do; that you treat people with dignity and respect, even if you don't know them, and even if you don't agree with them."	그리고 버락과 나는 동일한 가치를 아주 많이 가지고 자랐습니다. 그것은 인생에서 원하는 것을 위해 열심히 일하며; 말이 곧 약속이므로 자신이 하겠다고 말한 것을 반드시 이행하고; 모르는 사람이거나 의견에 동의하지 않는 사람일지라도 그들을 품위와 존경으로 대하는 것입니다.
And Barack and I set out to build lives guided by these values, and to pass them on to the next generation. Because we want our children - and all children in this nation - to know that the only limit to the height of your achievements is the reach of your dreams and your willingness to work for them."	그리고 버락과 나는 이러한 가치에 의해 인도되는 삶을 살아가며 그것을 다음 세대에게 전달하기 시작했습니다. 왜나하면 우리는 우리의 아이들과 이나라의 모든 아이들이 자신들 성취의 유일한 한계는 꿈의 크기이고 그것을 이루기 위해 노력하는 의지라는 것을 알려 주고 싶었기 때문입니다.

위의 연설문을 예견하기 위해 빨리 읽기를 하면서 얻게 되는 것은 무엇인가? 이는 버락 오바마와 부인인 자신이 인생의 중요한 가치를 공유했고 그것을 다음 세대에게 전달하려고 노력했다는 점을 전하는 취지의 연설문이다. 1. 구체적으로는, 원하는 것을 얻기 위해 열심히 노력해라. 2. 말한 것(약속)을 지켜라. 3. 사람들을 품위와 존경으로 대하라. 4. 꿈의 유일한 한계는 꿈의 크기와 그것을 이루기 위해 노력하려는 의지라는 점을 강조하며 남편 오바마 대통령 후보를 지지한 유명한 정치성 연설이다. 최근 트럼프 부인, 멜라니아가 공화당 대통령 후보자인 트럼프를 지지하는 연설에서 바로 미셸 오바마 연설문을 표절했다는 의심을 받은 적이 있던 연설문이기도 하다.

• 연설문의 읽기전략은 비판적 읽기의 주요인

교과주제관련 디지털매체 연설문 읽기를 하는 경우, 연설자에 대해 알고 있다고 해도 연설주제에 대한 읽기전략은 필요하다. 다양한 매체 연설문을 이해하는 데 좋은 전략은 바로 많은 질문을 통한 비판적 읽기를 하는 것이다. 질문을 통한 비판적 읽기는 연설자의 관점을 알아보는데 매우 중요한 읽기전략이 된다. 비판적 읽기를 하면 연설자 자신의 입장과 관점을 지원하고 있는 방식을 알아차릴 수 있다. 연설자는 사실과 통계, 비교와 대조, 경험과 예시, 전문가의 의견, 연구 결과, 논리적 합리성, 감정에 호소하기와 같은 다양한 지원 요인들을 사용하기 때문이다.

다양한 매체 연설문의 유형은 청자나 독자를 설득하고, 그들에게 뭔가에 대해 알리고, 재미를 주는 오락성을 통합한다. 어떤 연설문은 논리적일 수 있고, 어떤 연설문은 감성적일 수 있다. 중요한 것은 연설문의 연사가 말하고자 하는 것과 연사가 어떻게 말하는가를 찾아가는 것이 중요하다. 이것은 끊임없는 질문을 통한 비판적인 독자가 되어 연설문을 읽어야 한다는 말이다.

■ 탐구읽기 : 평가하기와 종합하기

탐구읽기를 위해 먼저, 인터넷에서 교과주제관련 연설문의 위치를 찾아야 한다. 과학교과에서 자연의 중요성에 대한 연설문을 검색엔진으로 찾고 이 연설문의 위치를 지정하고 나서 이를 비판적으로 읽도록 한다. 이제 2가지 팁을 따라가면서 감성에 호소하는 설득적 연설문을 천천히 조심스럽게 읽어보도록 한다.

우리는 모두 형제들이다.

— 인디언 추장 시애틀

워싱턴 대추장이 우리 땅을 사고 싶다는 전갈을 보내 왔다. 대 추장은 우정과 선의의 말도 함께 보내 왔다. 그가 답례로 우리의 우의를 필요로 하지 않는다는 것을 잘 알고 있으므로 이는 그로서는 불친절한 일이다. 하지만, 우리는 그대들의 제안을 진지하게 고려해 볼 것이다. 우리가 땅을 팔지 않으면 백인이 총대를 들고 와서 우리의 땅을 빼앗을 것임을 우리는 알고 있다.

그대들은 어떻게 저 하늘이나 땅의 온기를 사고팔 수 있는가? 우리로서는 이상한 생각이다. 공기의 신선함과 반짝이는 물을 우리가 소유하고 있지도 않은데 어떻게 그대들에게 팔 수 있다는 말인가? 우리에게는 이 땅의 모든 부분이 거룩하다. 빛나는 솔잎, 모래 기슭, 어두운 숲 속 안개, 맑게 노래하는 온갖 벌레들, 이 모두가 우리의 기억과 경험 속에서는 신성한 것들이다. 나무속에 흐르는 수액은 우리 홍인(紅人)의 기억을 실어 나른다. 백인들은 죽어서 별들 사이를 거닐 적에 그들이 태어난 곳을 망각해 버리지만, 우리가 죽어서도 이 아름다운 땅을 결코 잊지 못하는 것은 이것이 바로 우리 홍인의 어머니이기 때문이다. 우리는 땅의 한 부분이고 땅은 우리의 한 부분이다. 향기로운 꽃은 우리의 자매이다. 사슴, 말, 큰 독수리, 이들은 우리의 형제들이다. 바위산 꼭대기, 풀의 수액, 조랑말과 인간의 체온 모두가 한 가족이다.

워싱턴의 대추장이 우리 땅을 사고 싶다는 전갈을 보내온 것은 곧 우리의 거의 모든 것을 달라는 것과 같다. 대추장은 우리만 따로 편히 살 수 있도록 한 장소를 마련해 주겠다고 한다. 그는 우리의 아버지가 되고 우리는 그의 자식이 되는 것이다. 그러니 우리의 땅을 사겠다는 그대들의 제안을 잘 고려해 보겠지만, 우리에게 있어 이 땅은 거룩한 것이기에 그곳은 쉬운 일이 아니다. 개울과 강을 흐르는 이 반짝이는 물은 그저 물이 아니라 우리 조상들의 피다. 만약 우리가 이 땅을 팔 경우에는 이 땅이 거룩한 것이라는 사실을 기억해 달라. 거룩할 뿐만 아니라, 호수의 맑은 물속에 비추인 신령스러운 모습들 하나하나가 우리네 삶의 일들과 기억들을 이야기해 주고 있음을 아이들에게 가르쳐야 한다. 물결의 속삭임은 우리 아버지의 아버지가 내는 목소리이다. 강은 우리의 형제이고 우리의 갈증을 풀어 준다. 카누를 날라다 주고 자식들을 길러 준다. 만약 우리가 땅을 팔게 되면 저 강들이 우리와 그대들의 형제임을 잊지 말고 아이들에게 가르쳐야 한다. 그리고 이제부터는 형제에게 하듯 강에게도 친절을 베풀어야 할 것이다.

아침 햇살 앞에서 산안개가 달아나듯이 홍인은 백인 앞에서 언제나 뒤로 물러났지만, 우리 조상들의 유골은 신성한 것이고 그들의 무덤은 거룩한 땅이다. 그러니 이 언덕, 이 나무, 이 땅덩어리는 우리에게 신성한 것이다. 백인은 우리의 방식을 이해하지 못한다는 것을 우리는 알고 있다. 백인에게는 땅의 한 부분이 다른 부분과 똑같다. 그는 한밤중에 와서는 필요한 것을 빼앗아 가는 이방인이기 때문이다. 땅은 그에게 형제가 아니라 적이며, 그것을 다 정복했을 때 그는 또 다른 곳으로 나아간다. 백인은 거리낌 없이 아버지의 무덤을 내팽개치는가 하면 아이들에게서 땅을 빼앗고도 개의치 않는다. 아버지의 무덤과 아이들의 타고난 권리는 잊혀 진다. 백인은 어머니인 대지와 형제인 저 하늘을 마치 양이나 목걸이처럼 사고 약탈하고 팔 수 있는 것으로 대한다. 백인의 식욕은 땅을 삼켜 버리고 오직 사막만을 남겨 놓을 것이다.

모를 일이다. 우리의 방식은 그대들과 다르다. 그대들의 도시의 모습은 홍인의 눈에 고통을 준다. 백인의 도시에는 조용한 곳이 없다. 봄 잎새 날리는 소리나 벌레들의 날개 부딪치는 소리를 들을 곳이 없다. 홍인이 미개하고 무지하기 때문인지는 모르지만, 도시의 소음은 귀를 모독하는 것만 같다. 쏙독새의 외로운 울음소리나 한밤중에 못가에서 들리는 개구리 소리를 들을 수가 없다면 삶에는 무엇이 남겠는가? 나는 홍인이라서 이해할 수가 없다. 인디언은 연못 위를

쏜살같이 달려가는 부드러운 바람소리와 한낮의 비에 씻긴 바람이 머금은 소나무 내음을 사랑한다. 만물이 숨결을 나누고 있음으로 공기는 홍인에게 소중한 것이다. 짐승들, 나무들, 그리고 인간은 같은 숨결을 나누고 산다. 백인은 자기가 숨 쉬는 공기를 느끼지 못하는 듯하다. 여러 날 동안 죽어 가고 있는 사람처럼 그는 악취에 무감각하다.

그러나 만약 우리가 그대들에게 땅을 팔게 되더라도 우리에게 공기가 소중하고, 또한 공기는 그것이 지탱해 주는 온갖 생명과 영기(靈氣)를 나누어 주고 간다는 사실을 그대들은 기억해야만 한다. 우리의 할아버지에게 첫 숨결을 베풀어준 바람은 그의 마지막 한숨도 받아 준다. 바람은 또한 우리의 아이들에게 생명의 기운을 준다. 우리가 우리 땅을 팔게 되더라도 그것을 잘 간수해서 백인들도 들꽃들이 향기로워진 바람을 맛볼 수 있는 신성한 곳으로 만들어야 한다.

우리는 우리의 땅을 사겠다는 그대들의 제안을 고려해 보겠다. 그러나 제의를 받아들일 경우 한 가지 조건이 있다. 즉 이 땅의 짐승들을 형제처럼 대해야 한다는 것이다. 나는 미개인이니 달리 생각할 길이 없다. 나는 초원에서 썩어 가고 있는 수많은 물소를 본 일이 있는데 모두 달리는 기차에서 백인들이 총으로 쏘고는 그대로 내버려 둔 것들이었다. 연기를 뿜어내는 철마가 우리가 오직 생존을 위해서 죽이는 물소보다 어째서 더 소중한지를 모르는 것도 우리가 미개인이기 때문인지 모른다. 짐승들이 없는 세상에서 인간이란 무엇인가? 모든 짐승이 사라져 버린다면 인간은 영혼의 외로움으로 죽게 될 것이다. 짐승들에게 일어난 일은 인간들에게도 일어나게 마련이다. 만물은 서로 맺혀져 있다.

그대들은 아이들에게 그들이 딛고 선 땅이 우리 조상의 뼈라는 것을 가르쳐야 한다. 그들이 땅을 존경할 수 있도록 그 땅이 우리 종족의 삶들로 충만해 있다고 말해 주라. 우리가 우리 아이들에게 가르친 것을 그대들의 아이들에게도 가르치라. 땅은 우리 어머니라고. 땅 위에 닥친 일은 그 땅의 아들들에게도 닥 칠 것이니, 그들이 땅에다 침을 뱉으면 그것은 곧 자신에게 침을 뱉는 것과 같다. 땅이 인간에게 속하는 것이 아니라 인간이 땅에 속하는 것임을 우리는 알고 있다. 만물은 마치 한 가족을 맺어 주는 피와도 같이 맺어져 있음을 우리는 알고 있다. 인간은 생명의 그물을 짜는 것이 아니라 다만 그 그물의 한 가닥에 불과하다. 그가 그 그물에 무슨 짓을 하든 그것은 곧 자신에게 하는 짓이다.

그러나 우리는 우리 종족을 위해 그대들이 마련해 준 곳으로 가라는 그대들의 제의를 고려해 보겠다. 우리는 떨어져서 평화롭게 살 것이다. 우리가 여생을 어디서 보낼 것인가는 중요하지 않다. 우리의 아이들은 그들의 아버지가 패배의 굴욕을 당하는 모습을 보았다. 우리의 전사들은 수치심에 사로잡혔으며 패배한 이후로 헛되이 나날을 보내면서 단 음식과 독한 술로 그들의 육신을 더럽히고 있다. 우리가 어디서 우리의 나머지 날들을 보낼 것인가는 중요하지 않다. 그리 많은 날이 남아 있지도 않다. 몇 시간, 혹은 몇 번의 겨울이 더 지나가면 언젠가 이 땅에 살았거나 숲속에서 조그맣게 무리를 지어 지금도 살고 있는 위대한 부족의 자식들 중에 그 누구도 살아남아서 한때 그대들만큼이나 힘세고 희망에 넘쳤던 사람들의 무덤을 슬퍼해 줄 수도 없을 것이다. 그러나 내가 왜 우리 부족의 멸망을 슬퍼해야 하는가? 부족이란 인간들로 이루어져 있을 뿐 그 이상은 아니다. 인간들은 바다의 파도처럼 왔다가 간다. 자기네 하느님과 친구처럼 함께 걷고 이야기하는 백인들조차도 이 공통된 운명에서 벗어날 수는 없다. 결국 우리는 한 형제임을 알게 되리라.

백인들 또한 언젠가는 알게 되겠지만 우리가 알고 있는 한 가지는 우리 모두의 하느님은 하나라는 것이다. 그대들은 땅을 소유하고 싶어 하듯 하느님을 소유하고 있다고 생각할지 모르지만 그곳은 불가능한 일이다. 하느님은 인간의 하느님이며 그의 자비로움은 홍인에게나 백인에게나 똑같은 것이다. 이 땅은 하느님에게 소중한 것이므로 땅을 해치는 것은 그 창조주에 대한 모욕이다. 백인들도 마찬가지로 사라져 갈 것이다. 어쩌면 다른 종족보다 더 빨리 사라질지 모른다. 계속해서 그대들의 잠자리를 더럽힌다면 어느 날 밤 그대들은 쓰레기 더미 속에서 숨이 막혀 죽을 것이다. 그러나 그대들이 멸망할 때 그대들은 이 땅에 보내 주고 어떤 특별한 목적으로 그대들에게 이 땅과 홍인을 지배할 권한을 허락해 준 하느님에 의해 불태워져 환하게 빛날 것이다. 이것은 우리에게는 불가사의한 신비이다. 언제 물소들이 모두 살육되고 야생마가 길들여지고 은밀한 숲 구석구석이 수많은 인간들의 냄새로 가득 차고 무르익은 언덕이 말하는 쇠줄(電話線)로 더럽혀질 것인지를 우리가 모르기 때문이다. 덤불이 어디에 있는가? 사라지고 말았다. 독수리는 어디에 있는가? 사라지고 말았다. 날랜 조랑말과 사냥에 작별을 고하는 것은 무엇을 의미하는가? 삶의 끝이자 죽음의 시작이다.

우리 땅을 사겠다는 그대들의 제의를 고려해 보겠다. 우리가 거기에 동의한다면 그대들이 약속한 보호구역을 가질 수 있을 것이다. 아마도 거기에서 우리는 얼마 남지 않은 날들을 마치게 될 것이다. 마지막 홍인이 이 땅에서 사라지고 그가 다만 초원을 가로질러 흐르는 구름의 그림자처럼 희미하게 기억될 때라도, 이 기슭과 숲들은 여전히 내 백성의 영혼을 간직하고 있을 것이다. 새로 태어난 아이가 어머니의 심장 고동을 사랑하듯이 그들이 이 땅을 사랑하기 때문이다. 그러므로 우리가 땅을 팔더라도 우리가 사랑했듯이 이 땅을 사랑해 달라. 우리가 돌본 것처럼 이 땅을 돌보아 달라. 당신들이 이 땅을 차지하게 될 때 이 땅의 기억을 지금처럼 마음속에 간직해 달라. 온 힘을 다해서, 온 마음을 다해서 그대들의 아이들을 위해 이 땅을 지키고 사랑해 달라. 하느님이 우리 모두를 사랑하듯이.

한 가지 우리는 알고 있다. 우리 모두의 하나님은 하나라는 것을. 이 땅은 그에게 소중한 것이다. 백인들도 이 공통된 운명에서 벗어날 수는 없다. 결국 우리는 한 형제임을 알게 될 것이다.

시애틀 추장 / 미국 서부 지역에 거주하던 두아미쉬·수쿠아미쉬 족(族)의 추장이었다. 1854년, 미합중국 대통령 피어스는 백인 대표단을 파견하여 이 인디언 부족이 전통적으로 살아온 땅을 팔 것을 제안했다. 지금의 워싱턴 주(洲)에 해당하는 인디언들의 삶터를 차지하는 대신 인디언 보호 구역을 주겠다는 것이 백인 정부의 제안이었다. 여기에 대하여 몸집이 장대하고 우렁찬 목소리를 가졌다고 전해지는 시애틀 추장이 답한 것이 이 연설문이다. 그의 연설은 오늘날 환경과 자연에 대한 분별 없는 파괴의 결과로 인하여 전인류가 심각한

고통에 직면하게 된 시대에 오히려 생생한 호소력을 지니고 있다.

〈번역본 출처 : http://www.greenreview.co.kr/〉
〈영어원문 참조 : http://www.halcyon.com/arborhts/chiefsea.html〉

위의 연설문에서 연설문의 3가지 중요한 점을 찾아보도록 한다. 위의 연설문은 전형적인 감성에 호소하는 설득적 연설문이다. 연설문은 대체로 서론, 본론과 결론으로 전개하는 표준방식을 따른다. 연설문의 연사는 서문에서 연사의 관점이나 중심 생각을 설명한다. 본론에서 그 생각을 지지하는 증거를 준다. 그리고 결론은 그것을 재설명한다. 때로 연설문의 연사는 본론에서 자신의 관점에 반대 점을 제시해 주기도 한다.

다양한 매체 연설문들은 일정한 형식을 따르지 않고 전개되기도 한다. 어떤 연설은 3가지 (서론, 본론, 결론)부분을 포함하지 않을 수도 있고, 어떤 연사는 서론에서 생각이나 관점을 설명하지 않을 수도 있다. 하지만 다양한 매체 연설문을 읽을 때는 이 3가지 부분을 찾아보는 것이 중요하다. 다양한 매체 연설문 읽기습관은 연사의 생각에 대한 전개 순서를 따르는 것이 바람직하다. 연설문 읽기에서 3가지 부분을 확인하는 방식은 다음과 같은 전개도식을 사용하면 효과적이다.

〈넌픽션 연설문의 전개도식〉

제목(Title)	Ceatle's Letter
주제(Subject)	자연의 소중함
서론(Introduction)	• 신개발이 자연의 땅을 침해할 수 있다.
본론(Body)	• 천하의 아름답고 가치로운 생물체(식물과 동물, 우리의 형제들)들이 숨 쉬는 땅이다.
결론(Conclusion)	• 우리는 한 형제고, 우리 형제가 사는 땅을 소중하게 다루어라.

다양한 매체 연설문의 전개에 대한 전체적인 감각을 갖기 위해서는 연사의 관점에 관심을 갖는 것과 연사가 어떻게 이를 지지하는가에 초점을 두어야 한다. 인디안 추장은 제목에서 전달하고자 하는 의견을 대화로 시도하고 있다. 서론 단락에서 연사는 미

국 대통령이 자연을 침해할 수 있을 거라는 점을 잃지 말라고 말한다. 연설의 본론에서는 자연의 아름다움과 가치있음에 대해 지지하는 예시를 제시한다.

이 연사는 어떤 지지 방식을 표현하고 있는가? 다양한 매체 연설문에서 지지글은 사실, 통계나 목격, 증거라고 생각되는 인용을 사용하지 않는다. 연설문의 본론을 자세히 읽기 위해서는 다음과 같은 중심생각의 조직도를 사용하면 효과적이다.

〈일반적인 설득이나 연설문의 기술(Laura. R., 2002 참조)〉

제목 (Title)	• Ceatle's Letter			
중심생각 (Main Idea)	• 자연에 대한 사랑			
내용 (Details)				
결론 (Conclusion)				

연설문은 자연과 기술, 아날로그와 디지털, 원주민과 선진인들 간의 비교와 대조기법을 사용하며 개발을 통한 자연의 훼손을 우려하고, 자연을 사랑하는 마음을 독자에게 전하는 내용이다.

■ 쓰기 : 평가하기, 종합 및 요약하기와 소통하기

교과주제관련 디지털매체 설득적 연설문 읽기를 하고 하면, 학생들은 연사가 설득하고자 하는 내용을 연사는 어떤 입장과 위치를 취하는 지에 대해 생각해보는 시간이 필요하다. 학생들은 연가가 설득하고자 하는 내용을 이해하려고 노력하기보다는 연사의 주장이 설득적이고 의미 있는 주장인지에 대해 판단하고 평가하는 시간을 갖는 것이 더 중요하다. 연설문을 읽는 동안, 학생들은 알아두어야 할 사항이나 학생자신의 주관적 판단을 적어두면, 연사의 관점, 입장과 위치를 이해하고, 어떻게 지지할지를 알게 된다. 하지만 연설문의 내용에 대한 효과성을 평가하기 전에 연설문을 다시 읽어보도록 한다. 이 경우 학생들은 연사가 독자들을 설득하기 위해 사용한 기술을 찾아보는 다시읽기활동이 필요하다.

〈일반적인 설득적 연설문의 기술〉(Laura. R., 2002 참조)

1. 우세한 쪽/인기 있는 쪽	모든 사람이 동의하는지, 모든 사람이 그것을 인정하고 있는지
2. 속임수를 쓰다	긍정적인 면이 언급되고, 비호의적인 사실은 제외되는지
3. 보통 사람들에 호소	모든 사람이 그것을 지지하는지
4. 폭 넓은 일반화	예시가 거의 없고 광범위한 설명만 주어지는지
5. 속물근성에 호소	최적의 사람들이 그것을 지지하는지
6. 순환적 사고	결론은 서론을 단지 재설명하는지
7. 무게감 있는 어휘들	강력한 감정적 주장을 가진 단어는 무엇인지 – 자연, 사랑, 개발, 애국심 등이 사용되는지

위의 설득적 연설문에서 연사인 추장은 그의 관점을 증거하기 위해 사실, 통계나 전문가의 의견을 사용하지 않는다. 추장의 연설은 굉장한 감정적 힘을 가진다. 연사가 사용한 기술은 무엇인가? 그가 자연의 소중함을 묘사하기 위해 사용된 무게감 있는 단어나 표현들을 다시 정리해 보도록 한다.

〈무게감 있는 어휘나 구문들〉

무게감 있는 단어들 (Loaded Words)	• 자연, • 사랑, • 형제, • 수액, • 홍인 ……

위의 설득적 연설문의 힘은 머리가 아니고 가슴이나 감성에 호소하는 절실한 심정이 전해진다. 추장의 연설은 긍정적 인용이나 부정적 인용을 비교하면서 강력한 감성적 묘사언어를 사용한다. 연설문은 자신의 삶을 사랑하는 사람의 영감적 초상화를 그려낸다. 이러한 설득적 연설문을 독자로서 비판적으로 읽는다면 연사가 말하는 것을 쉽게 이해하게 될 것이고, 그 주장이 효과적인지 아닌지. 설득력이 있는지 아닌지를 판단할 수 있게 될 것이다. 요약하면, 다양한 매체읽기를 하는 학생들은 연설문이 언제 어디서 주어졌고, 독자나 청자는 누구였는지를 알아야 한다. 일반적으로 많은 연설문은 서론, 본론, 결론의 3가지 부분을 가진다. 그리고 연설문에서 연사의 관점을 알아내기 위해 질문을 통한 비판적인 읽기전략을 사용하고, 연설문은 얼마나 지지를 잘하는지에 대

해 연설문을 평가하도록 한다. 마지막으로 무게감이 있는 언어나 인기를 호소하는 일반적인 선전기술에 대해서도 관심을 가져야 한다. 특히 학생들은 교과주제관련 궁금한 문제에 대해 연설문을 작성하여 이를 다른 학생들 앞에서 연설하도록 한다. 학생들은 연설광경을 비디오로 찍어 교실 위키나 블로그에 탑재하여 공유하도록 한다. 학생들은 서로 피드백을 공유할 수 있다.

넌픽션 (신문)기사 텍스트 읽기를 통한 뉴 리터러시 수업

교과주제통합수업에서 교과주제는 세상에서 일어난 것들 만큼이나 다양하다. 교과주제와 관련해 알고자 하는 것을 찾는 학생들은 일본의 지진에 대한 뉴스일 수도 있고, 아니면 LA 다저스의 야구시합 결과에 대한 뉴스거리를 찾을 수도 있다. 세상이나 지역사회에서 일어나는 많은 사건·사고들을 찾는 방법은 디지털매체를 통해 뉴스를 읽음으로써 가능하다. 인터넷을 검색하며 교과주제관련 로봇에 대한 뉴스기사를 읽게 될 수도 있다. 디지털매체에서 많은 뉴스거리를 읽고 교과주제관련 궁금한 점에 대한 답을 얻을 수 있는 기사들은 취하고, 그 기사의 위치를 지정한다. 이렇듯 교과주제관련 다양한 매체신문 읽기를 할 때, 찾고자 한 정확한 신문기사의 위치를 지정하도록 한다.

디지털매체 e-신문읽기는 비판적 읽기전략을 사용하여 어떤 뉴스기사가 있는지를 먼저 확인하도록 한다. 디지털매체 e-신문을 잘 읽기 위해서는 우선 뉴스기사 전개방식을 이해하는 것이 중요하다.

■ 질문을 통한 비판적 묻는 읽기 : 질문하기와 기사 위치지정하기

디지털매체 뉴스 읽기는 빠른 읽기를 할 때 도움이 된다. 정보를 평가하고, 뉴스내용에 대한 자신의 의견을 굳히는 데도 도움이 된다.

· 목표정하기를 위한 질문하기

어떤 사람도 신문에서 간단한 기사를 다 읽는 사람은 거의 없다. 신문을 읽을 때는 헤드라인을 훑어보고 흥미나 호기심에 기반해서 읽고 싶은 기사를 선택한다. 이는 교과주제관련 디지털매체읽기를 하는 경우, 교과주제와 관련된 내용인지를 평가하기 위해 빠르게 훑어보고, 정보위치지정을 할 것인지를 결정하는 경우에 사용하는 읽기전략과 비슷하다. 신문의 헤드라인은 신문기사의 주제내용에 대한 비밀정보를 제공해준다. 다양한 매체 신문에서 재미로 뉴스기사를 읽기도 한다. 때론 학교 프로젝이나 교과주제통합수업에서 과제나 문제해결를 위해 특별한 정보가 필요하기 때문에 신문기사를 찾아 읽기도 한다.

일단 교과주제관련 특별한 기사를 인터넷에서 검색하여 읽기로 결정했다면, 이때 읽기목적은 기사가 교과주제에 대해 무엇을 말하는지에 대한 질문을 하고 이에 답을 찾아야 한다. 읽기목적을 정하는 방법은 헤드라인에서 몇 가지 단어를 취하고, 질문을 만들기 위해 헤드라인을 사용한다. 예를 들어, 헤드라인으로 가능한 질문은 다음과 같다.

폭염 속 '차량 관리' 잘못하면 대형사고, 예방법은?
How the Most Dangerous Place on Earth Got Safer?
(지구에 가장 위험한 장소가 어떻게 하면 안전하게 될 수 있을까?)

이 질문에 대해 어떻게 생각하는가? 헤드라인에 대한 질문을 만들어 뉴스 기사가 무엇에 대한 것인지를 알게되면 읽기목적은 달라질 수 있다. 학생 스스로가 읽고 싶고, 자신에게 유익하고, 의미 있는 질문을 만들어보면 교과주제관련 문제에 대한 다양한 매체 신문읽기에서 보다 많은 것을 얻게 될 것이다.

· 다양한 매체 신문기사에 대한 질문으로 예견하기

교과주제통합학습에서 교과주제관련 질문이나 문제해결을 위해 다양한 매체읽기를 해야 하는 경우에 뉴스 기사를 읽게 되는 경우가 있다. 뉴스기사는 읽기를 빨리 서두르는 학생들을 위해 쓰여 있기 때문에 뉴스 헤드라인을 보고 기사내용을 예견하기가 쉽다. 기사를 힐긋 보고서 몇 가지를 점검해봐야 한다. 이러한 읽기전략은 교과주제학습에서 다양한 매체읽기를 통해 원하는 정보를 찾아야 할 때, 사이트마다 주어진 정보를 모두 다 읽을 수 없으므로, 힐끗 읽어보고 원하는 정보인지 아닌지를 평가해야 하는 경우에 사용하는 읽기전략과 비슷하다. 이러한 읽기전략은 신문기사의 헤드라인이나 기사작성자에 대해 힐끗 읽어보거나, 기사들에서 반복되고 볼드체로 쓰인 큰 글씨 단어들이나 사진이나 사진아래 쓰인 설명캡션, 그리고 지도, 도표, 차트 같은 것을 빨리 훑어봐야 할 때 사용된다.

다양한 매체 뉴스 기사는 'lead'라고 부른다. 신문기사 읽기목적은 독자의 관심을 잡는 데 있다. 신문기사 읽기에서 독자가 해야 하는 가장 중요한 질문은 5W's이다. 5W's 전개도는 'lead'라는 뉴스기사에서 정보를 추적하기 위해 사용된다.

다양한 매체의 뉴스기사 내용추적을 위한 5W's 조직도는 다음과 같다(Laura. R., 2002 참조).

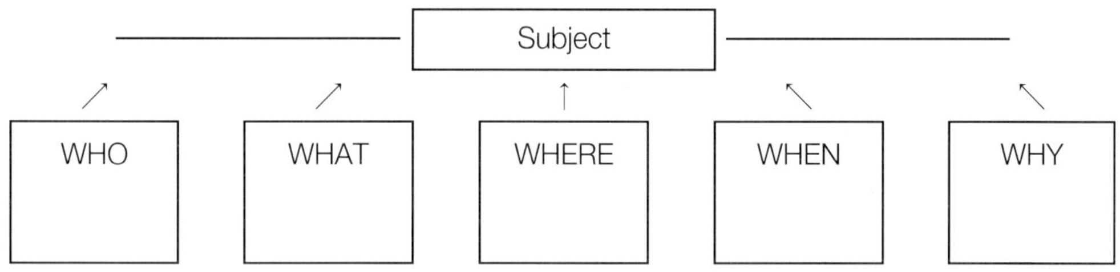

뉴스나 신문기사의 내용을 예견하기 위해 5W's에 어떻게 답할지를 보도록 한다.

폭염 속 '차량 관리' 잘못하면 대형사고, 예방법은?

◀ 앵커 ▶
요즘 같은 폭염에는 자동차도 곧잘 말썽을 일으킵니다.
특히 타이어나 브레이크 같은 중요 부품에 문제 생기기가 쉬워 잘 살피셔야 되는데, 어딜 어떻게 관리해야 하는지 조현용 기자가 알려드립니다.

◀ 리포트 ▶
타이어가 터진 차량이 갑자기 중심을 잃고 뒤집히고, 브레이크 이상으로 쓰러진 트럭은 도로 한가운데를 막아섰습니다. 모두 무더위에 차량 이상이 생겨 발생한 사고들입니다.
실제 지난달 타이어 파손으로 인한 긴급 출동 건수는 작년보다 10% 이상 늘었는데, 여름철 타이어 관리에서 가장 중요한 건 공기압을 10% 정도 높이는 겁니다.
타이어 공기압이 낮을 경우, 뜨거운 지면에 닿는 면적이 넓어지는데다 열을 받은 타이어가 변형돼 물결처럼 울렁거리는 "스탠딩 웨이브 현상"이 일어나 파손 위험이 커지기 때문입니다.

[김지욱/타이어전문점 대표]
"무더운 여름철에는 타이어 공기압이 낮으면 고속주행 시 새 타이어라고 해도 이상 마모의 원인이 되고요. 오래된 타이어의 경우 타이어 파열의 원인이 되기 때문에 (공기압을 높여야 합니다.)" 브레이크 오일 점검도 필수입니다.
보통 브레이크 오일은 230도까지는 버틸 수 있지만, 여름철 주행 시 브레이크는 250도에 육박할 정도로 뜨거워지기 때문에 오일을 제때 갈지 않으면 차가 서지 않을 수도 있습니다.

[박병일/자동차명장]
"사실 타이어나 냉각수는 점검을 잘해요. 그런데 점검하지 않는 것이 무엇이냐 하면 브레이크 오일이죠. 여름에 수분이 들어간 브레이크 오일이 끓으면 브레이크가 말을 듣지 않게 돼요. 그러면 바로 대형사고로 이어질 수 있습니다."
전문가들은 4만km 주행마다 브레이크 오일을 교환하고, 타이어는 생산한 지 5년이 넘지 않은 제품, 즉 산화가 덜 된 제품을 사용할 것을 조언합니다.
MBC뉴스 조현용입니다.

〈출처 : http://imnews.imbc.com/replay/2016/nwdesk/article/4074218_19842.html〉

· 질문을 통해 읽기계획하기

다양한 매체 신문기사 읽기에서 질문을 통한 예견하기 활동을 통해 배운 것은 무엇인가? 다양한 매체 신문기사에서 얼마나 많은 것을 배우게 되는지 알아보도록 한다.

〈신문기사의 주제와 내용 확인을 위한 도식〉(Laura. R., 2002 참조)

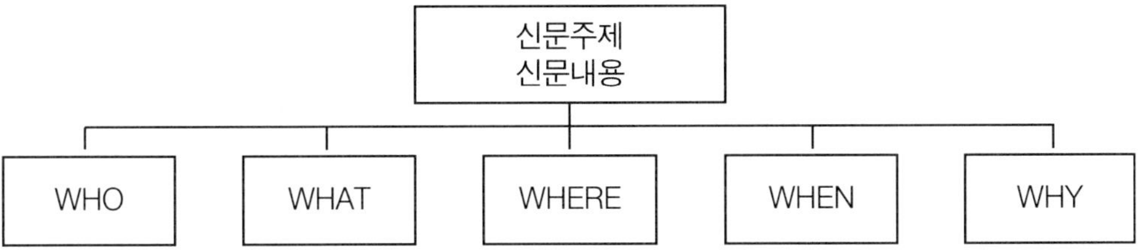

다양한 매체 신문 기사를 읽기 위해 왜 읽기계획이 필요한가? 왜 다른 읽기활동을 해야 하는가? 사실 신문 기사를 잘 읽는 학생들은 신문 기사를 읽을 때 마음속으로 읽기계획을 세우고 읽기전략을 사용하기 때문이다.

교과주제관련 디지털매체 신문 기사 읽기는 질문을 통한 비판적 읽기전략을 사용해야 한다. 질문을 통한 비판적 읽기전략은 교과주제통합학습에서 다양한 매체읽기로 연결하는 뉴 리터러시 학습에서 가장 중요한 스킬(질문하기와 비판적 탐구읽기) 중 하나이기도 하다. 때문에 교과주제관련 질문이나 문제에 답을 찾기 위해 인터넷 온라인 상에서 디지털매체의 신문 기사를 잘 읽은 학생은 주로 질문을 통한 비판적 읽기전략을 사용한다.

다양한 매체 신문 기사 읽기에서 질문을 통한 비판적 묻는 읽기는 어떤 읽기를 의미하는가? 학생들이 다양한 매체 신문 기사를 읽을 때, 질문을 통한 비판적 묻는 읽기는 신문 기사를 쓴 작가의 관점을 보기 위해 기사에 보도된 사실 이상을 보는 것을 의미한다. 이 기사에 대해 작가의 확신이 있는지를 평가하고, 그에 대한 증거들도 평가한다. 결국, 다양한 매체 신문기사의 비판적 묻는 읽기는 작가가 기사에 중요한 정보를 남긴 것을 독자가 찾아 확인하는 것을 의미한다.

■ 탐구읽기 : 평가하기와 종합하기

다양한 매체 신문기사는 짧은 기사라도 특별한 생각을 학생들의 머릿속에 남길 수 있다. 긴 기사들은 이어지는 뉴스나 신문기사내용을 차트로 작성해보는 것이 뉴스나 신문기사내용을 이해하는 데 효과적이다. 비판적 탐구읽기를 위한 질문 차트는 기사화된 사실에 대한 증거를 정리하고 평가하도록 도와준다.

〈신문기사 비판적 읽기를 위한 질문 만들기(Laura. R., 2002 참조)〉

질문들	자기생각
• 중심생각이나 관점이 명확한가?	주제에 대한 작가의 의견이나 중심생각을 찾아라.
• 어떤 증거가 제시되었는가?	증거에는 사실, 통계, 전문가의 인용문, 목격자의 설명과 개인적인 경험들도 포함될 수 있다.
• 자료들이 실제적이고 신뢰적인가?	실제적인 자료는 많은 경험과 전문지식을 가진 것이다. 신뢰 있는 자료는 편견이 없는 것이다.
• 증거가 확신하고 있는가?	얼마나 많은 증거가 어떻게 제시되는지를 평가하라.
• 이 사건의 이야기에 다른 측면이 있는가?	뉴스기사는 오직 이야기의 한면을 제공한다. 가능한 반대관점을 확인할 필요가 있다.

이 같은 다양한 매체 신문기사의 비판적 읽기를 위한 질문 차트는 사실이나 의견을 분류하여, 질문을 통해 읽을 것에 대해 독자에게 상기시킨다. 이 같은 질문을 통해 비판적 탐구읽기를 하는 사람은 스토리의 각도를 달리 보고, 믿는 것에 대해서나 신문기사 내용에 대해서도 끊임없이 평가한다.

다양한 매체 신문 기사 읽기과정에서 첫 단계는 오직 몇 분간 모든 기사들에 대해 읽을 시간을 갖는 것이다.

• 읽기목적을 찾는 질문을 통한 신문기사 탐구읽기

교과주제관련 질문이나 문제에 답이 되는 기사를 읽는 동안, 읽기목적을 생각하는 것이 중요하다. 신문기사의 기자가 제시해 준 사실과 의견에 관심을 갖도록 한다. 비판적 탐구읽기를 위한 질문 차트에 독자 자신의 생각을 정확하게 적어보도록 한다.

재미로 기사를 읽는다면 쓰기를 할 필요가 없다. 교과주제통합수업의 교과주제과제로 다양한 매체 신문 기사를 읽어야 한다면, 학생들은 위의 기사(폭염 속 '차량 관리' 잘못하면 대형사고, 예방법은?)에 대해 비판적 탐구읽기를 위한 질문 차트를 채워보는 활동을 하도록 한다.

〈비판적 탐구읽기 차트〉

질문들	학생들의 생각
• 중심생이나 관점이 명확한가?	
• 어떤 증거가 제시되었는가?	
• 자료들이 실제적이고 신뢰적인가?	
• 증거가 확신하고 있는가?	
• 이 사건의 이야기에 다른 측면이 있는가?	

주어진 신문/뉴스기사에 대해 학생들은 어떻게 생각하는가? 질문에 어떻게 답을 할 것인가? 등에 대해 차트에 답을 해 볼 시간을 갖고 신문 기사 기자가 제공하는 증거들이 신뢰적이고 설득적인지, 또는 그렇지 않은지를 확인할 필요가 있다.

• 신문기사의 전개방식을 확인하는 탐구읽기

다양한 매체 신문 기사를 제대로 이해하기 위해서는 신문 기사들이 어떻게 전개되는지를 알아보는 것이 중요하다. 신문기사에서 정보가 어떻게 전개되는가를 이해한다면 교과주제관련 원하는 사실과 의견을 찾기가 쉬워진다. 다양한 매체 뉴스 기사는 일반적으로 역피라미드(inverted pyramid)라고 불리는 표준전개방식을 따른다. 표준전개방식에서 '도입(lead)'은 가장 중요한 것에서 가장 덜 중요한 순서로 표현되며 상세한 내용에 의해 이어지는 전개방식을 의미한다. 도입과 구체적 내용(details)은 기본적인 신문기사 질문(5W's : who, what, where, when, and why)을 통해 찾아보도록 한다.

〈역발상적 피라미드〉(Laura. R., 2002 참조)

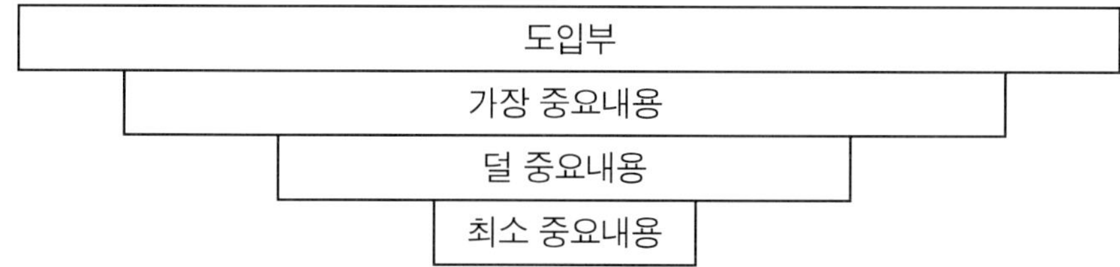

교과주제관련 다양한 매체 기사 텍스트는 일반적으로 역피라미드 전개방식을 따른다. 다양한 매체 신문 기사의 시작을 다시 돌아가 보면 알 수 있겠지만, 신문 기사는 보통 기사를 읽을 독자의 관심을 끌고자 하는 점을 강조하며 서두를 시작한다. 그래서 첫 몇 개의 짤막한 단락은 흥미롭고 자극적인 표현으로 시작한다.

〈신문 기사의 도입부분 : 앵커가 도입〉

who	조현용 기자
what	자동차나 트럭.
where	도로 한가운데
when	지난달, 요즘
why	타이어나 브레이크 같은 중요 부품에 스탠딩 웨이브 현상

• 신문기사 내용들을 종합하고 이를 자신의 경우와 연결하기

다양한 매체 뉴스 기사들을 정리하여 교과주제에 맞도록 종합한다. 그리고 교과주제와 읽기목적에 맞도록 종합된 기사내용을 학생 자신의 생각이나 경험과 연결하는 것은 정보를 자신에게 더 의미 있고 기억하게 해준다. 그리고 다양한 매체 뉴스 기사를 자신의 생각, 질문이나 반응과 연결해보는 읽기활동은 기사내용을 더 의미있게 해준다. 이를 위해 교과주제관련 다양한 매체 신문이나 뉴스 기사들에 대해 독자들이 어떻게 반응하는지에 관심을 갖도록 한다.

폭염 속 '차량 관리' 잘못하면 대형사고, 예방법은?의 제목을 가진 신문기사에 대한 독자의 반응은 다음과 같다.

• 무더위가 매우 심한가 보구나.
• 냉각기나 타이어를 점검하는 것은 무더위에 좋은 생각인가?

교과주제관련 다양한 매체 신문기사 내용들을 종합하여 자신의 경험이나 생각과 연결을 만들기 위해 다양한 질문을 해야 한다. 교과주제관련 문제에 디지털매체 뉴스기사

가 답을 갖고 있지 않다면, 학생 자신에게 다른 질문을 하면서 다른 사이트 뉴스기사를 찾아볼 수 있다. 뉴스 기사를 찾았다 해도 그 기사가 믿을만한 기사인지도 평가해야 한다. 좋은 신문이나 뉴스기사 작가는 사실이나 스토리의 다른 면을 표현하기도 한다. 다양한 매체 뉴스기사나 신문 기사를 읽을 때, 학생이 읽는 기사가 어떤 이야기를 하는지에 대한 질문을 해보는 시간을 갖는 것이 좋다. 질문을 통해 기사들을 평가하고, 평가된 기사들을 교과주제나 읽기목적에 맞도록 종합하는 일은 다양한 매체 신문/뉴스 기사를 비판적으로 탐구읽기 한 것이다.

■ 쓰기 : 종합하고 소통하기, 그리고 피드백하기

일반적으로 사람들은 뉴스기사를 빠르게 훑어 읽는다. 아침을 먹으면서, 차를 운전하면서, TV를 보면서 뉴스 기사를 훑어 읽는다. 아니면 인터넷을 켜자마자 뉴스기사를 읽기도 한다. 또는 교과주제관련 인터넷에서 관련 뉴스기사를 찾아 읽어야 할 때가 있다. 네이버에서는 뉴스기사를 메인화면에 신문사별로 정리해서 보여준다. 때문에 한꺼번에 교과주제관련 원하는 기사를 클릭해서 빠르게 훑어볼 수 있다. 특별한 기사를 찾았다면 빨리 읽어야 한다. 그래서 신문 기사를 읽을 때는 기사내용에 대해 생각할 시간을 갖지 못하는 경우가 많다. 때문에 교과주제관련 특별한 신문 기사를 읽을 때는 읽었던 내용을 기억해야 한다. 신문기사에서 교과주제관련 질문에 답을 찾고, 후에 그 답을 사용하려면 읽은 후 다양한 읽기활동을 할 시간을 가질 필요가 있다.

• 읽기목적과 주제에 맞는 기사내용에 대해 상기해보기.

교과주제관련 다양한 매체 신문 기사를 읽은 후, 읽기목적과 교과주제관련 질문에 답이 되는 기사내용인지를 다시 돌아보는 시간을 갖는 것이 중요하다. 이는 교과주제관련 읽기목적을 다시 점검하는 시간이다. 읽기목적과 교과주제관련 질문에 답이 되는 기사내용을 종합하기 위해 자신에게 질문을 해보도록 한다.

읽기목적에 맞는 신문 기사인지를 확인할 수 있는 다양한 방법들이 있다. 교과주제관련 다양한 매체 신문 기사를 쓴 작가의 중심 생각이나 관점을 학생 자신의 단어로 설명할 수 있어야 한다. 신문 기사의 전개방식을 이해하고, 교과주제관련 신문기사 내용에 대한 who, what, where, when, why 같은 의문사 질문에 답을 할 수 있어야 한다. 그리고 신문기사 작가가 제시한 증거들이 얼마나 신뢰가 있는지를 판단할 수 있어야 한다.

다양한 매체 뉴스 기사는 학생들끼리 대화를 하기 위한 충분한 자료가 된다. 때문에 교과주제관련 다양한 매체 뉴스기사의 내용을 기억하기 위해, 교과주제관련 읽기목적에 맞는 신문 기사인지에 대해 말해보는 활동을 하도록 한다. 그리고 신문 기사나 특별한 이야기를 읽고 난 후, 기사내용에 대해 기억해내는 방법으로 친구나 교사와 기사내용들에 대해 이야기해보는 활동을 하도록 한다.

• 다시 읽고 요약해서 블로그에 탑재하여 소통하기

어떤 읽기목적이든 뉴스 기사를 빨리 읽는 스킬은 매우 중요하다. 하지만 작가가 말한 것을 잘 이해하기 위해서는 읽었던 신문기사의 일부분을 다시 읽어야 할 필요가 있다. 보다 더 자세한 증거를 실험해야 하거나 알지 못한 단어에 대한 정의를 점검하기 위해 다시 읽기를 하는 경우도 있다. 이를 위해서는 그림이나 그래프를 빨리 읽으면 주요 사실이나 의견을 확인할 수 있다. 또한, 신문 기사에 대해 학생들이 작가의 관점을 이해했는지를 점검하는 방법은 학생 자신의 단어로 중심생각을 다시 설명해보는 것이다.

다양한 매체 신문기사의 읽기전략으로는 기사내용들을 종합하고 요약해보는 활동이 있다. 다시 읽을 때, 중요한 의견을 준 기사의 일부분을 요약해보도록 하는 것이 신문기사의 효과적인 읽기 후 활동이다. 먼저, 신문기사의 주제를 작성하고 작가가 무엇에 관해 말하는지를 작성해보는 것이다. 신문기사의 주제에 대한 중요한 정보 4~5개의 목록을 작성해보도록 한다. 종합하여 요약된 글은 길지 않아야 한다.

〈신문기사의 요약 노트〉

주제(Subject)	내용
작가의 관점 (Author's Viewpoint)	1. 2. 3. 4. 5.

다양한 매체 신문 기사에 대한 요약을 적어보도록 한다. 읽기목적에 맞는 교과주제 관련 다양한 매체 기사들을 30초 요약으로 정리해보도록 한다. 다양한 뉴스 기사를 읽을 때, 학생들이 질문을 통한 비판적 읽기전략을 사용하면 기사들의 다른 면을 보게 된다. 다양한 매체 기사들의 도입부를 찾아보고, 역피라미드 전개에서 중요한 내용을 뽑아보도록 한다. 다음과 같은 요약하기 전략은 정보나 자신의 생각을 추적할 수 있게 해준다.

- 5W's 전개표
- 비판적 읽기 차트
- 요약 노트

다양한 매체의 신문 기사를 읽을 때, 학생들은 이러한 요약읽기전략을 사용하는 것이 중요하다.

5W's 질문에 답이 되는 정보를 찾고, 작가가 표현하고자 하는 메시지 전체에 대해 생각해보도록 한다. 이렇게 작성된 신문기사의 요약본을 자신의 블로그나 교실수업의 위키에 탑재하여 다른 학생들과 공유하고 동료의 피드백을 교환하도록 한다.

넌픽션 실세상 텍스트 읽기를 통한 뉴 리터러시 수업

실세상정보 읽기라고 하는 학교 밖에서 이루어지는 다양한 매체 텍스트 읽기는 학교 안에서 하는 읽기만큼 매우 중요하다. 학교 밖 일상생활에서 이루어지는 정보읽기는 세상에 대한 지식을 갖게 해준다. 이러한 이유 때문에, 실제 세상에서 접하게 되는 정보성 텍스트 읽기를 잘하기 위한 읽기방법을 익히는 것이 중요하다. 때문에 실세상 텍스트의 전개방식을 이해하고, 왜 실세상 텍스트를 읽어야 하는지에 대한 읽기목표를 확인해야 한다. 무엇보다도 실생활에서 필요한 정보를 신속하게 찾기 위해 빨리 읽는 방법도 익혀야 한다.

■ 질문을 통한 비판적 묻는 읽기 : 질문하기와 텍스트 위치 지정하기

교과주제관련 다양한 매체에서 실세상 이야기나 정보읽기를 접하게 된다. 실세상 읽기의 두 가지 유형은 자유읽기와 정보읽기가 있다.

〈실세상 읽기의 두 가지 유형〉

자유읽기	정보읽기
• 실세상 이야기 읽기는 재미를 위한 읽기이다. • 코믹 책 읽기, 이메일 읽기, 친구에게 온 채팅 메시지 등 이들의 읽기 목적은 즐거움이다. • 어떤 사람도 이해를 위한 질문이나 읽기 유형에 대한 질문을 묻는 사람은 없다. • 읽기 유형은 중요하다. 왜냐하면 읽기 속도를 조정하고 어휘를 확장할 수 있기 때문이다.	• 실세상 읽기의 다른 유형은 정보읽기이다. • 시합규정, 소프트웨어를 위한 메뉴얼, 방법, 설명서 등이다. • 정보읽기에서 독자는 정보를 평가하지 않는다. • 하지만, 계획적으로 읽기를 할 필요가 있다.

• 실세상 정보읽기를 위한 질문하기

교과주제관련 디지털매체읽기를 해야 하는 경우, 교과주제 관련 설명서나 브로슈어를 골라서 읽어야 하는 경우가 있다. 이때 브로슈어나 설명서의 출처나 위치지정을 하고, 읽기계획을 세우도록 한다. 읽기계획을 세우면 읽기시간을 아낄 수 있고, 더 많은 정보를 얻는 데 도움이 된다. 실세상의 설명서나 브로슈어 등의 읽기계획을 세울 때 다음과 같은 도표를 참고하도록 한다.

〈다양한 매체 실세상 읽기 계획하기〉(Laura. R., 2002 참조)

Step 1	읽기 목적을 확인하라
Step 2	쓰기 전개를 이해하라
Step 3	알 필요가 있는 것을 찾아라.
Step 4	정보를 기억하고 자신의 삶에 적용하라

교과주제관련 실생활에 필요한 정보읽기를 시작하기 전에 처음 2단계를 먼저 생각하도록 한다. 교과주제관련 찾고자 하는 것은 무엇인가? 교과주제관련 읽기목적은 무엇인가? 이러한 2단계 질문을 확인하면 실생활 정보읽기에서 어떤 부분이 가장 중요한지를 알게 해준다.

• 질문을 통해 읽기목적을 확인하기

실세상 텍스트는 많은 정보를 포함한다. 때문에 다양한 매체 실세상 텍스트 읽기를 하면 특별한 읽기목적을 갖게 된다.

〈실세상 텍스트에서 읽기목적 확인하기〉(Laura. R., 2002 참조)

실세상 읽기 예시	읽기 목적
• 학생들의 책	• 종교적 휴일은 결석인지 아닌지를 찾기
• 컴퓨터 게임 설명서	• 게임을 열고 게임을 하는 방법을 배우기
• 기차 스케줄	• 어떤 기차가 금요일 오후 6시에 도착하는지 찾기

3개의 예시에 대한 디지털매체 실세상 텍스트의 사전읽기를 할 때, 학생들은 이 텍스트에서 읽기목적과 교과주제관련 필요한 정보를 찾게 된다. 이때 중요하지 않는 것들은 버리고 필요한 것만 얻으면 된다.

모든 넌픽션은 일정한 전개방식이 있다. 긴 서류는 목차나 인덱스, 여러 단계의 설명들이 있다. 넌픽션 실생활 정보텍스트 읽기를 할 때는 크고 볼드체로 쓰인 단어, 소제목들, 많은 목록들이나 요약들, 다이어그램이나 그래픽, 번호 목록 등을 찾아보는 습관을 갖도록 한다. 실생활 텍스트에서는 소제목이나 나열 항목들의 전개방식을 보여준다. 실생활 정보 텍스트가 어떻게 전개되는지를 알면, 다양한 매체 실생활 텍스트를 읽고 이해하는 데 도움이 된다. 교과주제관련 읽기목적에 맞는 정보를 찾기 위해 텍스트의 특징을 찾아보는 습관을 갖는 것이 실생활 정보 텍스트 읽기에 매우 중요하다.

교과주제관련 다양한 매체 실생활의 특정정보를 찾아 읽어야 할 필요가 있을 때 훑어 읽기 전략을 사용하도록 한다. 실생활 정보 텍스트 읽기를 할 때, 교과주제관련 읽기목적과 관련된 소제목이나 주요단어를 찾아가며 훑어 읽기를 하도록 한다. 훑어 읽기를 할 때는 실생활 정보 텍스트에서 금을 캐기 위해 광산을 채굴하듯 읽기를 하면서 교과주제관련 필요한 정보를 찾는 탐구읽기를 해야 한다.

• 탐구읽기 : 종합하기와 평가하기

교과주제관련 디지털 매체 실세상 텍스트 읽기는 집중읽기 스킬이 매우 중요하다. 디지털 매체 실세상 텍스트 읽기는 책상조립이나 아들의 장난감 조립을 위한 매뉴얼이나 특정한 시간에 파리를 가는 비행기 스케줄을 읽어야 하는 활동이다. 이러한 장난감 조립 메뉴얼이나 기차 스케줄은 대부분 광범위한 독자들을 대상으로 작성된다. 이러한 실세상 정보 텍스트 작가는 개개인의 독자가 특정하게 필요한 내용들을 알아낼 방법이 없기 때문에 가능한 많은 사람들을 대상으로 정보를 작성하게 된다. 때문에 교과주제관련 디지털 실세상 정보 텍스트를 찾아 읽어야 할 경우에는 읽기목적에 맞는 꼭 필요한 것을 찾아 읽어야 하는 집중읽기전략을 사용해야 한다. 읽기목적에 부합되지 않은 필요하지 않은 것을 구별해내는 스킬이 필요하다.

예를 들어, 다음의 기차 스케줄을 보자. 특정 지역에 특정 시간에 도착하는 기차를 찾는 것이 중요하다. 학생들이 읽기목적을 위한 특별한 정보가 필요하기 때문이다. 이러한 기차 스케줄이 필요한 이유는 교과주제관련 읽기목적에 부합된 유용한 정보가 필요하기 때문이다.

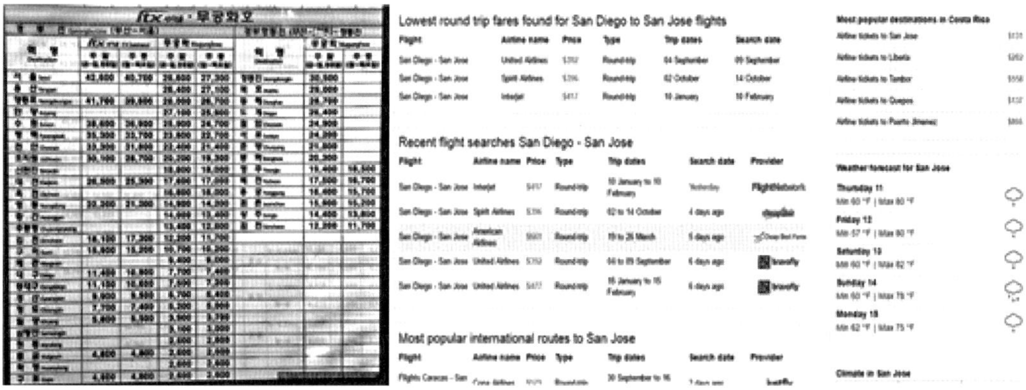

〈출처 : http://us.jetcost.com/en/flights/costa+rica/san+jose/san+diego-san+jose/?gclid=CPTo25Szvc4CFUdvvAod0gcKCg〉

〈실생활 정보 텍스트의 단서들(Laura. R., 2002 참조)〉

단서 1	• 하이라이터를 사용하라 실생활 정보를 읽을 때, 교과주제관련 읽기목적에 맞는 가장 근접한 정보를 표시하기 위해 강조나 볼드체를 사용하도록 한다. 읽기목적과 관련이 없는 정보는 무시하도록 한다. 강조된 중요한 정보를 끌어내는 것이 필요하다.
단서 2	• 소제목에 관심을 가져라. 실생활 정보 텍스트의 페이지를 빨리 훑어읽기를 할 때, 눈에 보이는 소제목을 사용하도록 한다. 리스트, 컬럼, 필요하지 않은 단락들은 버리도록 한다. 기차 스케줄은 자신의 지역에 대해 정리된 것이다. 어떤 스케줄은 주말에 있고, 어떤 스케줄은 특정지역을 향해 출발하는 기차일 수도 있다.
단서 3	• 쓸데없고, 은어적 표현들은 무시하라. 기술적 단어나 은어, 및 전문어 등을 통해 알고자 하는 것을 찾도록 한다. 전문어는 특정 전문가가 사용하는 언어이거나 특정그룹의 사람들이 사용하는 언어이다. 전문어나 은어는 의미하는 것을 이해하기 전에 해석이 먼저 되어야 한다. 하지만 사전을 찾을 필요는 없다. 실세상 텍스트에서는 전문적인 용어들이 쓰여도 이해할 수 있도록 도와주는 문맥의 실마리가 있다.

■ 쓰기 : 종합하고 요약하고 소통하기

교과주제통합학습에서 교과주제관련 디지털매체 실세상 정보 텍스트를 읽는 뉴 리터러시 읽기활동이 이루어지는 경우가 있다. 하지만 읽기목적에 따른 성공적인 읽기가 아닌, 실패의 느낌으로 읽기를 마칠 수도 있다. 이유는 학생들이 디지털매체 실세상 정보 텍스트 읽기를 하는 경우 필요한 정보를 찾을 수도 있지만, 필요치 않은 정보를 찾을 수도 있기 때문이다. 그리고 올바른 기차를 탈 수도 있고, 성공적으로 게임을 수행할 수도 있을 것이다. 하지만 그 반대의 경우가 일어날 수 있다는 점을 명심해야 한다.

교과주제통합학습에서 교과주제관련 디지털매체 실세상 정보 텍스트를 읽는 뉴 리터러시 학습이 이루어지는 경우, 필요한 것을 찾지 못했다면 분명히 몇 단계 읽기를 다시 해야 할 필요가 있다. 실세상 정보 텍스트 읽기에서 지시문이나 스케줄 매뉴얼 등을 다시 짚어본다. 이때는 더 천천히 더듬어 읽기를 해보도록 한다. 소제목을 다시 찾아보고자 할 때, 처음에는 정보위치를 제대로 찾지 못할 수도 있다. 그러면 다시 점검해야 한다. 예를 들어, 금요일 저녁 여행을 가야하는데, 오늘 아침이나 토요일 오전의 기차 스케줄은 전혀 도움이 되지 않을 것이다. 반대로 때론 내가 찾고자 하는 것을 친구나 동료들도 같은 것을 찾을 수도 있거나, 찾아봐야 할 곳을 찾지 못하거나 알지도 못할 수도 있다. 이때는 찾고자 하는 다른 것들을 보여주고 친구에게 도움을 요청하도록 한다.

• 실생활 정보를 기억하고 이를 사용하기.

교과주제관련 원하는 것을 찾는다고 상상해보자. 다음 무엇을 할 것인가? 실세상 정보를 읽는 마지막 단계는 그것을 기억해야 한다. 그런데 기억하기에는 길이가 너무 길 수도 있다. 하지만 실세상 정보 읽기목적은 명확하다. 원하는 것을 성취하는 것이 실세상 정보읽기를 성공하는 길이라는 점을 기억하도록 한다.

많은 실세상 정보 텍스트는 일단 읽기를 하고 나도 금방 잊어버릴 수 있다. 실세상 정보 텍스트에서 찾은 정보는 학생들에게 지금 중요한 것일 수도 있고, 미래에 중요한 정보일 수도 있다. 때론 필요한 몇 가지 점을 적어둬야 할지도 모른다. 때론 일부 중요한 부분만이 필요할 수 도 있다. 예를 들어, VCR를 작동하기 위한 설명서는 일부분은 기억해야 할 필요가 있다.

교과주제관련 적절한 읽기목적에 맞는 디지털매체 실세상 정보 텍스트를 읽고서, 얻은 정보를 계속 알고 있어야 할 필요가 있는지, 혹은 아닌지를 판단하는 기준은 언젠가

이 정보를 다시 읽게 될 수 도 있거나 다시 필요하게 될 수 있는지를 학생 자신에게 질문을 해보는 것이다

수많은 실세상 정보가 매일 우리에게 날아온다. 교과주제통합수업에서 교과주제관련 다양한 매체 실세상 정보 텍스트를 읽어야 하거나, 실제 생활에 필요한 실세상 정보 텍스트를 읽어야 하든지, 우리는 이러한 정보들에서 교과주제관련 반드시 필요가 있는 정보와 실세상에서 문제를 해결하기 위해 읽어야 하는 중요한 것을 찾아 읽어야 하고, 때로는 교과주제관련 읽기목적에 맞지 않거나 실세상에서 문제해결을 위해 중요하지 않은 것을 골라내기도 해야 한다.

교과주제통합학습에서 교과주제관련 다양한 매체 실세상 정보 텍스트 중에 필요한 정보를 찾아 읽고, 이를 종합해서 요약할 필요가 있다. 특히 이러한 정보를 실생활이나 교과학습에서 사용하기 위해서는 다양한 매체 정보내용을 종합하고 요약할 수 있어야 한다. 다양한 매체 넌픽션 실세상 정보를 요약할 때는 교과주제관련 실세상 정보가 읽기목적에 적절한 정보인지를 평가하기 위해 학생 자신에게 끊임없는 질문을 통해 확인해야 한다. 교과주제관련 다양한 매체 실세상 정보 텍스트를 제대로 이해하고, 종합하고 요약하기 위해 다양한 넌 픽션 실세상 정보 텍스트의 전개 방식도 이해할 필요가 있다. 그리고 교과주제관련 읽기목적에 맞는 원하는 정보를 디지털매체읽기를 통해 찾아내야 하기 때문에, 넌픽션 실세상 정보 텍스트는 빨리 훑어보기 읽기전략을 사용할 수 있어야 한다. 교과주제관련 실세상 정보를 디지털매체읽기로 해야 하는 경우, 위와 같은 점들에 유념하여야 한다.

이러한 읽기방법을 사용하여 디지털매체 정보텍스트를 읽고 요약하였다면, 이렇게 요약된 정보들을 실생활에서 어떻게 사용했는지, 실생활에서 사용한 후, 후기를 작성하여 수업에서 발표하는 학습활동으로 이끌도록 한다. 혹은 이러한 학생들이 작성한 후기를 교실 위키나 블로그에 탑재하여 학생들과 정보를 공유하고, 학생들이 서로의 후기를 피드백 하여 공유할 수 있도록 한다.

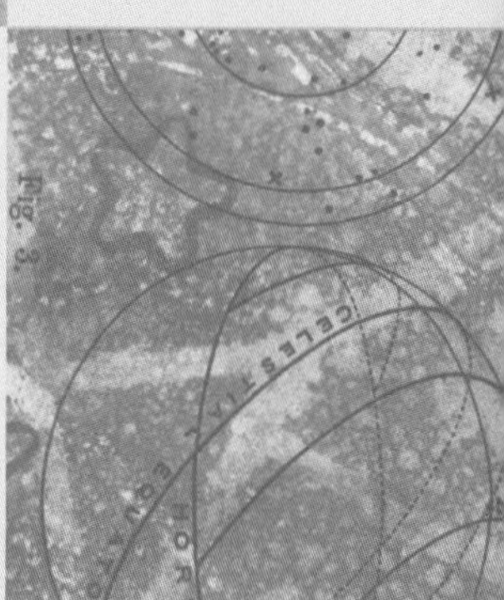

교과학습을 위한
다양한 매체읽기자료 이해

교과학습을 통한 뉴 리터러시 학습을 성공적으로 이끌기 위해서는 교과학습을 위한 다양한 매체읽기자료들이 갖고 있는 특징을 알아보는 것이 필요하다.

〈다양한 매체읽기자료들에 포함되는 요인들〉(Laura. R, 2002 참조)

제목과 소제목이 있다.	교과학습을 위한 다양한 매체읽기자료의 제목은 큰 생각을 표현한다. 제목이나 부제들은 큰 제목에서 점차 적은 생각들에 대한 제목으로 표기된다. 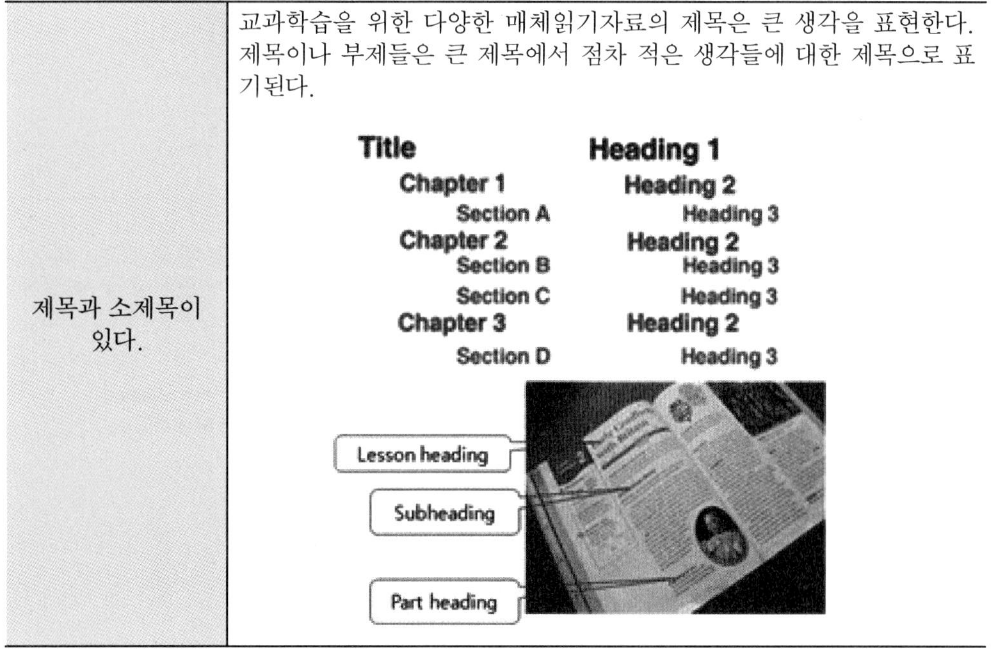

<table>
<tr>
<td>목차가 있다.</td>
<td>
교과학습을 위한 다양한 매체읽기 텍스트에 있는 목차는 페이지 번호와 주요단원에 대한 목록들이다. 목차의 목적은 다양한 매체 텍스트의 특별한 부분을 빠르고 쉽게 찾도록 도와준다.

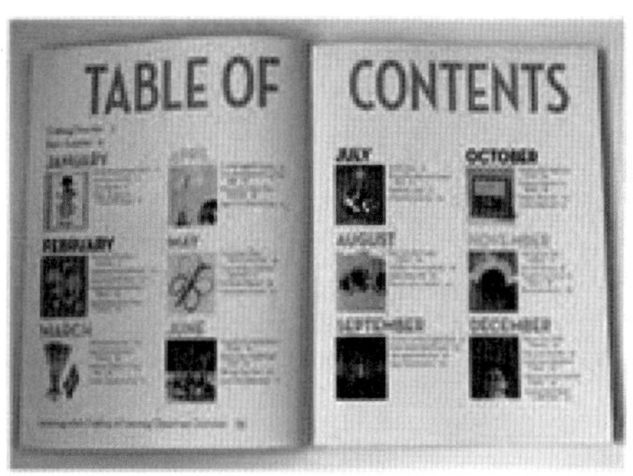

교과학습을 위한 다양한 매체읽기 텍스트는 대부분 목차를 포함한다. 인쇄매체 책에서는 책의 내용을 전체적으로 점검할 때 목차를 사용하면 된다. 디지털매체 텍스트에 있는 목차는 주제에 대해 읽을 것들이 어떻게 구성되고 있는지에 대해 보여준다. 그리고 각 페이지가 포함하는 정보를 보여준다.

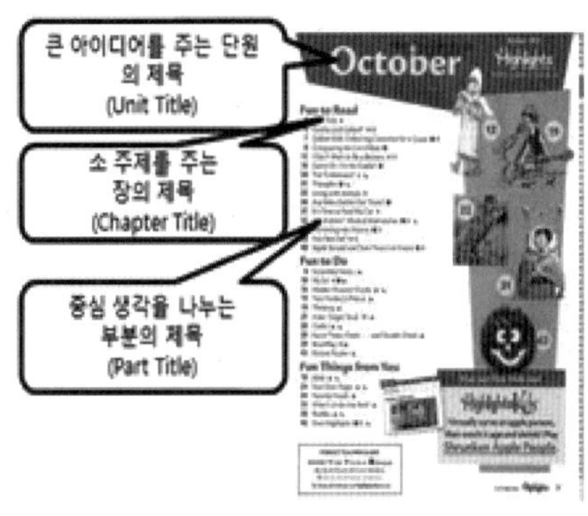

</td>
</tr>
<tr>
<td>볼드체 용어들을 사용한다.</td>
<td>
교과학습을 위한 다양한 매체읽기 텍스트들에는 볼드체 용어가 있다. 볼드체 용어는 읽기 텍스트의 중요한 단어, 용어나 사건이 눈에 띄도록 신호를 보내기 위해 사용된다. 볼드체 유형으로 표현된 단어나 구가 전하는 정보는 본문의 다른 내용보다 더 중요하다는 신호이다. 특히 중요한 것을 강조하기 위해서는 볼드체 크기나 특별한 형식을 사용한다.

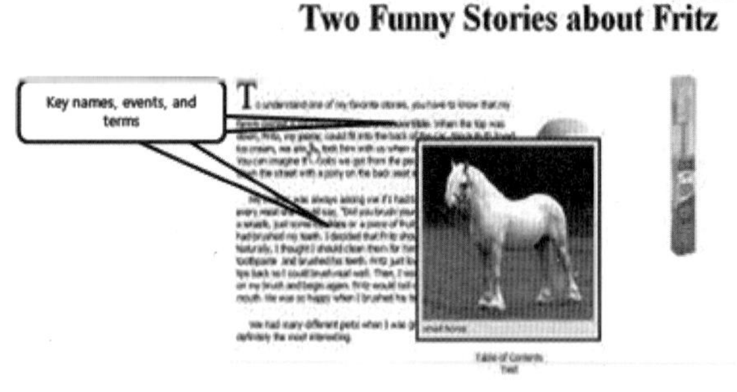

</td>
</tr>
</table>

예견하는 페이지가 있다.	교과학습을 위한 다양한 매체읽기 텍스트에서 예견하기는 읽기 자료에 무엇이 있는지를 예견해보도록 도와주는 페이지이다. 대부분의 경우, 다양한 매체읽기자료의 처음에는 예견해보는 페이지를 포함한다. 다양한 매체읽기자료에서 예견하기 부분은 읽기자료에 대해 알고자 하는 중요한 것들에 대해 예측하고 요약하는 공간이 된다. 다양한 매체읽기 텍스트에서 예견하기 페이지를 통해 초기 질문이나 읽기목표에 대해 확인하도록 한다. 먼저, 텍스트의 제목과 주요용어를 읽도록 한다. 주요용어는 다양한 매체읽기자료의 단원에 대한 특별한 어휘들이며, 주로 처음에 단어목록이 제시되기도 하고, 본문에서 밑줄이 쳐지거나 볼드체로 단어목록을 보여주기도 한다. 다양한 매체읽기자료의 처음에 주어진 예견하기는 연습이나 문제를 풀기 전에 하는 읽기 준비단계 같은 것이다. 
지도가 있기도 하다.	교과학습을 위한 다양한 매체읽기 텍스트에 지도가 주어지기도 한다. 다음에 주어진 지도는 1812년의 전쟁에 대한 정보를 보여준다. 지도를 읽음으로써 전쟁에 대한 요약을 볼 수 있다. 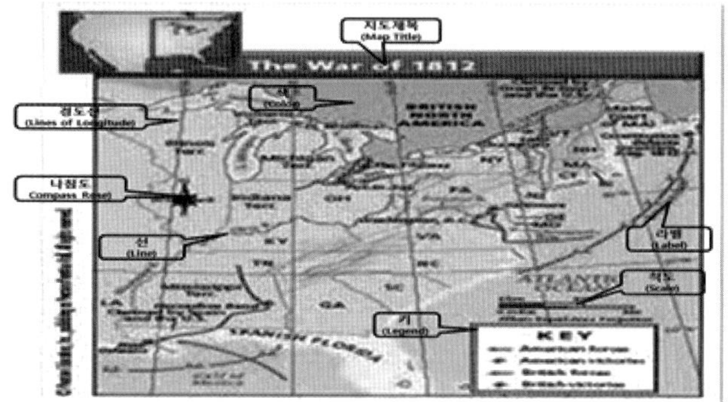 교과학습에서 다양한 매체읽기 텍스트에 주어진 지도는 그림의 형식으로 표현된 특별한 정보이며, 어떤 것이 어디에 있는지를 말해주는 자료가 된다.

<table>
<tr><td></td><td>먼저, 다양한 매체읽기 텍스트에서 중심생각을 말해주는 지도의 제목을 읽어 보도록 한다. 거리감을 알려주는 척도를 찾아보도록 하는 읽기활동을 할 수도 있다. 다양한 매체읽기 텍스트에서 지도가 상징하는 것이 무엇이고, 지도에 나타나는 도형은 무엇을 의미하는지에 대해 말해주는 키를 찾아보도록 한다.

다양한 매체읽기 텍스트에서 지도가 보여주고 있는 것을 자신의 언어로 적어보도록 한다. 지도의 제목, 지도 키, 지도의 척도 등을 읽음으로써 지도가 보여주는 아이디어를 얻게 된다.

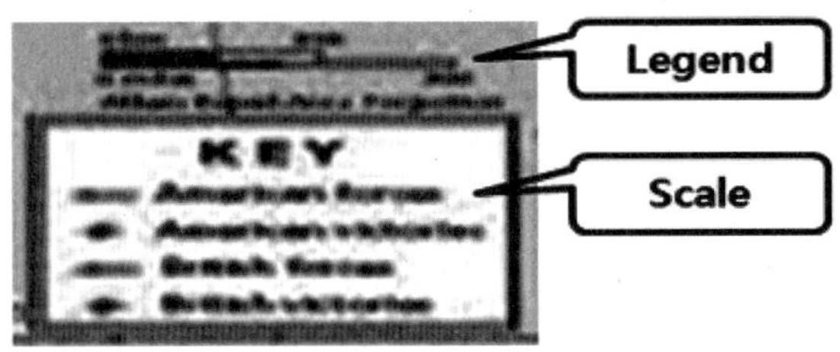
</td></tr>
<tr><td>도표가 많이 있다.</td><td>교과학습을 위한 다양한 매체읽기 텍스트에 나타나는 도표는 특정한 정보를 주거나, 진행과정을 보여주거나 다른 특징들을 비교해서 보여주고자 할 때 사용된다. 다양한 매체읽기 텍스트에 있는 도표는 단어보다는 그림이나 상징물로 정보를 표현하고자 할 때 사용한다. 이러한 차트는 작은 공간에서 많은 정보를 도표로 묶어 보여준다.

Chart Showing Comparison

Text Features
<table><tr><th>Fiction</th><th>Non-Fiction</th></tr><tr><td>• Title
• Chapter Index (for Chapter Books)
• Illustrations
• Bold Print
• Continuous Text
• Paragraphing
• Dialogue</td><td>• Title
• Table of Contents
• Index*
• Photos
• Captions
• Diagrams
• Glossary
• Date line (periodicals)
• Bold Print
• Headings
• Sub-titles</td></tr></table>
무엇보다 다양한 매체읽기 텍스트에서 도표나 그림을 읽을 때 도표나 그림에 있는 모든 정보를 기억할 필요는 없지만 중요한 정보는 기억해야 한다. 그리고 도표나 그림은 텍스트의 전반적인 내용을 이해할 수 있게 해준다. 특히 다양한 매체읽기 텍스트에 있는 도표나 그림은 참고자료로서 사용되기도 한다. 이러한 차트에서 보여주고 있는 중요한 점이 무엇인지를 생각하고 학생들로 하여금 이를 작성해보도록 한다.

Chart Listing Data

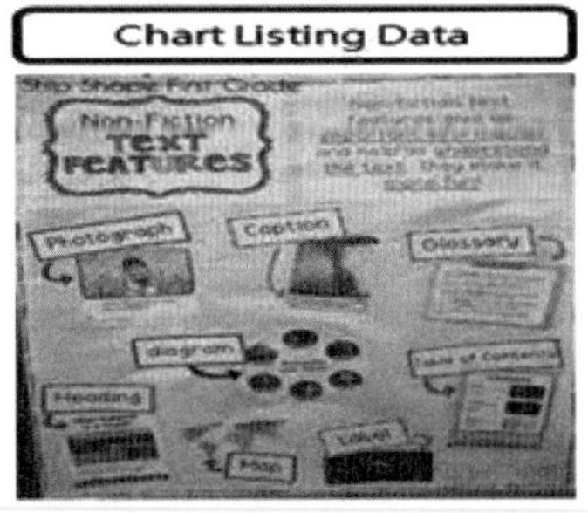
</td></tr>
</table>

<table>
<tr>
<td>그래프도 있다.</td>
<td>교과학습에서 다양한 매체읽기를 하는 경우 텍스트에서 보이는 그래프는 특정한 정보를 보여주거나 그림이나 상징을 표현하기 위해 사용된다. 다시 말해 다양한 매체읽기 텍스트에 나타나는 그래프는 단어보다는 그림이나 상징물, 또는 선을 이용하여 특정한 정보를 표현한다. 그래프는 작은 공간에서 많은 정보를 포함하고자 할 때 사용되는 경우가 많다.

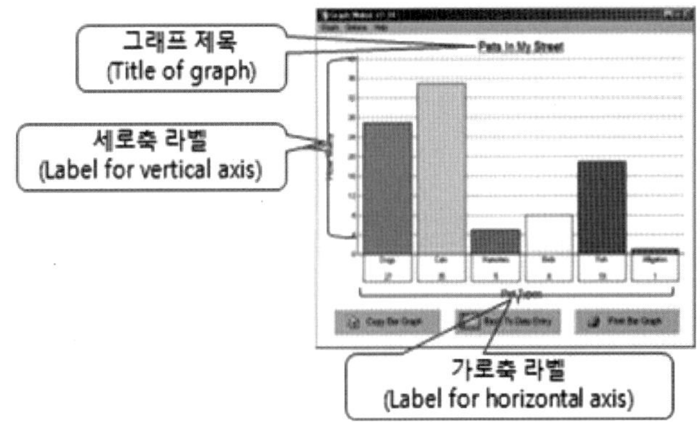

다양한 매체읽기 텍스트에서 보이는 그래프에서는 먼저, 제목을 읽고, 가로축과 세로축에서 나타내고 있는 라벨을 읽도록 한다. 그리고 차트에서 보여준 내용과 자신의 생각을 학생 자신의 언어로 요약해보도록 한다.</td>
</tr>
<tr>
<td>사진과 삽화들이 있다.</td>
<td>교과학습을 위한 다양한 매체읽기 텍스트에 나타나는 사진이나 삽화는 읽기자료에서 중요한 점을 강조하고 흥미를 부가해준다. 특히 다양한 매체읽기 텍스트에 무엇이 있는지를 찾고자 할 때 그림을 보면 도움이 된다.

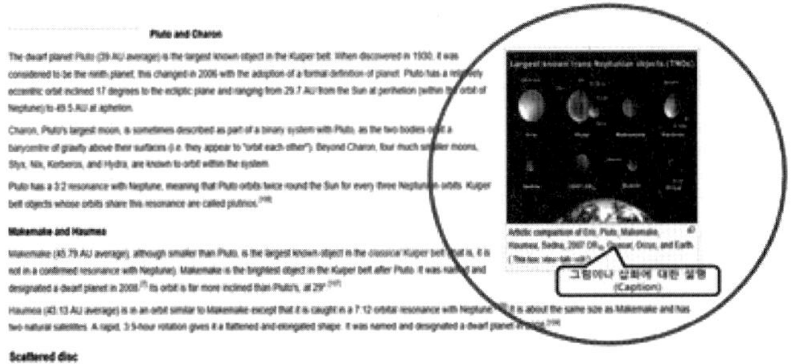

다양한 매체읽기 텍스트에 나타나는 사진이나 삽화의 주제를 보면서 읽기자료에 있는 작가의 생각을 얻을 수 있다. 다양한 매체읽기 텍스트에 있는 사진이나 삽화는 중요한 점을 강조하기 위해 사용된다. 이때 사진, 그래프나 차트 옆이나 아래 있는 설명은 캡션(caption)이라고 부른다. 이 캡션은 읽기 자료에서 사진이나 삽화를 넣게 된 이유를 설명한다.</td>
</tr>
</table>

<table>
<tr>
<td>용어사전이 있기도 하다.</td>
<td>교과학습을 위한 다양한 매체읽기 텍스트에 있는 용어사전은 교과에서 쓰인 특별한 용어의 개념을 이해하는 데 도움을 준다. 다양한 매체읽기 텍스트에 주어진 용어사전은 텍스트의 중심인물, 장소, 사건이나 용어를 알파벳순으로 정리한 리스트이다. 이는 교과주제에 대한 언어를 이해하도록 도와주는 도구이기도 하다. 모든 교과목에는 특별한 용어들이 있다. 교과학습을 통한 다양한 매체읽기 텍스트에 있는 용어사전에는 해당 교과목 관련 자료들에서 사용되고 있는 용어들이 용어사전에 수록된다. 이러한 용어사전은 일반적으로 교과목 관련 다양한 매체읽기 자료의 뒷부분에 있게 된다.
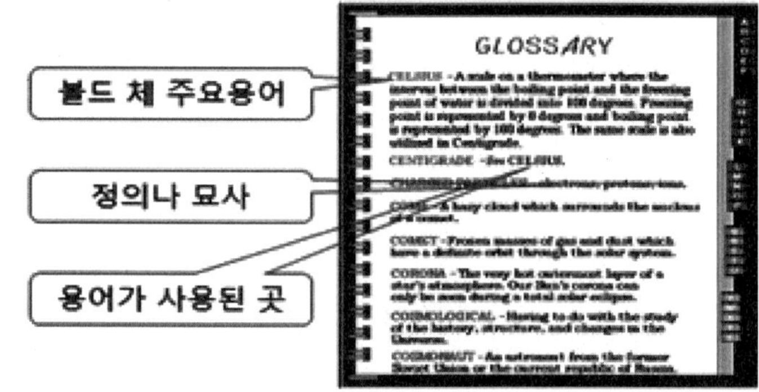

교과학습을 위한 다양한 매체읽기 텍스트에 주어진 용어사전의 목적은 교과주제에 대한 특정언어의 의미를 제공하는 데 있다. 용어사전에 설명된 어휘들은 교과주제를 이해하는 데 매우 중요하게 사용된다.
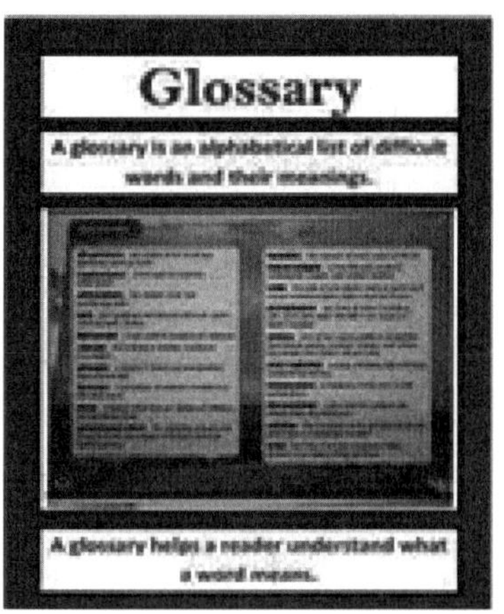
</td>
</tr>
<tr>
<td>색인이 주어진다.</td>
<td>교과학습을 위한 다양한 매체읽기 텍스트들은 일반적으로 색인이 주어진다. 색인은 다양한 매체읽기자료에서 특정한 용어나 이름, 사람이나 장소 등의 위치를 찾는 도구라 할 수 있다. 다양한 매체읽기 텍스트에있는 색인은 텍스트에서 각 단어들이 사용된 페이지를 알려준다.</td>
</tr>
</table>

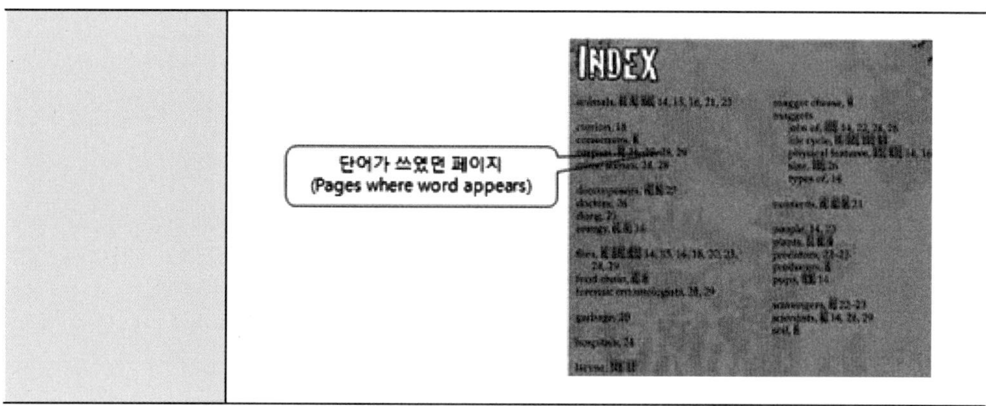
단어가 쓰였던 페이지
(Pages where word appears)
INDEX

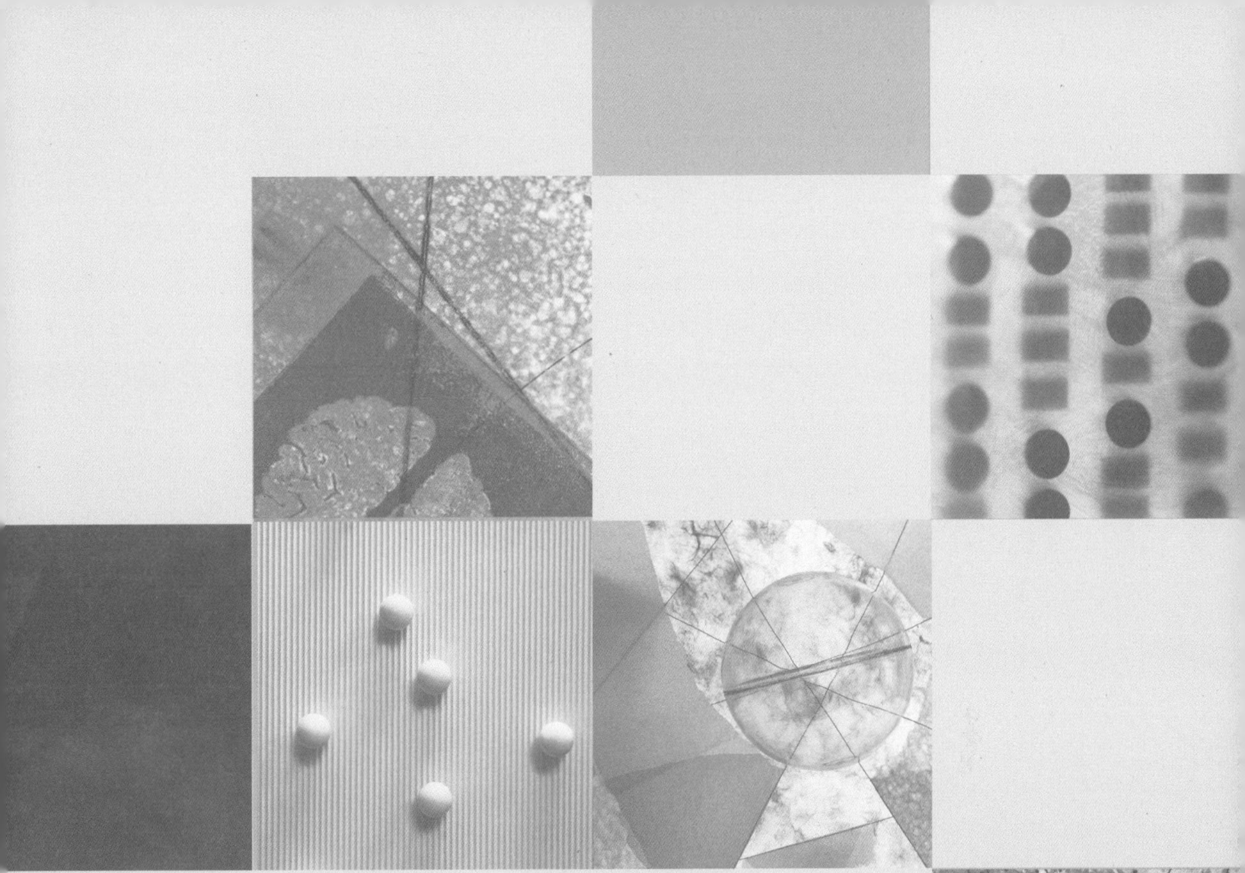

과학교과학습에서
뉴 리터러시 학습

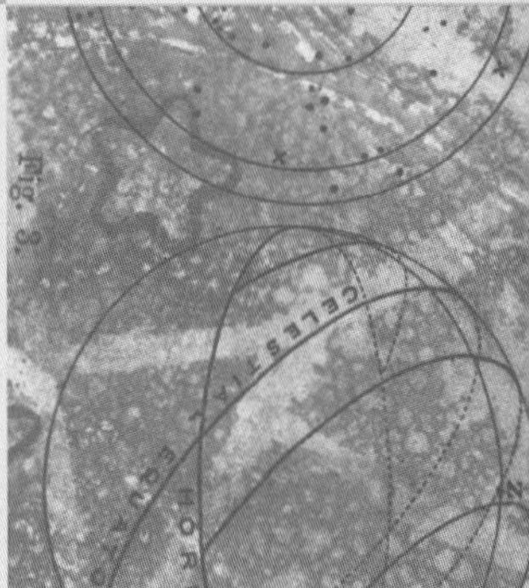

과학교과학습에서 다양한 매체읽기

과학교과주제관련 다양한 매체 과학텍스트들은 과학교과주제에 대한 다양한 개념을 담고 있어 과학교과에서의 개념이해를 도와준다. 과학교과주제에 대한 개념들은 단순한 것도 있지만 이해하기가 상당히 어려운 개념들도 있다. 수학교과나 과학교과는 개념이해가 매우 중요한데, 그 이유는 수학이나 과학교과에서 개념은 교과주제학습에서 반드시 이해해야 할 아이디어이기 때문이다. 지구의 자전과 공전의 법칙, 상대성 원리, 부피와 질량의 법칙 등과 같은 개념은 과학관련 다양한 매체 자료를 읽고, 이 같은 개념이 의미하는 바를 이해하고 있어야 과학교과주제관련 문제를 해결할 수 있게 된다. 또한 과학교과에서는 과학적 개념 뿐 아니라, 이러한 과학적 개념을 설명할 때 사용된 용어와 설명 과정도 배워야 한다. 따라서 과학교과주제관련 다양한 매체 과학텍스트 읽기에서는 과학개념을 이해하는 데 도움이 되는 읽기 리터러시 도구를 사용하고, 과학용어를 암기하고 의미파악을 하는 노력이 필요하다. 이를 위해 이 장에서는 Reader's Handbook에서 제시하고 있는 과학교과읽기(4장)에 대한 내용, 목표 및 전개방식 등을 우리나라 초등학교 과학교과수업에서 뉴 리터러시 학습과정과 방법으로 재 적용해보고 그 효과성을 재검토하고자 한다.

■ 질문을 통한 비판적 묻는 읽기 : 질문하기 및 정보 위치지정하기와 예견하기

과학교과관련 다양한 매체읽기를 할 때 접하게 되는 많은 개념들을 우선적으로 이해해야 한다. 과학교과의 개념이해를 도와주는 과학개념을 설명하고 증명하는 과학교과 용어를 이해하고 있어야 한다.

과학교과관련 다양한 매체읽기에서 질문을 통해 교과주제관련 내용을 예견하는 것은 개념을 이해하도록 설명하고 있는 용어에 대한 기본 아이디어를 얻는 데 도움이 된다. 다음은 초등학교 과학교과주제인 'Living Things'에 대한 과학교재 샘플을 소개할 것이다. 이 과학교과 텍스트를 읽을 때는 제목과 부제, 과정에서 보여준 각 단계, 도표, 사진, 그래프나 이에 덧붙여진 설명, 볼드체로 강조되거나 반복되고 있는 중심용어, 질문을 통해 첫 문장이나 마지막 문장 내용을 예견해 보면, 과학교과주제관련 내용을 대략 예견할 수 있게 된다.

우선, 과학교과관련 다양한 매체 과학텍스트에 나온 용어나 과정을 정리해 볼 수가 있다. 다양한 매체 과학텍스트를 읽어가는 동안 문득 떠오르는 학생들의 머릿속 생각을 정확하게 기록하도록 한다. 그리고 교과주제관련 질문을 통해 학생 자신과 교과내용에 대해 상호작용을 하며 다양한 매체 과학텍스트 내용에 대해 예견해 보도록 한다. 예견하기 활동에서 학생들의 생각을 기록해두면 후에 과학교과관련 탐색읽기에 도움이 될 수 있다.

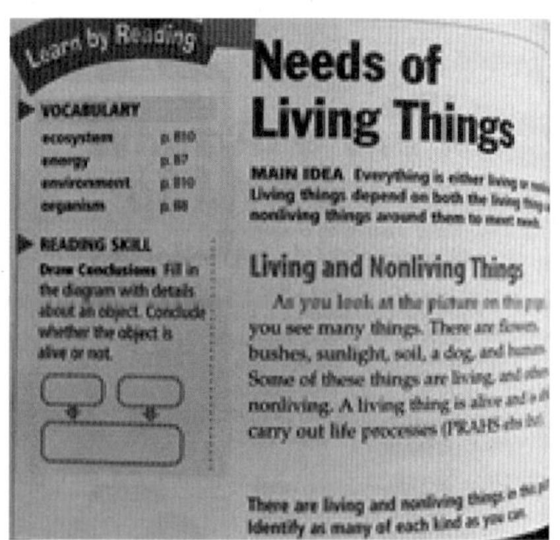
Learn by Reading

Needs of Living Things

VOCABULARY
ecosystem p. B10
energy p. B7
environment p. B10
organism p. B8

READING SKILL
Draw Conclusions Fill in the diagram with details about an object. Conclude whether the object is alive or not.

MAIN IDEA Everything is either living or
Living things depend on both the living
nonliving things around them to meet

Living and Nonliving Things

As you look at the picture on the
you see many things. There are flowers,
bushes, sunlight, soil, a dog, and
Some of these things are living, and
nonliving. A living thing is alive and
carry out life processes

There are living and nonliving things
Identify as many of each kind as you can.

〈출처 : Houghton Mifflin, Science, B6〉

■ 탐구읽기 : 질문을 통한 평가하기 및 종합하고 요약하기

과학교과주제관련 다양한 매체 과학텍스트 읽기를 할 때, 생물체(living thing)와 무생물체(nonliving things)의 차이, 전개과정, 관련어휘 등에 대해 많은 것을 배우게 된다. 그 밖에도 더 알고 싶은 것은 질문을 통해 개념이해를 위한 맵을 만들어보면 읽기과정을 이해하는 데 도움이 된다.

과학교과주제관련 다양한 매체 과학텍스트에서 생물체들이 필요로 하는 것은 무엇일까? 라는 질문에 답이 되는 것들에 대해 각 빈칸에 써보도록 한다.

〈교과주제관련 질문에 답을 작성하기〉

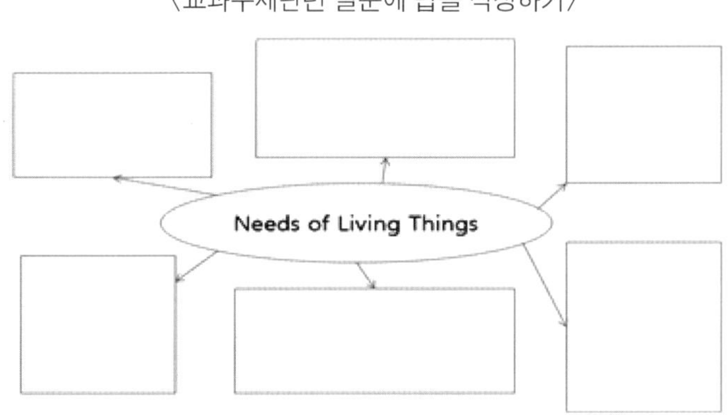

과학교과주제학습에서 다양한 매체 과학텍스트 읽기를 하면서 과학개념 이해를 위한 맵을 그려봄으로써 과학용어의 개념에 대해 많은 것을 알 수 있다. 아니면 적어도 과학개념에 대한 한 가지 의미는 알게 해준다. 과학개념 이해를 위한 맵은 과학용어에 대한 개념이해 과정에 필요한 용어나 특성을 묶어 정리하게 해준다. 이때 중요한 정보를 한 영역으로 묶어 정리하면 더 쉽게 기억할 수 있다. 과학용어나 개념의 이해를 돕기 위해 맵의 빈칸을 정확히 몇 개로 만들어야 하는지는 별로 중요하지 않다. 빈칸을 남길 수도 있고, 더 많은 빈칸을 만들어야 할 필요가 있을 수도 있다. 때론 과학용어의 개념과 특성을 위한 맵과 과학용어의 정의를 위한 맵을 따로 만들 수도 있다. 이러한 맵을 작성하는 중요한 이유는 과학용어 개념에 대한 정보를 모으고 조직하기 위함이다. 그리

고 과학용어에 대한 개념 이해를 위해서는 과학용어에 대한 개념을 설명하도록 하는 질문 만들기와 질문하기 활동을 할 수 있다.

과학교과학습에서 다양한 매체읽기를 하는 뉴 리터러시 탐구읽기 과정에서 행할 수 있는 다양한 활동들이 있다. 과학교과주제관련 다양한 매체읽기를 해야 하는 경우, 다양한 매체읽기를 계획하거나 도식을 만들어 탐구읽기를 시작해야 한다. 먼저, 다양한 매체 과학텍스트 읽기를 하는 동안 과학용어 개념에 대해 적어보도록 한다. 처음 읽고 나서 바로 조직표를 완성할 필요는 없다. 점차 되돌아 읽어보고 좀 더 구체적인 내용을 적어가면 된다. 이때 새로운 용어와 아이디어를 함께 정리할 수도 있다. 하지만 이렇게 개념 맵을 정리하고 작성하는 것이 다가 아니다. 과학교과에 대해 정보를 모을 수 있는 여러 전략을 알아야 한다. 과학적 개념을 알기위해 읽기를 할 때 무엇을 읽어야 하고, 배워야 하는지를 명확히 하기 위해 도식화 전략을 사용하면 탐구읽기 과정에서 과학텍스트 내용을 이해하는 데 효과적일 수 있다. 도식은 여러 유형의 읽기 텍스트에서 사용될 수 있는 데, 예를 들어, 다양한 매체 과학텍스트 내용에 대한 요약을 말로 발표할 준비를 해야 하는 경우나 과학시험 준비를 해야 할 때도 도식은 효과적인 학습도구가 될 수 있다. 도식의 종류는 과학교과 관련 텍스트 전개과정을 정리하는 과정노트나 생각나무, 그리고 요약하기 카드 등이 사용될 수 있다.

〈과학교과주제관련 텍스트 내용에 대한 요약하기 도식〉

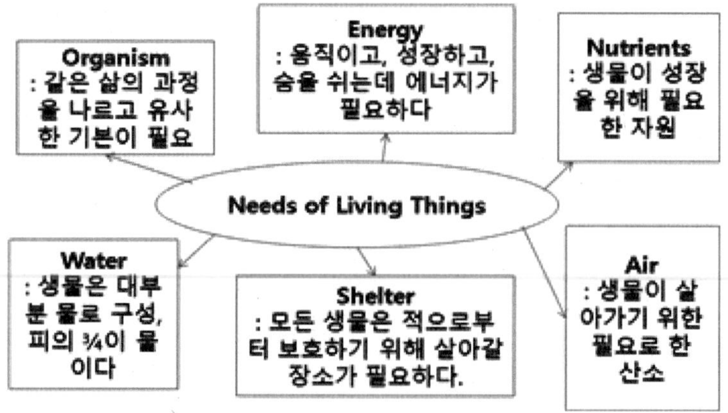

먼저, 다양한 매체 과학텍스트의 효과적인 탐구읽기를 위해 과정노트를 사용할 수 있다. 과학교과주제관련 다양한 매체 탐구읽기에서 텍스트 내용의 전개과정을 정리하는 과정노트는 텍스트 내용을 예견하는 활동에서 생물의 특징을 알아보고자 할 때, 또는 생물의 요인들을 나열하고 정리하고자 할 때, 그리고 내용 전개단계를 보여주고자 할 때도 사용되면 효과적이다. 과정노트는 교과주제관련 다양한 매체 과학텍스트 내용에 대한 전개과정의 각 단계를 나열하고자 할 때 가장 효과적이다. 또한, 생물의 특징을 순서대로 나열하고자 한다면 과정노트 도식이 큰 도움이 될 수 있다.

다양한 매체 과학텍스트에서 생물의 특징을 순서대로 나열하거나 과학텍스트 내용의 전개과정을 단계적으로 정리하고자 할 때 과정노트 도식이 사용될 수 있다. 여기서는 과학교과주제로서 생물의 유형을 일정한 순서에 따라 정리하고자 할 때 과정노트를 사용하는 예를 보여준다.

〈Living Things의 특성을 나열하는 과정노트의 예〉

• 세포로 구성되기	모든 Living Things는 세포라고 불리는 작은 부분들로 구성된다. 어떤 Living Things은 오직 하나의 세포로 구성되기도 한다. 인간은 수억 만개의 세포들로 구성된다.
• 에너지를 얻고 사용하기	사과나무 같은 식물들은 태양에서 에너지를 얻는다. 사과는 음식에너지를 포함한다. 동물들은 음식에서 에너지를 얻고, 활동을 하기 위해 그 에너지를 사용한다.
• 환경에 반응하기	식물이 빛을 향해 굽어질 때, 그것은 주위에 반응하고 있는 것이다. 모든 Living Things는 그들의 주위환경에 따라 변화한다.
• 성장하고 발전하기	모든 Living Things는 자라고 성장한다. 키가 더 커질 때, 그 생물은 자라고 있는 것이다. 인간도 일생에서 신체가 변화할 때, 성장하고 있는 것이다.
• 재생산하기	모든 Living Things는 재생산하는 능력을 가진다. 이것은 Living Things는 스스로 생산할 수 있다.

다음으로 다양한 매체 과학교과주제관련 텍스트의 효과적인 탐구읽기를 위해 생각나무(think tree) 도식을 만들어 사용할 수 있다. 생각나무는 과학교과주제관련 다양한 매체읽기에서 과학 용어개념이 뭐에 대한 것인지에 대해 예견할 수 없을 때 사용되면좋

은 도식이다. 생각나무 도식은 원하는 만큼 많은 가지를 추가할 수 있으며, 어디로 든지 확장해서 생각을 넓힐 수도 있다. 생각나무 도식은 개념에 대해 생각하는 대로 많은 가지를 만들 수 있다는 장점이 있다.

〈생각나무를 사용한 과학용어의 개념정리〉

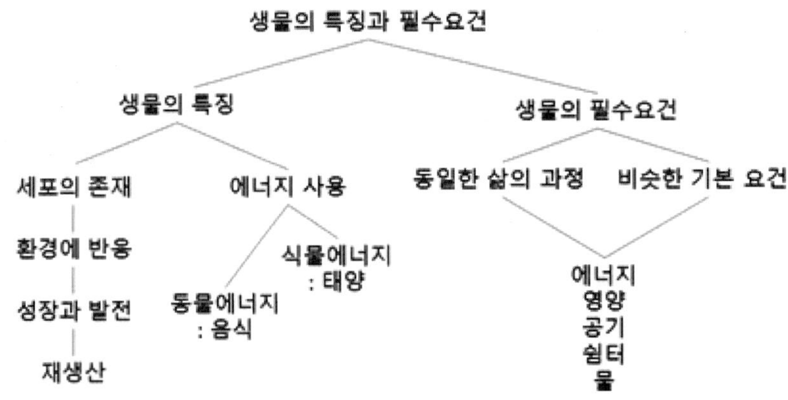

또한, 과학교과주제관련 문제해결을 위한 탐구읽기를 효과적으로 수행하기 위해 정리카드를 사용할 수도 있다. 정리카드는 다양한 매체 과학교과 텍스트에서 사용되는 용어의 개념을 하나하나 정리하여 주요개념이나 용어를 기억하고자 할 때 사용하는 전략이다. 다양한 매체 과학교과 텍스트에서 중요한 용어들을 강조하기 위해 볼드체로 설명하고 있는 새로운 용어를 중심으로 카드에 정리한다. 정리카드에는 과학관련 용어를 잘 설명할 수 있고 이해하고 기억하는 데 도움이 되는 그림을 추가하기도 한다.

〈정리카드에 정리된 과학관련 용어들〉

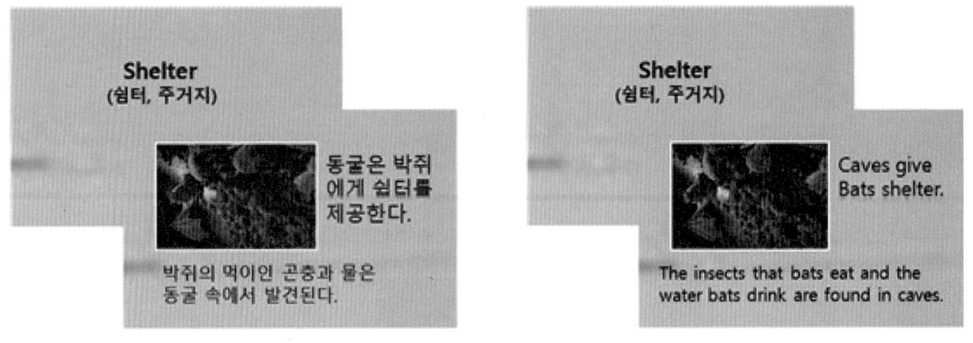

■ 소통하기 : 종합하고, 연결하고 확장하기

과학교과관련 다양한 매체읽기에서 과학용어의 개념이해를 위한 텍스트 읽기가 끝나면 읽은 것들에 대해 분류해보는 시간이 있어야 한다. 과학교과주제관련 다양한 매체텍스트 읽기 후 쓰기활동을 하면 과학교과관련 다양한 자료를 보다 더 신중하게 다시 읽도록 이끌어 준다.

다양한 매체 과학텍스트를 다시 읽는다는 것은 읽기를 잘못 한 것이나 읽기능력이 부족해서 다시 보는 것을 의미하지 않는다. 다양한 매체 과학주제관련 텍스트 읽기를 다시 하는 것은 한 번에 완벽하게 모두 이해할 수 없기 때문에 다시 읽는 것이다. 다시 읽기를 하게 되면, 특정 부분에 대해 보다 더 집중해서 읽고 싶어질지도 모른다.

다양한 매체 과학주제관련 텍스트 읽기에서 모르는 것을 보다 잘 알 수 있도록 가장 쉽게 도와줄 수 있는 방법은 다음과 같다.

• 과학교과주제관련 다양한 매체 텍스트를 읽는 동안 생각나는 것들을 적어둔 노트를 다시 보게 되면 텍스트를 보다 더 분명하게 이해할 수 있게 될 것이다. 만일 읽는 동안 학생의 생각을 적어둔 노트를 다시 점검해도 이해가 확실하지 않으면 그 정보를 찾아 다시 읽으면서 놓치게 된 용어나 정리단계를 다시 확인하면 기억을 더듬어 낼 수 있다. 이때 과학교과주제관련 용어나 텍스트 내용의 전개과정에 대한 필요한 내용을 추가 정리해 둘 필요가 있다.

• 과학교과주제관련 개념이나 내용 전개과정을 가장 잘 이해하는 방법은 학생 자신의 용어로 개념과 전개과정을 재정리해보는 것이다. 과학교과주제관련 다양한 매체 텍스트를 읽을 때, 저자가 설명한 개념이나 도표를 생각해보고, 학생 자신의 쓰기활동이나 그림으로 과학개념과 과정을 다시 정리해보는 것이 과학교과주제관련 용어개념이나 전개 과정을 이해하는 데 도움이 된다. 과학교과주제관련 다양한 매체 텍스트에 있는 그림, 도표는 학생들이 텍스트를 더 쉽게 기억하고 이해하도록 도와준다. 사과나 두 개

의 배 같은 사물들은 그림이나 도표로 설명할 수 있지만, 영양, 에너지, 공기 등과 같은 추상적이거나 눈으로 볼 수 없는 것은 다른 예시를 보여주면 도움이 된다.

• 교과주제관련 다양한 매체 텍스트에서 시험에 나올 만한 것에 대해 자신에게 시험문제를 출제해보는 활동이 효과적이다. 과학교과 단원에 해당하는 다양한 매체 텍스트에서 시험문제를 낼 때는 제목이나 중심용어에 초점을 둔 과학교과주제관련 문제를 만들어보도록 한다. 이러한 과학교과 단원의 목적과 제목에 중점을 둔 시험문제를 출제하고자 할 때 가이드라인이 될 수 있는 질문들이 있다.

— 생물이 살아가는 데 필요한 요건들은 어떤 것들인가?
— 생물의 특징에 대해 설명할 수 있는가?
— 생물의 'organism'이라는 용어의 의미는 무엇인가?

결국, 과학교과관련 다양한 매체 텍스트에서 등장하는 많은 용어들의 개념은 일반적으로 과학교과관련 중요한 용어나 내용을 포함한다. 특히 그림이나 도표 같은 도식은 다양한 매체 텍스트의 중요정보를 더 잘 이해하는 데 도움이 된다.

일반 과학교재 읽기

과학교재를 읽는 동안 이해가 어려운 이유는 과학교재나 자료를 읽는 방법 때문인 경우가 많다. 과학교과는 주로 동식물의 생활, 지구, 기후, 물, 공간, 기술 같은 자연의 현상에 대한 교과목이다. 자연과학은 살아있는 유기체인 생물들이 어떻게 자라고, 성장하고, 기능하며 재생산하는지와 관련이 있는 학문이다. 그리고 물리과학은 전기나 에너지 같은 무생물에 대한 속성, 기능과 구조와 관련이 있다.

'Our Solar System'이라는 과학단원에서 무엇이 중요한지, 무엇을 배우고, 어떻게 적용하는지를 알아보도록 한다. 과학텍스트를 읽을 때는 학생들의 생각이나 교과주제관련 중요한 것들에 대한 적어두기 전략을 사용하며 읽으면 효과적이다. 그리고 과학교재나 과학관련 자료들의 구성과 조직을 이해하기 위해 과학쓰기를 해보는 것이 효과적일 수 있다.

■ 질문을 통한 비판적 묻는 읽기 : 읽기목적 및 내용에 대한 질문하기와 예견하기

과학교과관련자료의 목적은 학생 또는 독자가 과학자가 된 것 처럼 생각하도록 이끌어주는 지가 매우 중요하다. 과학교과자료에 있는 기사, 설명, 그리고 정의는 과학자의 생각을 학생들에게 전해준다. 그리고 도표, 그래프, 차트나 망은 과학자가 생각하는 방법을 전해준다. 이렇듯 과학자가 무엇을 생각하고, 어떻게 생각하는가는 과학교과관련 자료를 이해하는 데 매우 중요하다.

• 읽기목적 정하기

과학교과주제관련 텍스트를 읽기 전에 가장먼저 해야 할 일은 바로 학생들이 그 과학교과재료의 읽기목적을 정하는 일이다. 특히 과학관련 자료, 즉 과학기사를 읽든, 과학교재의 단원을 읽든, 과학책을 읽든, 과학관련 인터넷 자료를 읽든 과학 자료를 읽는 목적은 거의 비슷하다. 과학 교재를 읽는 목적은 질문을 통해 교재의 주제가 무엇인지, 그리고 주제에 대해 작가가 무엇을 말하는지에 대해 알아보는 것이 읽기목적이다.

• 질문하기와 예견하기

읽어야 할 과학교과교재에 대한 예견하기 활동에서 우선 과학교과교재의 제목을 읽으면 과학교과 교재의 주제를 파악할 수 있다. 각 페이지가 뭐에 대한 것인지를 이해하기 위해서는 읽을 과학교과교재 내용이 무엇에 대해 쓰고 있는지에 대해 질문을 하며 예측해보는 것이다. 이미 여러 번 언급했듯이, 질문을 통해 과학교과교재가 무엇에 대한 것인지를 예측하기 위해 먼저 다음과 같은 것들을 점검해야 한다.

이미 여러 번 언급했듯이, 질문을 통해 과학교과교재가 무엇에 대한 내용인지를 예측

하기 위해, 먼저 교과에서 제시한 제목을 읽어보고, 도표에서 정리하고 있는 과학교과에 대한 요목이나 강조된 질문들을 읽어보도록 한다. 특히 과학교과관련 텍스트에서 반복된 단어들이나 볼드체로 쓰인 용어들은 과학교과 개념을 함축하고 있다. 특히 과학교과관련 다양한 매체 텍스트에 있는 사진, 지도, 그래프나 도표들을 읽어보거나 과학교과 텍스트의 처음과 마지막 단락을 읽어보면 과학교과 개념과 내용이해에 도움이 된다.

다음의 'The Solar System'에 대한 과학교재를 예견해보자.

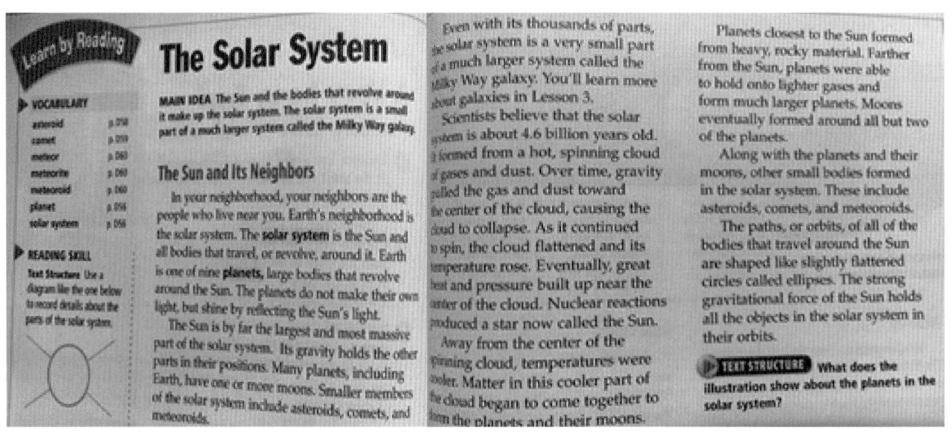

Learn by Reading

VOCABULARY

asteroid	p.D58
comet	p.D59
meteor	p.D60
meteorite	p.D60
meteoroid	p.D60
planet	p.D56
solar system	p.D56

READING SKILL

Text Structure Use a diagram like the one below to record details about the parts of the solar system.

The Solar System

MAIN IDEA The Sun and the bodies that revolve around it make up the solar system. The solar system is a small part of a much larger system called the Milky Way galaxy.

The Sun and Its Neighbors

In your neighborhood, your neighbors are the people who live near you. Earth's neighborhood is the solar system. The **solar system** is the Sun and all bodies that travel, or revolve, around it. Earth is one of nine **planets,** large bodies that revolve around the Sun. The planets do not make their own light, but shine by reflecting the Sun's light.

The Sun is by far the largest and most massive part of the solar system. Its gravity holds the other parts in their positions. Many planets, including Earth, have one or more moons. Smaller members of the solar system include asteroids, comets, and meteoroids.

Even with its thousands of parts, the solar system is a very small part of a much larger system called the Milky Way galaxy. You'll learn more about galaxies in Lesson 3.

Scientists believe that the solar system is about 4.6 billion years old. It formed from a hot, spinning cloud of gases and dust. Over time, gravity pulled the gas and dust toward the center of the cloud, causing the cloud to collapse. As it continued to spin, the cloud flattened and its temperature rose. Eventually, great heat and pressure built up near the center of the cloud. Nuclear reactions produced a star now called the Sun.

Away from the center of the spinning cloud, temperatures were cooler. Matter in this cooler part of the cloud began to come together to form the planets and their moons.

Planets closest to the Sun formed from heavy, rocky material. Farther from the Sun, planets were able to hold onto lighter gases and form much larger planets. Moons eventually formed around all but two of the planets.

Along with the planets and their moons, other small bodies formed in the solar system. These include asteroids, comets, and meteoroids.

The paths, or orbits, of all of the bodies that travel around the Sun are shaped like slightly flattened circles called ellipses. The strong gravitational force of the Sun holds all the objects in the solar system in their orbits.

TEXT STRUCTURE **What does the illustration show about the planets in the solar system?**

〈출처 : Houghton Mifflin, Science, 2007, p.D56〉

과학교과교재를 질문을 통해 빨리 읽고 예견하는 과정에서 제목, 그래프나 반복된 용어들을 통해 다음과 같은 점에 주목하도록 한다.

– Solar System의 종류를 알아본다.
– Inner Planets와 Outer Planets는 어떤 것들이 있는지 알아본다.
– Solar System 종류들의 각 특징을 알아본다.

학생들이 Solar System에 대해 이미 알고 있는 것들도 있을 것이다. 어떤 것은 사전에 알고 있는 지식이고, 여기에 예견하기 활동을 통해 알게 된 새로운 지식이 추가된 것도 있을 것이다. 때문에 읽기계획을 세워 새로운 용어와 개념을 잘 기억할 수 있도록 도와주는 읽기전략의 사용과 작가가 말하는 것을 찾아내는 읽기전략 사용에 대한 계획을 세워야 한다.

과학교과교재의 읽기전략 중 하나는 바로 '적어두기' 전략이다. 이는 과학교재읽기에 사용할 수 있는 최고의 전략이 될 수 있다. 하지만 때론 이것이 최선의 전략도, 가장 효과적인 전략이 아닐 수 있다. 하지만 읽기 전에 많은 것을 적어두는 활동은 필요하다. 특히 과학교과교재를 읽을 때 적어두기 활동은 여러 가지 방식으로 이루어질 수 있다. 생각나무 도식을 사용해서 과학용어 개념에 대해 적어두기를 해볼 수 있다.

먼저, 과학교과의 제목을 통해 생각나무 도식을 만들어보도록 한다(Laura. R., 2002 참조).

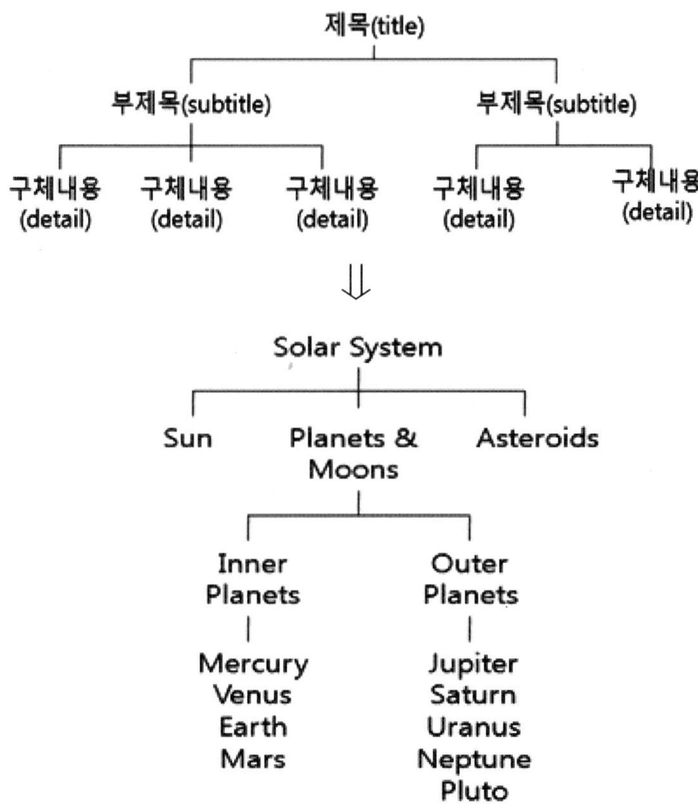

생각나무 도식은 과학교과교재에 주어진 제목을 사용해서 작가의 생각이 어떻게 조직되고 전개되고 있는지를 볼 수 있는 방법이다. 즉, 생각나무 도식은 과학자가 생각하는 것을 작가가 전해주는 방식이라 할 수 있다. 읽기 전 과학교과교재 내용에서 무엇이 중요한지를 알려주기 위해 과학교과교재가 특정주제에 관해 정리하고 있는 제목을 확인하도록 한다. 과학교과교재에서 재시한 각 단원의 제목은 과학교재를 이해하는 데 효과적인 팁을 제공한다. 과학교재의 이번 단원 제목은 'The Solar System'이다. 이 단원은 'Solar system'에 속한 종류들을 나누고, 각각의 특징을 설명하는 것으로 구성되고 있다.

과학교재 읽기목적과 전략을 갖추었으면 이제 탐구읽기를 시작한다.

■ 탐구읽기 : 과학텍스트 내용을 종합하고 요약하기와 연결하기

과학교과교재에는 많은 정보나 용어가 제공되고 있기 때문에 신비로운 소설이나 신문 기사처럼 빨리 읽기보다는 아무래도 천천히 꼼꼼히 읽어야 한다.

과학교과교재는 읽기목적을 갖고 교재 내용에 대해 종합하고 요약하는 적어두기 전략을 사용하며 읽도록 한다. 요약된 내용을 적어두면 과학교재에 있는 정보를 더 쉽게 이해할 수 있다. 과학교과교재의 유형에 따라 적절한 적어두기 전략을 사용해야 한다. 적어두기 전략은 분류하고, 용어정리, 순서정하기, 등 다양한 방식이 있으므로 과학교과주제관련 특정 과제에 사용할 수 있는 읽기도구를 사용하는 것이 좋다. 과학교과교재 단원의 특징에 따라 분류하기, 교재내용 적어두기, 중요단어 적어두기, 학습카드, 과정 적어두기, 분류 적어두기 등 다양한 방식의 적어두기 전략 중 하나를 정하여 사용하도록 한다. 그 외에도 주요단어 적어두기, 학습카드 적어두기, 전개과정 적어두기 방법을 분류해서 적어두기 전략사용을 동시에 할 수도 있다. 분류해서 적어두기는 과학교재 내용을 이해하는 데 도움이 된다.

〈Living Things의 특성을 나열하는 과정노트〉

분류	교재내용
Inner Planet (지구형 행성)	• Mercury, Venus, Earth,와 Mars 등이 이에 속한다. • 태양에 가깝기 때문에 뜨겁고 밝다. • 대체로 작고, 단단한 자원을 구성한다. • 표면에는 주로 산과 분화구들이 있다.

Outer Planet (천문 외행성)	• Jupiter, Saturn, Uranus, Neptune, Pluto가 이에 속한다. • 태양과 떨어져 있어 차고 어둡다. • 대체로 거대하고 가스를 만든다. • 많은 달이 있고 반지 시스템을 갖춘다. • Pluto만은 작은 편이고, 돌과 찬 가스를 구성한다. 반지 같은 궤도도 없고 한 개의 달이 있을 뿐이다.

과학교과교재 읽기에서는 질문을 통해 과학교과내용과 자신의 경험을 연결할 수도 있다. 과학 공부에 어려움을 느끼는 이유는 과학자가 말하는 용어개념이나 내용을 자신의 삶과 어떻게 연결할지를 모르기 때문이다. 왜 Solar System에 대해 알아야 하는지에 대해 학생들은 궁금해하고 질문을 해야 한다. 그리고 이러한 궁금증을 해결하기 위해 과학교재 내용과 개념을 자신의 삶과 연결해보는 것이다. 때문에 교사들은 학생들이 궁금증을 갖도록 스스로가 자신의 삶과 연결을 위한 질문만들기 활동을 이끌어야 한다. 과학교재 읽기를 할 때, 과학교과 주제에 관해 학생 자신들이 가장 흥미롭고, 가장 익숙한 것에 대해 질문을 하고 이에 대해 적어보도록 한다. 이러한 질문과 적어보기 활동을 통해 학생들은 과학교과관련 주제와 학생 자신의 경험 사이에 얼마나 많은 연결고리가 있는지를 알게 될 것이다. 학생들이 'The Solar System'에 대한 교재내용과 자신의 경험을 어떻게 연결하는지를 알아보도록 한다.

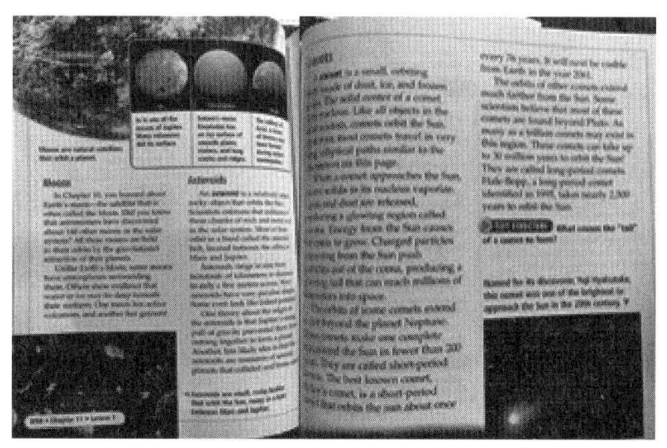

이 페이지는 인간이 삶을 영위하기 위해 필요한 자원을 얻을 수 있는 훌륭한 장소를 찾기 위해 위성을 탐험하는 것에 대해, 내가 봤던 영화 '인터스텔라'에서 본 어떤 것 같다.
(This sounds like something in a movie, 'interstellar' I saw exploring a planets to find out a good place where human can get resource for living.)

〈출처 : Houghton Mifflin, Science, 2007, p.D57~58〉

■ 쓰기 : 종합하고, 요약하고 탑재하기

과학교과교재를 읽고 나면, 잠시 읽기목적에 맞는 필요한 것을 잘 얻었는지 확인할 시간이 필요하다. 과학교과교재를 다시 되새겨 보는 활동을 하면서 학생들은 읽기목적을 짚어보고, 작가가 'The Solar System'에 대해 말하고자 하는 것이 읽기목적에 맞는지를 제대로 찾아 알고 있는지를 자문해보도록 한다. 그리고 과학교과 주제에 대해 학생 자신이 얼마나 알게 되었고, 알게 된 것을 설명할 수 있는지도 자문해보도록 한다. 과학교과교재를 얼마나 잘 이해했는지를 확인하기 위해서는 학생이 스스로 만든 질문들에 답을 찾기 위해 다시 읽기를 하고 내용을 복습해 볼 수도 있다.

이렇듯 읽은 것을 다시 되새겨 보는 읽기 후 과정에서 학생스스로에게 물어봐야 할 질문은, 1〉 중심주제가 무엇이고, 그 주제를 이해하고 있는지, 2〉 과학교과교재에서 사용된 중심용어를 설명할 수 있는지, 3〉 도식, 그림과 그림의 설명 들을 이해하는지 등에 대한 질문을 하면서 과학교과교재 내용에 대해 되새겨 보도록 한다.

학생 자신에게 자문하는 모든 질문에 답을 할 수 없다면 과학교과교재의 탐구읽기과정에서 적어두기를 해둔 노트를 다시 읽어보는 것이 좋다. 또는 교사에게 질문을 해서라도 과학교재 내용중 궁금한 것에 대해 반드시 알아야 한다. 궁금한 것을 알아보기 위해서는 해당 단원의 최소한의 부분이라도 다시 읽어볼 필요가 있다.

다른 교과목과는 달리, 과학교과는 직접 실험해보는 교과목이다. 이는 학생이 읽기를 통해 배운 것으로 흥미로운 뭔가를 만들어내야 한다는 것을 의미한다. 과학교재 읽기를 통해 얻은 정보를 기억하기 위해서는 내용에 대한 스케치를 해두거나 실제 활동을 해보면 과학자료 내용을 암기하는 데 도움이 된다. 'The Solar System' 단원에서는 그룹 활동으로 학생들끼리 큰 도화지에 Solar System을 그려보고 각 위성의 특징을 작성하고 이를 교실 벽에 붙여 놓고 학생들과 공유하도록 할 수 있다. 그려보기 활동은 과학교과교재에서 배운 것에 대해 도식화를 하는 것이다. 식물이나 동물을 그리거나 교재에서 중요한 장소나 발견들을 도식화해 두면 과학교재 내용을 기억하는 데 도움이 될 수 있다. 또한, 과학교과교재에서 묘사된 활동을 실제 실험해보는 것도 효과적이다. 'The Solar System'의 상황을 보고하는 쓰기 및 발표 활동을 할 수도 있다. 이러한 탐구과정에서 각 위성을 찾아가는 과정과 방법에 대한 콘티를 작성해보는 활동을 할 수도 있다.

〈읽기과정에서 위성을 찾아가는 과정에 대한 콘티〉

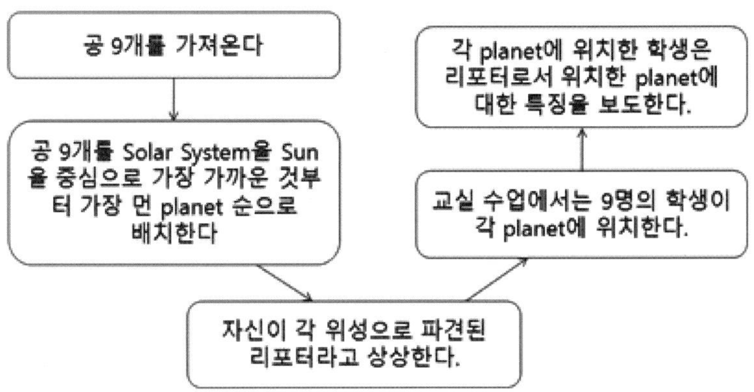

과학교과교재를 읽을 때는 적어두기나 그려보기 전략이 아주 효과적이다. 따라서 다양한 적어두기 도식 중 하나를 사용하여 적어두기를 해 두면, 탐구읽기 후 되새겨보기를 하거나 다시 읽기를 할 때 효과적으로 사용될 수 있다. 적어두기 도구로는, 생각나무 그리기, 분류와 교재내용 적어두기, 주요단어 적어두기, 학습카드 만들기, 과정 적어두기, 분류하여 적어두기 등이 있다. 특히 과학교과교재에서 질문에 답을 작성하거나 과학교과교재에 대한 보도자료를 작성하기 등의 쓰기활동을 할 수 있다. 과학 보도자료 쓰기를 할 때는 다양한 구조로 작성하는 것이 좋다. 쓰기구조는 왜 이러한 일이 일어났는지에 대한 '원인과 결과 구조', 문제가 무엇이고, 어떻게 해결될 것인지에 대한 '문제와 해결 구조', 일들이 어떤 유형으로 분류되는지에 대한 '분류 구조', 그리고 두 개 이상의 사항들을 비교하고 대조하며 설명되는 '비교와 대조 구조'로 전개되고 조직화할 수 있다.

탐구읽기 후 다시읽기 활동으로는 과학교과교재를 읽기 전에 정해 둔 읽기목적이나 알고 싶은 내용에 대한 많은 질문에 답을 할 수 없는 경우에 다시 읽기를 함으로써 과학교과교재 단원에서 중요한 정보를 이해할 수 있다.

일반적으로 과학자들은 세상을 설명하기 위해 궁금한 질문을 한다. 이에 따라 과학교재가 전개되는 조직하는 방식이 결정된다. 과학교재 전개방식이나 조직화 형식은 주로

1〉 원인과 결과순서에 따라, 2〉 분류순서에 따라, 3〉 문제—해결 순서, 4〉 비교와 대조 순서에 따라 정리된다. 과학자처럼 생각하기 위해서는 과학교재가 어떤 형식으로 전개되는가를 이해할 필요가 있다.

Solar System에 대해 과학자들이 궁금해 하는 질문은 다음과 같은 분류 방식으로 정리될 수 있다.

1〉 Solar System에서는 어떤 이유로 인해 서로 다른 특징이 나타나는가? : 원인과 결과 구조(cause-effect).

2〉 Solar System은 어떤 특징에 의해 분류되는가? : 분류구조(Classification).

3〉 Solar System을 탐험하는 데 어려움을 해결하기 위해서는 어떻게 해야 하나요? : 문제해결구조(Problem-Solution)

4〉 Solar System에서 위성과 달이 비슷한 점은 무엇인가? : 비교와 대조 구조(Compare-Contrast)

과학교재의 'The Solar System'이라는 단원에서는 비교와 대조구조를 사용하여 과학교과 내용을 정리하고 있다.

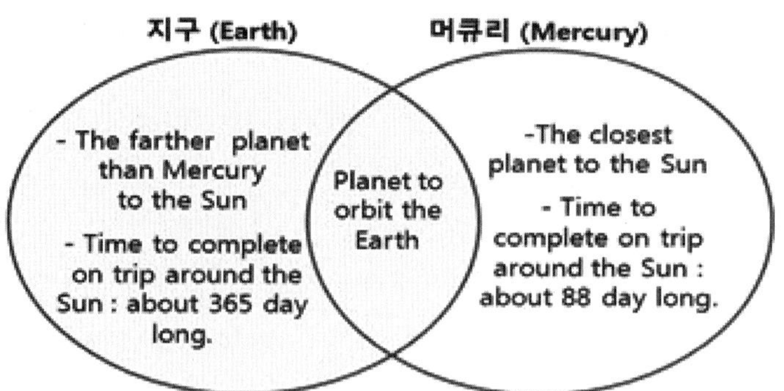

교과주제관련 다양한 매체 넌픽션 과학교과관련 교재를 읽을 때는 다양한 형식을 반복해서 접하게 될 것이다. 이 경우 위의 4가지 중 하나의 형식으로 전개하는 도구를 사용하면 과학자처럼 무엇을 읽고, 어떻게 생각할지를 더 잘 이해할 수 있게 될 것이다.

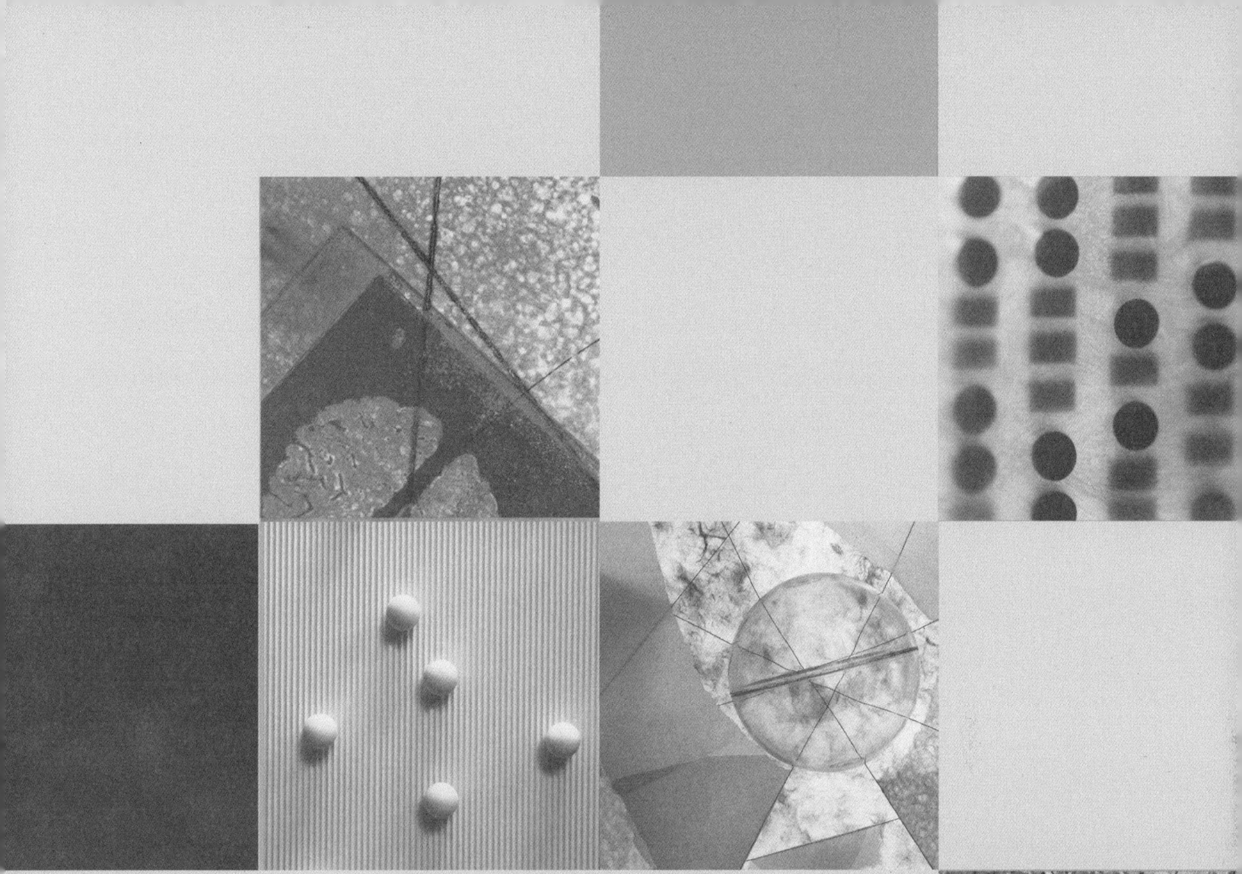

사회교과학습에서 뉴 리터러시 학습

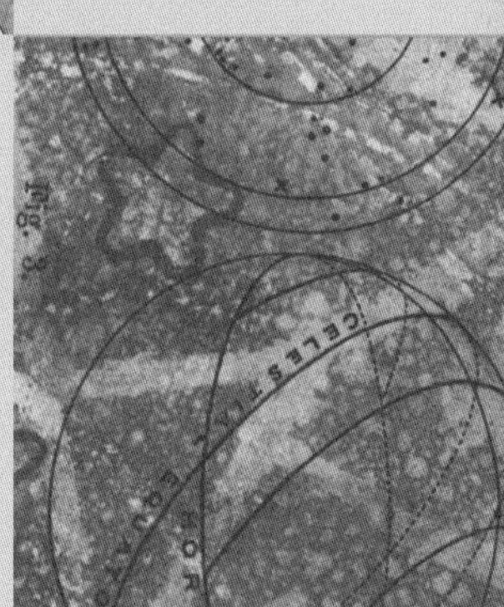

▌지리교과주제관련 다양한 매체 넌픽션 텍스트 읽기

교과주제통합학습에서 교과주제에 대해 학생들이 궁금한 점에 대해 질문을 만들고, 더 심오한 내용을 알아보기 위해 디지털매체 지리교과주제관련 넌픽션 텍스트를 찾고자 한다. 그리고서 중심어휘나 문자를 검색엔진에 입력하고 적절한 정보를 탐색한다. 이때 찾고자 한 정보의 위치를 지정하고 디지털매체 텍스트를 읽어야 하는 경우, 우선 텍스트 읽기방법을 알아야 한다. 지리교과주제관련 텍스트 읽기방법을 잘 모르는 경우 텍스트 내용이 지루하거나 이해하기 어려울 수 있다. 지리교과주제관련 디지털매체 텍스트는 새로운 정보를 담고 있는 보자기가 될 수 있다. 이러한 지리교과 텍스트 읽기활동은 보자기에서 새로운 정보를 찾아내는 활동이다. 때문에 지리교과 텍스트 읽기활동에서는 더 많은 정보를 얻어내기 위한 방법을 익혀야 한다. 무엇보다 지리교과 주제관련 텍스트의 전개방식에 대한 이해와 도식화하는 읽기전략을 알아야 한다. 이를 위해 이 장에서는 Reader's Handbook에서 제시하고 있는 지리교과읽기(4장)에 대한 내용, 목표 및 전개방식 등을 우리나라 초등학교 지리교과수업에서 뉴 리터러시 학습과정과 방법으로 재 적용해보고 그 효과성을 재검토하고자 한다.

사회 과목에서 지리교과주제관련 다양한 매체 텍스트는 지구의 대륙, 산, 물과 기후, 동식물에 대한 정보를 준다. 지리교과주제관련 다양한 매체 텍스트의 목차를 보면, 인구, 기후, 대륙의 이름이나 도시이름과 같은 지리교과주제에 대한 단원을 찾을 수 있다.

■ 비판적 묻는 읽기 : 질문하기, 위치지정 하기와 예견하기

지리교과 '대륙과 기후(Land and Climate)'라는 단원학습을 하고서 교과주제관련 궁금한 점에 대한 더 심오한 답을 찾고자 지리교과주제관련 다양한 매체 텍스트가 있는 사이트를 위치지정하도록 한다. 지리교과주제관련 디지털매체 텍스트를 읽기 전에 미국 동부지역의 대지와 강에 대해 이미 알고 있는 것을 생각해보는 시간을 갖도록 한다. 그리고 인터넷에서 찾은 디지털매체 텍스트가 무엇에 대한 것인지에 대해 예견해보고 이 텍스트를 통해 알고자 하는 정보를 얻기 위한 읽기계획을 세워보도록 한다.

• 읽기목적 정하기 위한 질문하기

학생들이 지리교과주제관련 다양한 매체 텍스트 읽기에서 뭘 찾고자 하는가에 대한 읽기목적을 정하도록 한다. 읽기목적은 지리교과관련 디지털매체 텍스트를 읽고 그 텍스트의 제목을 정하는 것과 비슷하다. 먼저, 지리교과관련 디지털매체 텍스트의 제목을 정하기 위한 질문을 만들고, 때론 그 제목을 질문으로 다시 작성해볼 수도 있다. 다음 지리교과관련 디지털매체 텍스트의 제목은 'Land and Climax'이다. 그 제목을 미국 서부지역에서 땅과 기후는 어떠한가?(How are land and climate in the Midwest)? 또는 지리적 위치는 미국 서부지역의 날씨에 어떠한 영향을 미치는가?(How does location affect climate in the Midwest)? 라는 질문으로 바꿀 수도 있다. 다양한 매체 지리교과주제관련 텍스트들은 작가가 텍스트를 쓴 목적이 있고, 작가가 중요한 것을 전하는 각 페이지의 일부분을 읽어봄으로써 텍스트의 내용을 예견해 볼 수 있다.

교과주제관련 궁금한 점에 대해 답을 찾을 수 있는 중심어휘나 구문을 검색엔진에 입력하여 인터넷에서 지리교과주제관련 다양한 매체 텍스트를 찾아 텍스트 위치를 지정한다. 그리고 지리교과주제관련 텍스트의 읽기목적을 정하고, 질문을 통해 읽기내용을

예견해봐야 한다. 디지털매체 텍스트 내용을 질문을 통해 예견해보는 활동은 읽기에 대해 기대할 수 있는 아이디어를 얻을 수 있게 해준다. 다양한 매체 텍스트 내용을 예견하기 위해 제목, 부제, 사전에 박스에 정리된 내용들, 반복된 단어나 볼드체로 쓰인 단어들, 그림, 지도, 그래프, 그림이나 그림설명(captions), 그리고 첫 번째와 마지막 단락을 점검해보는 것이 중요하다.

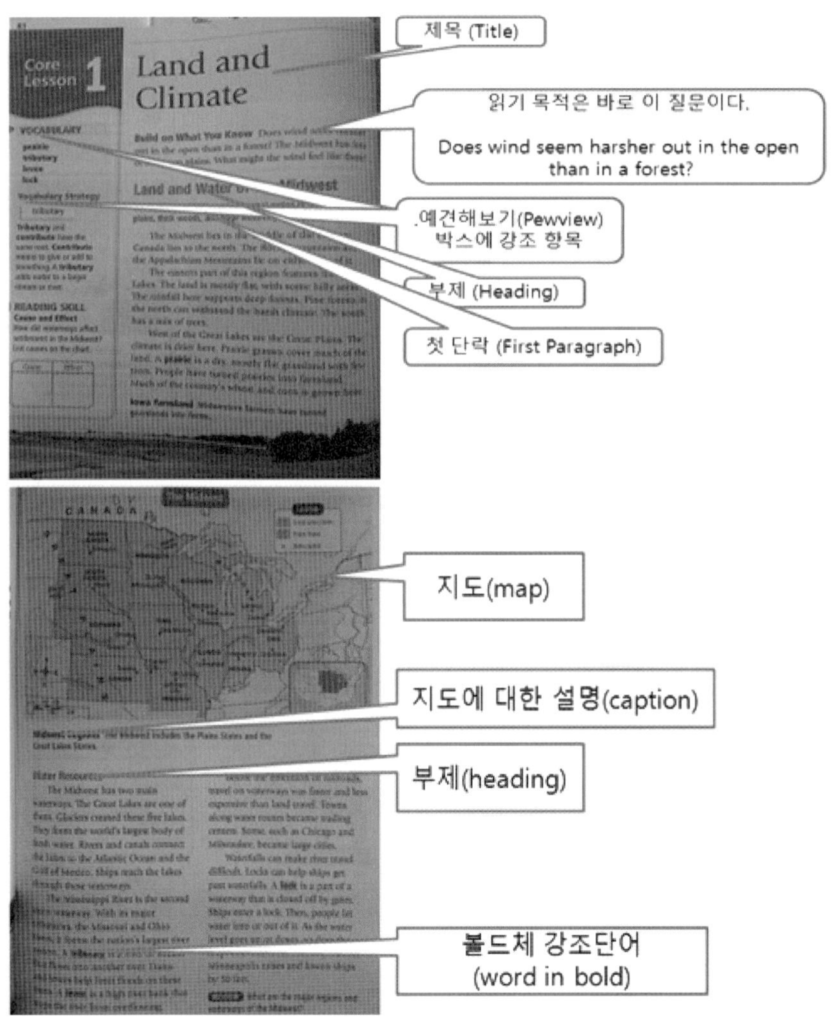

〈출처 : Houghton Mifflin : Social Studies - State and Regions, p.190~191〉

• 질문을 통해 읽기전략 사용하기 및 읽기계획하기

다양한 매체 지리교과주제관련 텍스트에서 제목, 볼드체 단어, 그래프 등을 통해 텍

스트 내용을 예견함으로써 미국의 중서부지역의 토양과 수자원에 관한 구체적 내용을 알게 된다. 예를 들어,

- 미국의 중서부지역은 넓은 평야가 주를 이루는 중심지역이다.
- 미국의 중서부 지역의 수로에 대해 알 수 있다.
- 미국의 중서부 지역의 기후는 다양하다.
- 미국의 중서부 지역에는 다양한 동식물이 살고 있다.

지리교과주제관련 다양한 매체 텍스트의 읽기계획을 세우는 것은 미국 중서부지역의 기후와 동식물에 대한 텍스트 읽기를 할 때 자세한 사항을 찾고 그 내용을 기억하는데 좋은 방법이기 때문이다.

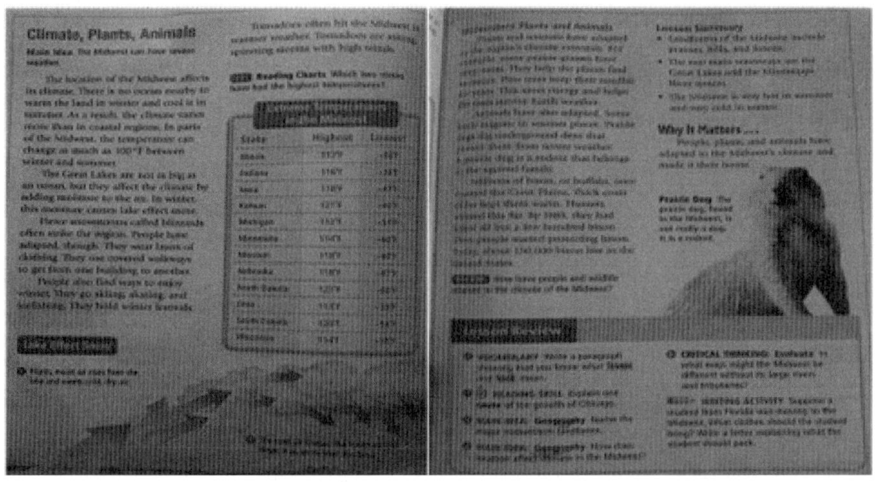
Climate, Plants, Animals

〈출처 : Houghton Mifflin : Social Studies - State and Regions, p.192~193〉

지리교과주제관련 다양한 매체 텍스트내용에 대해 도식화하는 읽기전략을 사용하는 것은 목록 작성을 하는 전략보다 더 효과적인 읽기전략이다. 지리교과주제관련 다양한 매체 텍스트 읽기에서 효과적인 도식화 전략은 K-W-L이다. 다양한 매체 지리교과주제 텍스트 읽기를 시작하기 전에 K-W-L 차트를 작성해보도록 한다.

〈지리교과주제 텍스트 읽기전략으로서 K-W-L 도식〉(Laura. R., 2002, p.91 참조)

내가 알고 있는 것 K (what I Know)	내가 알고 싶은 것 W (what I Want to know)	내가 읽기를 통해 배운 것 L (what I Learned)

■ 탐구읽기 : 평가하기, 종합하기 및 요약하기

지리교과주제관련 다양한 매체 텍스트 읽기를 할 때, 지리교과주제관련 더 구체적인 사항을 알고 싶을 때, 지리교과주제관련 다양한 매체 탐구읽기를 해야 한다. 지리교과주제관련 더 궁금한 점에 대해 학생들이 질문을 만들거나 문제를 제기하고, 이에 대한 문제해결을 위해 읽기목적에 따른 지리교과주제관련 다양한 매체 텍스트 정보에 대해 깊이 생각하며 학생 자신에게 질문을 하고, 이에 중요한 점을 적어본다.

• 읽기목적에 맞게 탐구읽기

지리교과주제관련 다양한 매체 텍스트의 읽기목적은 '미국 중서부지역에서 땅과 기후는 어떠한가?(How are land and climate in the Midwest)?' 또는 '위치는 미국 중서부지역의 날씨에 어떻게 영향을 미치는가?(How does location affect climate in the Midwest)?' 이다. 이 질문들에 대한 답을 찾기 위해 인터넷에서 중심단어로 검색한 후, 디지털매체 텍스트에서 질문에 대한 사실과 구체적 정보를 찾고, 이 정보위치를 지정한 다음, 탐구읽기를 하면서 질문에 답을 적어보도록 한다. 이때, 지리교과관련 텍스트를 읽을 때는 각 문장을 천천히 신중하게 읽어야 한다. 이를 위해 지리교과주제관련 디지털매체 텍스트에서 읽기목적에 맞는 답을 찾을 수 있는 도식전략을 선택해야 한다.

• 중심개념의 조직도 만들기

지리교과주제관련 다양한 매체 텍스트에서 제목은 중심생각에 대한 실마리를 제공해준다. 각 텍스트의 제목을 보고 주제문이나 중심생각을 이끌어낼 수 있다. 부제에 대한 중심생각을 적어볼 수도 있다. 각 제목과 관련된 중심생각에 대한 도식은 가장 주요한 사항들에 초점을 두고 탐구읽기를 할 수 있게 해준다.

〈중심생각에 대한 도식〉(Laura. R., 2002 참조)

중심생각(Main Idea) 중서부지역은 넓게 펼쳐진 광야, 울창한 숲과 거대한 수로의 중심되는 지역이다. (The Mid west is a central region of wide open plains, thick woods, and huge waterways.)		
내용(detail) 1 땅은 평평하고 구릉성 지역을 가지고 있다. (The land is flat, with some hilly areas.)	**내용(detail) 2** 강우는 깊은 숲을 지원한다. (The rainfall supports deep forests.)	**내용(detail) 3** 기후는 건조하다. (The climate is drier.)

지리교과관련 다양한 매체 텍스트에서 주제나 용어개념에 대한 도식은 새로운 용어나 그 개념을 이해하도록 도와준다. 용어개념에 대한 도식은 주제나 용어개념에 대한 중요한 생각이나 구체적인 내용을 중심으로 연결한다.

〈용어개념에 대한 도식〉(Laura. R., 2002 참조)

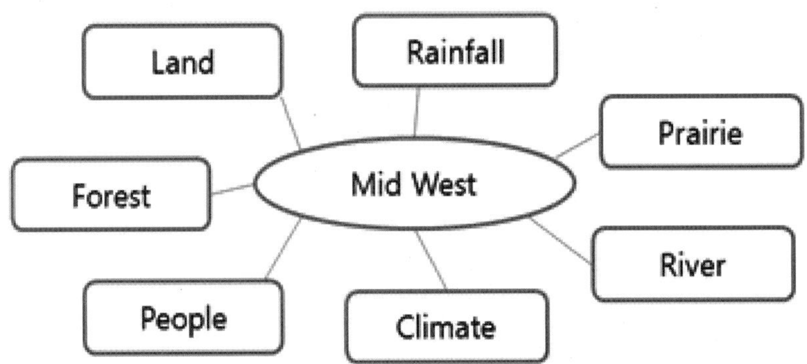

• K-W-L 차트 만들기

지리교과관련 다양한 매체 텍스트를 읽기 전에 K-W-L 차트에서 먼저, K(내가 알고 있는 것 : What I Know)를 작성해 보도록 한다. 읽기 전 예견하기 활동에서는 이미 교과내용에서 배운 것에 대해서도 생각해보도록 한다. 미국의 중서부지역의 땅과 날씨에 대해 인터넷에서 검색하여 지리교과주제관련 다른 디지털 자료나 Youtube 동영상이 있는 정확한 위치를 지정하고 그 정보를 읽거나 교사와의 상호작용을 통해 알고 있는 것을 적어보도록 한다. W(내가 텍스트를 통해 알고자 하는 것)를 위해서는 질문을 만들고, 디지털매체 자료에 대한 탐구읽기를 통해 학생 자신이 찾고자 하는 것에 대해 답을 작성해보도록 한다. L(텍스트 읽기를 통해 학생 자신이 배운 것)을 위해서는 지리교과 관련 다양한 매체 텍스트 읽기를 통해 중요한 정보를 요약하도록 한다.

〈K-W-L 도식 만들기〉(Laura. R., 2002 참조)

K (whehat I Know)	W (what I Want to know)	L (what I Learned)
미국서부지역은 미국의 중심지역이다. 중부지역은 많은 평야가 있다. (The midwest is a central region of America. The midwest region has lots of prairies.)	바람은 숲보다 열린 평야에서 더 심한 듯 보이는가? 바람은거기서 무엇처럼 보이는가? 중서부에서 땅과 기후는 어떤가? (Does wind seem harsher out in the open than in a forest? What might the wind feel like there? How are land and climate in the Midwest?)	이 부분은 읽기 후에 작성되는 것이다. (This part of the chart is felled out after reading.)

• 전개방식 이해하기

학생들은 지리교과주제관련 다양한 매체 텍스트를 읽고 나서도 텍스트에서 작가가 전하고자 하는 메시지 즉 모든 정보를 파악하지 못하는 경우가 많다. 이는 지리교과주제관련 텍스트 전개형식을 제대로 감지하지 못하기 때문일 수 있다. 지리교과주제관련 다양한 매체 넌픽션 텍스트 전개방식을 알면 텍스트에서 작가가 전하는 메시지가 어떤 의미인지를 보다 쉽게 이해할 수 있게 된다. 그 이유는 지리교과주제관련 다양한 매체 텍스트에서 주로 사용하는 중요한 특징들이 있기 때문이다.

지리교과주제관련 다양한 매체 넌픽션 텍스트는 주로 주제별 전개방식을 따른다. 지리교과주제관련 다양한 매체 텍스트는 중요한 개념이나 주제를 중심으로 전개된다. 'Land and Climate'의 텍스트도 하나의 주제와 부제를 중심으로 정리되고 있음을 알 수 있다. 'Land and Climate' 텍스트는 다음과 같이 볼드체로 강조된 제목 아래 부제로 전개되는 형식을 따르고 있다.

1. 제목
— 부제목

2. 제목
— 부제목

1. Land and Water of the Midwest
— Water Resources

2. Climate, Plants, Animals
— Midwestern Plants and Animals

지리교과주제관련 다양한 매체 넌픽션 텍스트의 전개형식을 알면 주제나 그에 따른 몇 개의 부제들을 찾을 수 있다. 중심생각은 뒤에 이어지는 부제들에서 바로 찾을 수 있다.

• 그래프나 차트에서 답 찾기

대부분의 지리교과주제관련 다양한 넌픽션 텍스트는 주제에 따라 그래프나 차트를 상당히 많이 사용한다. 대부분의 지리교과주제관련 다양한 매체 텍스트는 지도(map), 그래프(graph), 도표(tables), 다이어그램(diagram)이나 차트(chart) 등으로 가득 차 있는 것을 볼 수 있다. 이러한 지리교과 텍스트는 중요한 정보를 강조하기 위해 많은 단어들을 비주얼 자료로 표현해주기도 한다. 지리교과주제관련 다양한 매체 텍스트 읽기를 할 때, 텍스트 내용이 이해되지 않으면 이러한 비주얼 자료들을 봄으로써 텍스트 내용을 쉽게 이해할 수 있게 된다. 이렇듯 지리교과주제관련 다양한 매체 넌픽션 텍스트는 단어, 지도, 그래프, 도표나 차트가 함께 어우러져서 메시지나 정보를 전달하고 있다.

하지만 이러한 지리교과주제관련 다양한 매체 넌픽션 텍스트에서 비주얼 자료들을 볼 때는 신중을 기해야 한다. 이유는 학생들은 비주얼 자료에 집중하면서 동시에 텍스트를 읽어야 하기 때문이다. 학생들은 비주얼 자료가 어떤 점을 설명하려고 하는지를 자신에게 계속 질문을 하면서 탐구읽기를 해야 한다. 비주얼 자료는 대부분 텍스트에서 설명하는 한 문장 또는 한 단락을 요약하고 있다.

어떤 2개의 주(states)들이 가장 높은 기온을 유지해 왔는가?
(Which two states have had the highest temperatures?)

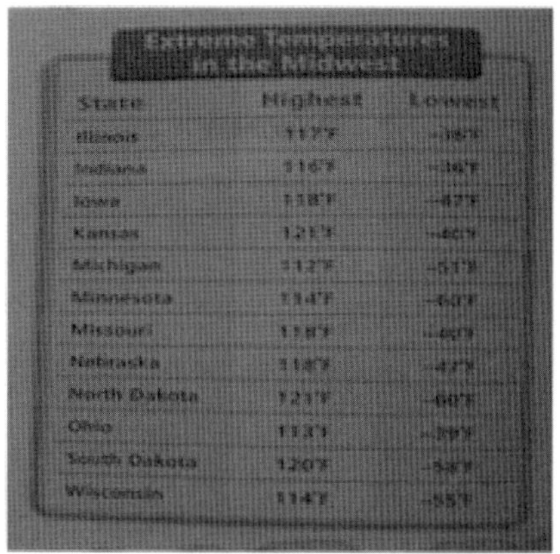

Extreme Temperatures in the Midwest

State	Highest	Lowest
Illinois	117°F	-36°F
Indiana	116°F	-36°F
Iowa	118°F	-47°F
Kansas	121°F	-40°F
Michigan	112°F	-51°F
Minnesota	114°F	-60°F
Missouri	118°F	-40°F
Nebraska	118°F	-47°F
North Dakota	121°F	-60°F
Ohio	113°F	-39°F
South Dakota	120°F	-58°F
Wisconsin	114°F	-55°F

〈출처 : Houghton Mifflin : Social Studies - State and Regions, p.192〉

위의 도표는 미국 중서부지역의 기온이 여름과 겨울사이 100F 만큼이나 변화하고 있다는 점을 보여주고 있다.

• 종합하고, 요약하고, 그리고 자신의 경험과 연결하기

지리교과주제관련 다양한 매체 텍스트를 읽을 때, 작가가 전하고자 한 내용을 종합하고 요약해보도록 한다. 그리고 이를 자신의 삶과 연결해보도록 한다. 지리교과관련 다양한 매체 텍스트 내용을 학생 자신의 삶과 연결하지 못하면 텍스트 내용을 기억하기가 어렵고, 텍스트 내용과 주제에 대한 지식이 자신의 지식으로 연결되지 못하게 된다. 때문에 지리교과주제관련 다양한 매체 텍스트 읽기를 할 때, 'Land and Climate in the Midwest'라는 텍스트 읽기를 할 때, 학생 스스로에게 끊임없이 질문을 하는 탐구읽기를 해야 한다. '동물들은 미국 중서부 기후에 어떻게 적응할까?'라는 텍스트를 읽는 동안 학생들은 자기 자신의 삶의 중요한 상황이나 자신의 흥미영역과도 연결을 시도할 필요가 있다.

지리교과주제관련 다양한 매체 넌픽션 텍스트 내용을 학생 자신의 삶과 연결하면 읽기에 대해 더 흥미를 갖게 되어 텍스트를 잘 이해하게 되고 더 오래 기억되게 해준다.

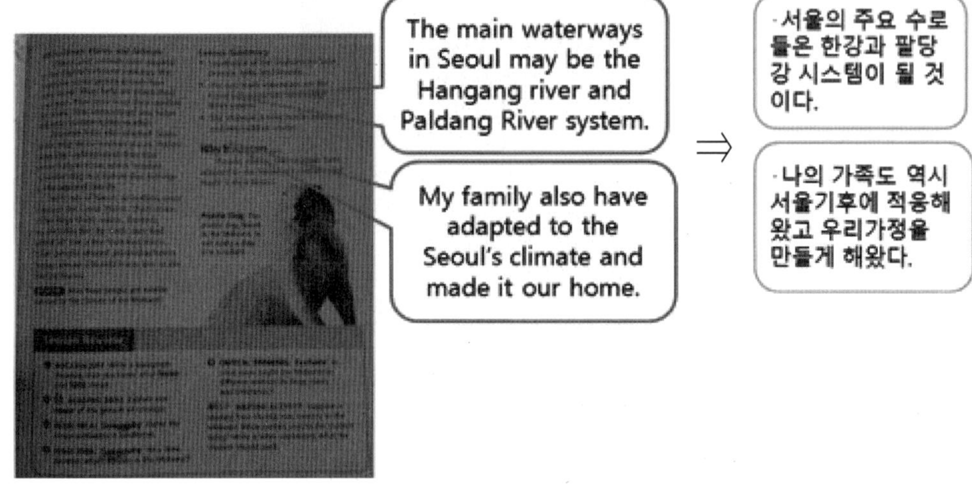

〈출처 : Houghton Mifflin : Social Studies - State and Regions, p.193〉

■ 쓰기 : 학생 자신의 생각으로 표현하기

지리교과주제관련 다양한 매체 넌픽션 텍스트를 읽고 나면, 학생 자신이 텍스트로부터 무엇을 알게 되었는지에 대해 확인해보는 시간을 가져야 한다. 지리교과주제관련 다양한 매체 넌픽션 텍스트를 읽기 한 후, 읽은 텍스트에 대해 잠시 생각해보는 시간을 가져야 할 필요가 있다.

• 읽은 텍스트 내용을 상기하기

지리교과주제관련 다양한 매체 넌픽션 텍스트를 읽고나면, 읽기 전 작성한 읽기 목적에 맞는 답을 찾았는지 자문해봐야 한다. 이때 탐구읽기를 하는 동안 작성한 K-W-L차트를 통해 지리교과주제관련 넌픽션 텍스트에서 배운 것을 다시 상기해볼 수 있다.

지리교과주제관련 다양한 매체 넌픽션 텍스트를 읽고 난 후, 텍스트 읽기를 통해 무엇을 배우게 되었는지 질문을 통해 학생스스로에게 자문해 볼 필요가 있다.

지리교과주제관련 다양한 매체 넌픽션 텍스트를 읽고 난 후, 텍스트 읽기를 통해 무엇을 배우게 되었는지, 즉, 읽기목적에 따른 질문에 답을 찾았는지, 주제문이나 작가의 중심생각이 무엇인지, 텍스트 내 그래프나 차트 등 비주얼 자료를 이해하고 있는지, 그리고 텍스트 관련 다른 질문들에도 답을 할 수 있는지 등의 질문을 학생스스로에게 던져 볼 필요가 있다.

이 경우, 질문들에 답을 할 수 없는 경우, 일정 부분을 다시 읽어야 한다. 한번 읽어서 텍스트의 내용을 전부 안다는 것은 쉽지 않은 일이다. 읽기 텍스트는 많은 정보들을 포함한다. 처음 읽을 때는 보다 집중하게 텍스트 내용파악을 했다고 해도 다시 읽게 되면 처음 읽을 때 놓쳤던 정보를 더 얻게 될 수 있다. 다시 읽을 때는 텍스트 전체를 쭉 다시 읽어보는 읽기를 할 수도 있고, 어떤 경우는 이해가 안 되는 특정부분을 찾아 다시읽기를 할 수도 있다. 또는 특정 부분의 이해를 위해 제목을 점검하고, 주제에 대한 용어를 다시 점검한다거나 도표나 차트 같은 비주얼 자료를 찾아 읽어볼 수도 있다. 또는 수업시간 교과주제관련 디지털매체읽기를 할 때 학생 자신이 자기 생각을 적어둔 중요한 내용을 읽어볼 수도 있고, 읽기수업에서 교사가 중요하다고 언급한 것을 찾아 다시 읽어 볼 수도 있다. 그리고 시험에 출제될 거 같은 용어를 다시 점검할 수도 있다. 읽기 후 활동으로 읽기목적에 맞는 다시 읽기활동은 읽기를 하는 모든 학생들이 반드시 해야 할 읽기 후 활동이다.

읽기 후 다시 읽기활동을 할 때도 학생들의 '적어두기' 전략은 매우 효과적이다. 다시읽기를 할 때는 반드시 연필이나 컴퓨터 워드로 중요한 것을 찾을 때마다 읽기목적에 맞는 질문들에 답을 적어두거나 타이핑해두어야 한다. 또한, 읽기목적에 맞는 넌픽션읽기를 하는 동안 읽기전략으로 사용한 다양한 도식들에 중요내용을 추가할 수 도 있다. 또는 다른 읽기전략으로 학습카드에 학생들의 생각을 작성해 둘 필요도 있다. 학습카드는 모든 읽기활동에서 가장 손쉽게 사용될 수 있는 적어두기 도구이다. 학습카드는 어떤 읽기자료에서도 조그만 사항들, 중심용어나 단어까지도 정리할 수 있게 해준다. 문구점에서 파는 3x5나 5x7사이즈 고리 수첩을 사용하기도 하고, 일반 공책을 사용하기도 하고, 핸드폰 메모 기능을 사용하기도 하고, 학생 개인 학습파일을 사용할 수도 있다. 하지만 학습카드는 여기저기에 작성하기보다 하나의 학습카드로 통일하는 것이 효과적이다. 특히 하나의 통일된 학습카드는 시험이나 퀴즈를 위해 공부해야 할 때 꺼내서 편리하게 사용할 수 있다. 지리교과주제관련 다양한 매체 넌픽션 텍스트 읽기를 하고 난 후, 학생 자신이 중요한 사항을 적어놓은 카드나 텍스트 내용의 전개방식을 정리한 도식에는 텍스트 내 중요한 사실이나 자세한 내용이 담겨있다.

〈학습카드〉(Laura. R., 2002 참조)

Question :

Answer :

지리교과관련 넌픽션 텍스트를 읽고 난 후, 텍스트 내의 많은 중요한 정보나 지식을 학생 자신의 지식이나 자료로 만들어 두기 위해서는 모래 속에서 금을 캐듯 많은 지식을 자기 자신의 지식으로 만드는 정화과정이 필요하다.

이를 위해 먼저, 지리교과주제관련 다양한 매체 넌픽션 텍스트를 읽고, 학생 자신이 교사가 되어 텍스트 내에서 읽기목적에 맞는 중요한 사항에 대해 시험문제를 만들어보는 활동을 해보는 것이 의미가 있다. 이 방법은 본인이 매 학기 학생들에게 적용해왔던 방법으로 매우 효과가 있다. 매시간 수업에서 배운 내용이나 읽기 텍스트 내용 중에 학생 자신에게 가장 중요한 점을 시험문제로 출제해 온 다음 시간 시작 전에 제출하게 한다. 처음에는 어설픈 문제를 만들어 오거나 텍스트에 있는 문제를 그대로 베껴오기도 한다. 하지만 시간이 지나면서 시험문제 출제를 하는 목적에 대해 계속 강조를 하고, 좋은 문제를 만들어 온 학생들의 문제를 예시로 보여주고 칭찬을 해주게 되면 긍정적인 학습동기가 되어 학생 자신과 관련된 다양한 형식의 시험문제를 출제해 온다. 이런 문제들 중 몇 개를 뽑아 퀴즈 문제로 사용하거나, 짝 활동 자료로 사용하면 효과적이다.

〈'땅과 기후'에 대한 학습단원에서 시험문제 만들기〉

1. What is not a reason people have turned prairies into farmland? a. dry weather b. flat grassland c. waterway d. few trees	2. Tell about reasons waterways affected settlement in the Midwest?

둘째는, 지리교과주제관련 다양한 매체 텍스트를 읽고 난 후, 학생들이 다른 사람들에게 편지나 메일을 보내는 활동이나 탐구읽기과정이나 결과에 대한 보고문을 작성해보는 활동을 하는 것이다. 지리교과주제관련 다양한 매체 넌픽션 텍스트 내용에 관해, 혹은 텍스트에서 배운 것에 대해 학생 자신의 언어로 부모님이나 친구들에게 편지를 보내는 활동을 할 수도 있다. 그리고 지리교과주제관련 다양한 매체 텍스트에서 읽은 내용에 대해 가장 중요한 정보 2가지에 대해 교사나 학생들 앞에서 앵커가 되어 뉴스보도를 한다고 생각하며 보고문을 작성해보는 활동을 할 수도 있다. 그리고 이를 촬영하여 수업위키나 블로그에 동영상으로 탑재하여 세상 사람들과 소통하는 활동을 할 수 있다.

이렇듯 지리교과주제관련 다양한 매체 넌픽션 텍스트를 읽어야 할 때, 텍스트가 사용하는 전개형식을 파악하는 것이 무엇보다 중요하다. 학생들은 그 정보가 텍스트의 주제나 중심생각을 중심으로 어떻게 전개되고 있으며, 어떤 비주얼 자료를 사용하고 있는지를 파악하며 읽어야 한다. 그리고 지리교과주제관련 다양한 매체 넌픽션 텍스트 읽기과정에서 개념지도, KWL차트, 중심생각 조직도 같은 도식을 사용하면 텍스트 내 정보를 추적할 수가 있고 의미파악도 쉬워진다. 지리교과주제관련 다양한 매체 넌픽션 텍스트 읽기를 한 후, 다시 읽기를 할 때 학생들이 사용하는 탐구읽기 과정에서 사용했던 '적어두기' 전략은 처음 읽기에서 놓친 더 많은 내용을 찾게 해준다.

역사교과주제관련 넌픽션 텍스트 읽기

사회통합교과에서 가장 중요하게 다루어져야 할 교과영역인 역사교과주제학습은 사건이나 지역의 이름이나 연도를 암기하는 과목으로 인식된다. 하지만 역사교과주제관련 다양한 매체 넌픽션 텍스트 읽기활동은 전쟁이나 역사적 발견의 내용을 기억하는 활동만을 의미하는 것이 아니다. 역사교과주제관련 다양한 매체 넌픽션 텍스트를 읽을 때, 무엇보다 중요하게 염두 해야 할 점은 역사적 사건이나 어떤 결정들에 대해 그 당시 사람들의 정의적 감정, 그들의 아픔이나 희망 등도 함께 읽어낼 수 있어야 진정한 역사교과관련 넌픽션읽기학습이라 할 수 있다.

이를 위해서 역사교과주제관련 다양한 매체 텍스트를 읽을 때는 무엇보다 다음과 같은 사항들을 이해할 수 있도록 읽기계획을 세워야 한다.

- 텍스트에서 묘사하고 있는 사실을 파악하고 이해한다.
- 텍스트에서 묘사하고 있는 사실과 변인들을 연결한다.
- 텍스트 읽기를 통해 배운 것들을 기록(note-taking)하면서 내용을 계속 추적한다.
- 텍스트가 구성되고 전개되는 방식을 파악한다.

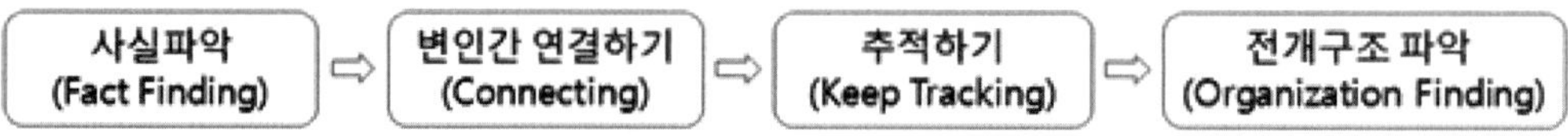

■ 비판적 묻는 읽기 : 질문 만들기, 정보위치 지정하기 및 예견하기

• 읽기 목적에 맞는 질문하기

초등학교 4학년 사회과목에서 다루고 있는 '미국의 독립기념일'이라는 역사교과주제관련 다양한 매체 텍스트를 읽어야 하는 과제가 주어지는 경우, 먼저, 사회교과학습에서 다루어진 주제에 대해 학생이 궁금한 문제에 대해 질문을 만들고, 이 질문에 답이 되는 디지털매체 텍스트를 찾기 위해 중심어휘나 구문을 검색엔진에 적절하게 입력해야 한다. 그리고나서, 질문에 답이 되는 정보위치를 지정한다. 다음으로, 질문에 답이되는 텍스트를 바로 읽기 전에 역사교과주제에 관한 자료를 훑어보면서 생각한다. 이때 역사교

과주제관련 넌픽션 텍스트를 통해 읽어야 할 것들에 대한 읽기목적을 설정하게 된다. 읽기목적을 정할 때 읽기자료를 통해 알고자 하는 것에 대한 질문을 만들어 묻는 읽기를 준비한다. 역사교과주제관련 다양한 매체 넌픽션 텍스트는 5Ws 질문으로 교과주제에 대한 비판적 읽기를 통해 문제나 질문에 답을 찾아야 한다.

우리말 질문	영문 질문
미국의 독립기념일은 언제인가?	When is the Independence Day?
미국의 독립기념일이 무엇인가?	What is the Independence Day?
미국의 독립은 왜 중요한가?	Why is the Independence Day important?
미국의 독립선언문은 누가 썼는지?	Who wrote the Declaration of Independence?
미국의 독립선언문은 어디서 일어났는가?	Where did the Declaration of Independence take place?

• 질문하기와 위치지정하고 예측하기

위와 같은 질문에 답을 찾기 위해 인터넷에서 검색엔진을 통해 역사교과주제 문제에 대한 디지털매체 텍스트를 찾아볼 수 있다. 이때 미국의 독립기념일에 대한 디지털매체 읽기 텍스트를 찾아 텍스트 위치를 지정한다.

텍스트 위치지정은 자료 출처: http://www.elcivics.com/esl_fourth_of_july.html 이다.

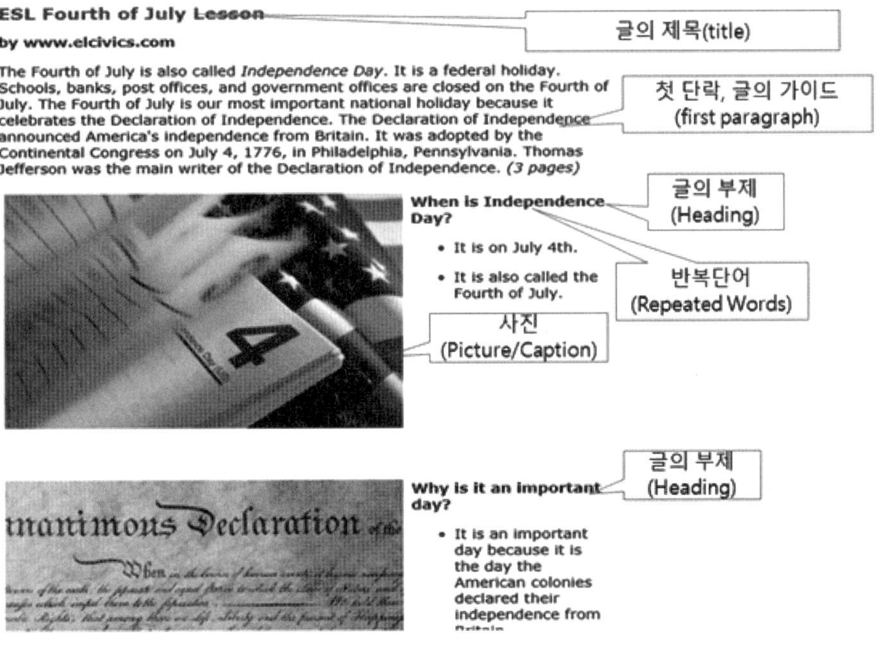

ESL Fourth of July Lesson, Page 2
by elcivics.com

Who wrote the Declaration of Independence?

- It was written by a committee headed by Thomas Jefferson.
- Thomas Jefferson became the third president of the United States.

Are there parades on the Fourth of July?

- Yes, there are.
- Many cities have parades.

ESL Fourth of July Lesson, Page 3
by elcivics.com

What are these men doing?

- They are having a watermelon eating contest.
- Watermelon is popular on the Fourth of July.

What is this?

- It is a fireworks stand.
- People buy fireworks for the Fourth of July.
- In some cities it is illegal to use fireworks.

〈출처 : http://www.elcivics.com/esl_fourth_of_july.html.〉

역사교과주제관련 다양한 매체 넌픽션 텍스트 읽기에서 예견하기 활동을 통해서는 다음과 같은 사항에 대해 예견해 볼 수 있다.

〈역사교과주제관련 넌픽션 텍스트 읽기에서 예견하기 활동〉

예견하기 활동	예견하는 내용
• 제목과 설명들을 읽는다.	제목은 저자가 텍스트 내용에 대한 짧은 요약이다. 그리고 중심생각을 한 단어나 문장으로 요약한 표현이다.
• 첫 단락이나 마지막 단락(윗글에서는 마지막 단락 부재함)을 읽는다.	텍스트 전체에서 첫 단락과 마지막 단락에 저자들이 전하고자 하는 내용을 담는 경우가 많다.
• 부제목이나 소제목들을 읽는다.	텍스트의 내용을 예견하기 위해 가장 효과적인 방법으로 먼저, 주제에 대한 제목을 읽고, 그 다음은 텍스트가 전개되면서 볼드체나 강조를 하고 있는 부제목이나 소제목을 읽으면 텍스트 전체의 내용을 효과적으로 예견할 수 있다.
• 텍스트의 내용에서 볼드체로 강조되거나 반복되는 단어들을 읽는다.	이름, 날짜 등 반복되거나 강조된 용어들을 읽게 되면 작가가 전하고자 하는 텍스트 내용에 대해 예측이 용이해진다.
• 텍스트에 있는 비주얼 자료 아래 캡션을 읽는다.	텍스트에 있는 사진, 도표, 그림이나 그림 밑에 달려 있는 설명(captions)을 읽어보면 텍스트 내용에 대한 많은 부분을 예측할 수 있다.
• 텍스트 읽기에 앞서 작성한 질문이나 목적을 읽는다.	마지막으로 예측된 내용에 대한 질문을 적어보고, 읽기목적에 맞는 내용인지를 비교해보도록 한다.

• 읽기전략을 계획하기

역사교과주제관련 다양한 매체 텍스트를 어떤 전략으로 어떻게 읽어야 할지에 대한 읽기계획과 읽기전략을 짜보도록 한다. 예측하기 활동을 통해 묻는읽기를 하는 동안 무엇을 배우고, 어떻게 읽기를 해야 하는지에 대해 생각해보는 시간이 필요하다. 예를 들어, 미국의 독립기념일에는 어떤 음식을 먹는지. 어떤 행사들을 하는지, 많은 도시에서 이루어지는 행사들을 비교해보는 예견하기 활동을 하도록 한다. 대부분의 역사교과주제관련 다양한 매체 텍스트에서는 부제를 통해 예측하기 활동을 할 수 있다. 부제를 읽고 어떤 것을 알 수 있는지에 대해 학생들끼리 이야기해 볼 수 있다. 또한, 부제읽기를 통해 읽기목적에 맞는 많은 정보를 예측해 볼 수 있다. 뿐만 아니라 읽기목적에 따른 5Ws 질문으로 읽기전략을 계획할 수도 있다.

무엇보다 부모나 교사는 5Ws 질문을 염두하고 있다가 학생들이 읽기를 할 때 중점을 둬야 할 사항에 대해 반복적으로 강조해 줄 필요가 있다. 역사교과주제관련 다양한 매체 텍스트에서 미국의 독립에 대한 자세한 내용을 얻을 수 있도록 읽기전략에 대한 읽기계획을 세우도록 한다. 역사교과주제관련 다양한 매체 텍스트에서 읽기목적에 맞는 정보를 얻기 위해 가장 좋은 전략은 바로 간단히 기록하는 일이다. 특히 사회 과목중 역사교과주제관련 다양한 매체 넌픽션 텍스트 읽기를 할 때 가장 유용하게 사용할 수 있는 전략이 바로 기록하기 전략이다. 왜냐하면 역사교과주제관련 텍스트는 대체로 과거의 사실을 기반으로 작성되기 때문에 무엇보다 텍스트의 내용에서 사실을 찾는 전략이 중요하기 때문이다.

〈Laura. R., 2002 참조〉

■ 탐구읽기 : 평가하기와 종합하고 요약하기

역사교과주제관련 다양한 매체 텍스트에서 읽기목적에 맞는 읽기전략을 사용하며 질문에 답을 찾는 탐구읽기를 하게 된다. 인터넷 검색엔진을 통해 역사교과주제관련 디지털매체 텍스트를 찾아, 그 정보가 신뢰 있는 지, 읽기목적이나 교과주제관련 질문에 적절한 텍스트인지를 평가할 수 있어야 한다. 그리고 탐구읽기를 통해 텍스트들의 내용들을 종합하고 요약할 수 있어야 한다.

• 읽기목적에 맞는 전략 사용하기.

무엇보다 역사교과, 과학교과나 수학교과 같은 교과주제관련 탐구읽기를 하는 경우에 효과적인 읽기전략은 바로 적어두기/기록하기 전략이다. 기록장을 따로 만들어서 요약을 하거나, 웹 그림이나 생각나무를 그려 정리를 하거나, 시간대별 절차를 정리할 수도 있다. 특히 역사교과주제관련 다양한 매체 텍스트 읽기를 하면서 읽기목적에 맞는 필요한 사항을 노트에 적기를 할 수도 있지만, 텍스트 여백에 학생들의 생각을 적어두거나 포스팃을 붙여서 적어두기를 할 수도 있다. 단, 포스팃을 붙여 적어두기를 하는 경우는 떨어져 오래 유지하기 어려울 수 있다는 점을 염두해야 한다.

• 읽기전략 적용 및 전개방식 확인하기.

역사교과주제관련 다양한 매체 넌픽션 텍스트를 읽다보면 학생들이 얻게 된 정보뿐 아니라 그 정보를 어떻게 얻게 되었는지 등 정보수집 방법에 대해서도 기록을 할 필요가 있다. 역사교과주제관련 다양한 매체 넌픽션 텍스트를 읽는 동안 역사적 상황에서 어떤 일들이 일어났는지를 이해하고자 할 때 특정한 도식을 사용하면서 기록을 하면 텍스트를 더 효과적으로 이해할 수 있다. 역사적 상황에서 일어나는 여러 사건이나 정보를 기억하고 이해하기 위해서는 5Ws 같은 도식을 사용할 수도 있고 때론 다른 도식들을 사용할 수도 있다. 항상 같은 도식을 사용할 필요는 없다. 역사교과주제관련 다양한 매체 넌픽션 텍스트를 읽을 때는 특히 사건이나 정보를 파악하고 이해하기 위해 다양한 기록도식을 사용하는 것이 효과적이다.

역사교과주제관련 다양한 매체 넌픽션 텍스트는 어떻게 구성되고 정렬되는지를 이해하면 학생들이 훨씬 적극적으로 텍스트를 읽게 된다. 역사교과주제관련 다양한 매체 넌픽션 텍스트를 이해하는 일은 시간과 노력을 필요로 한다. 이때 적극적 읽기를 하는 학생은 찾고자 하는 정보를 더 많이 찾고 이해할 수 있다. '미국의 독립일'에 대한 다양한 매체 텍스트는 5Ws 같은 질문의 순으로 텍스트를 전개하고 있다. 일반적으로 역사교과주제관련 다양한 매체 넌픽션 텍스트는 주로 이름, 날짜나 위치를 강조하는 경향이 있다. 그리고 먼저 발생한 것을 말하고 나서 나중에 발생한 것을 말하는 시간 순서에 따라 정리되는 경향이 있다. 역사교과주제관련 다양한 매체 텍스트의 전개방식을 찾아보는 일은 학생이 텍스트를 잘 이해하게 도와준다.

• 시간이나 사건의 순서를 표시하기

역사교과주제관련 다양한 매체 넌픽션 텍스트는 주로 사건의 순서를 따라가며 읽어야 한다. 특히 사건의 순서는 먼저 발생한 일, 나중에 발생한 일, 가장 나중에 발생한 일을 순서로 이해하도록 전개된다. 이러한 역사교과주제관련 다양한 매체 넌픽션 텍스트 읽기를 할 때 연대표는 사건의 순서를 기록하여 어떤 일이 발생하고, 언제 그 일이 발생하였는지를 추적할 수 있다. 이렇듯 시간의 순서에 대한 기록은 사건이 서로 어떻게 연결되는지를 보여주기도 한다.

〈미국독립을 위한 연대기에 따른 사건전개의 예〉

1754~1763	French and Indian War. The British won this war, which was part of the European Seven Years' War.
1763, Oct. 7	Proclamation of 1763. The British government banned colonists from settling west of the Appalachian mountains.
1764, April 5	Sugar Act. Parliament taxes sugar imported into the colonies.

또한, 역사교과주제관련 다양한 매체 넌픽션 텍스트는 사건이 발생된 지리적 위치의 이동순서에 따라 전개되기도 한다.

〈지리적 위치로 순서를 표시하는 텍스트 예〉

Early Settlers

In 1783, The United States gained control on the Northwest territory from the British. This area included most of the preset-day Great Lakes region. Then, in
1803, President Thomas Jefferson bought the Louisiana Territory from France. This doubled the size of the United States. Jefferson sent Meriwether Lewis and William Clark to explore the region. They returned from their 8,000-mile journey in 1806. They brought back information about the region, its plants and animals, and American Indian cultures. Settlers moved into these new areas. They came for many reasons. Eastern farmers came looking for new land. Soldiers came to claim land promised to them by the government. Many Germans and Scandinavians immigrated to the Midwest. They wanted religious freedom and better lives. By 1880, more than 70 percent of Minnesota's non-American Indian population was made up of immigrants and their children.

〈Northwest and Louisiana Territories〉

〈출처 : http://en.wikipedia.org/wiki/Lewis_and_Clark_Expedition#mediaviewer/File:Carte_Lewis_and_Clark_Expedition.png〉

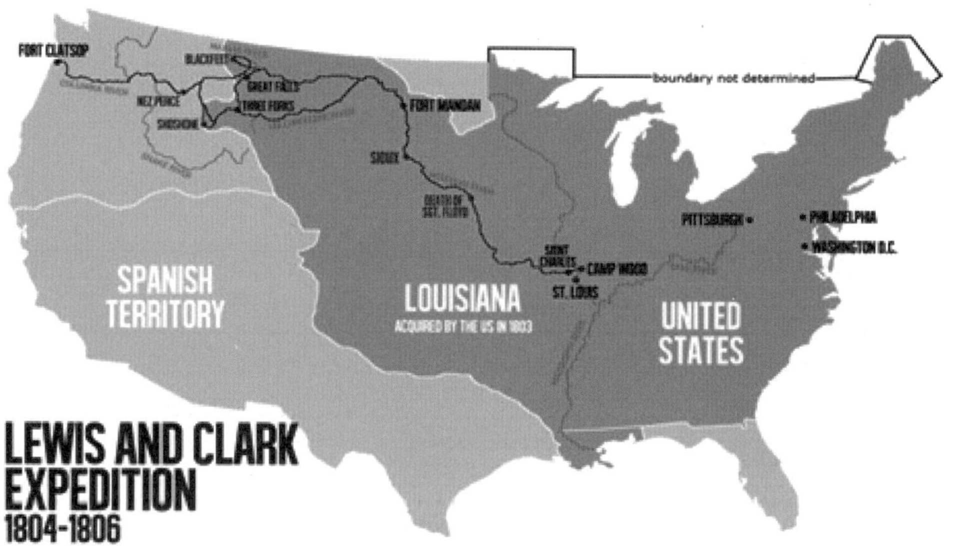

앞의 지도는 1804~1806년 특정 기간 동안 미국의 특정 지역의 영토에 대한 지도를 보여준다. 이 지도는 영국으로 통치권을 인계받은 북서부 영토와 프랑스로부터 산 루이지애나 영토 지역을 얻게 된 것에 대한 명확한 정보를 준다. 작가는 자신이 말하고자 하는 내용에 대해 학생들이 지도를 통해 확인할 수 있도록 지도에 많은 정보를 제공해준다. 학생들은 지도의 여백에 실마리가 되는 신호용어를 적어보도록 한다. 특히 역사교과주제관련 다양한 매체 넌픽션 텍스트 읽기를 하는 동안 학생들이 날짜나 장소 등을 순서대로 적어보면, 년도 별 어느 지역을 통치하게 되었는지를 한눈에 확인할 수 있다.

이렇듯 사회교과목에서 역사교과주제관련 다양한 매체 넌픽션 텍스트를 읽는 경우 학생들은 시간이나 장소, 그리고 인물 등에 따라 적어두기 전략을 사용하여 작가가 전하고자 하는 정보들의 시간이나 위치이동 순서를 따라가다 보면 효과적으로 텍스트 내용을 이해할 수 있게된다. 이때 사용하는 적어두기 전략은 텍스트 여백에 적어두기를 하기도 하고, 포스트잇을 붙여 적어두기를 하기도 하고, 학습 노트를 사용하여 적어두기를 할 수도 있다. 적어두기 전략의 종류는 요약하기, 망 그리기, 생각나무나 시간/순서로 적기 등이 있다.

〈적어두기 전략〉(Laura. R, 2002 참조)

요약하기 (Summary)	역사교과주제관련 다양한 매체 넌픽션 텍스트를 읽다보면 페이지마다 중요한 정보가 있을 수 있다. 중점적인 사실, 이름, 용어, 강조된 아이디어, 제목 등 중요한 정보에 대해 적어둔다. 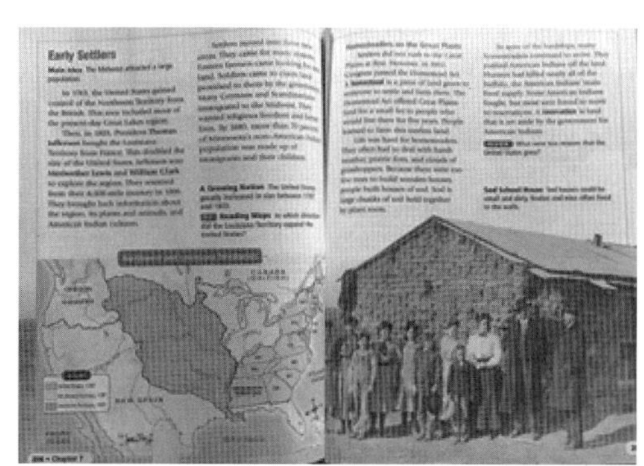 예를 들어, 다음과 같이 텍스트 내용에 대한 중요사항들을 적어둔다. 1783년 영국에서 북서지역 통치권, 현 Great Lake 지역. 1803년 제퍼슨 대통령 프랑스에서 루이지애나 지역 통치권 구입. 제퍼슨 대통령 Lewis과 William Clark을 탐험하러 파견, 1806년 귀환.

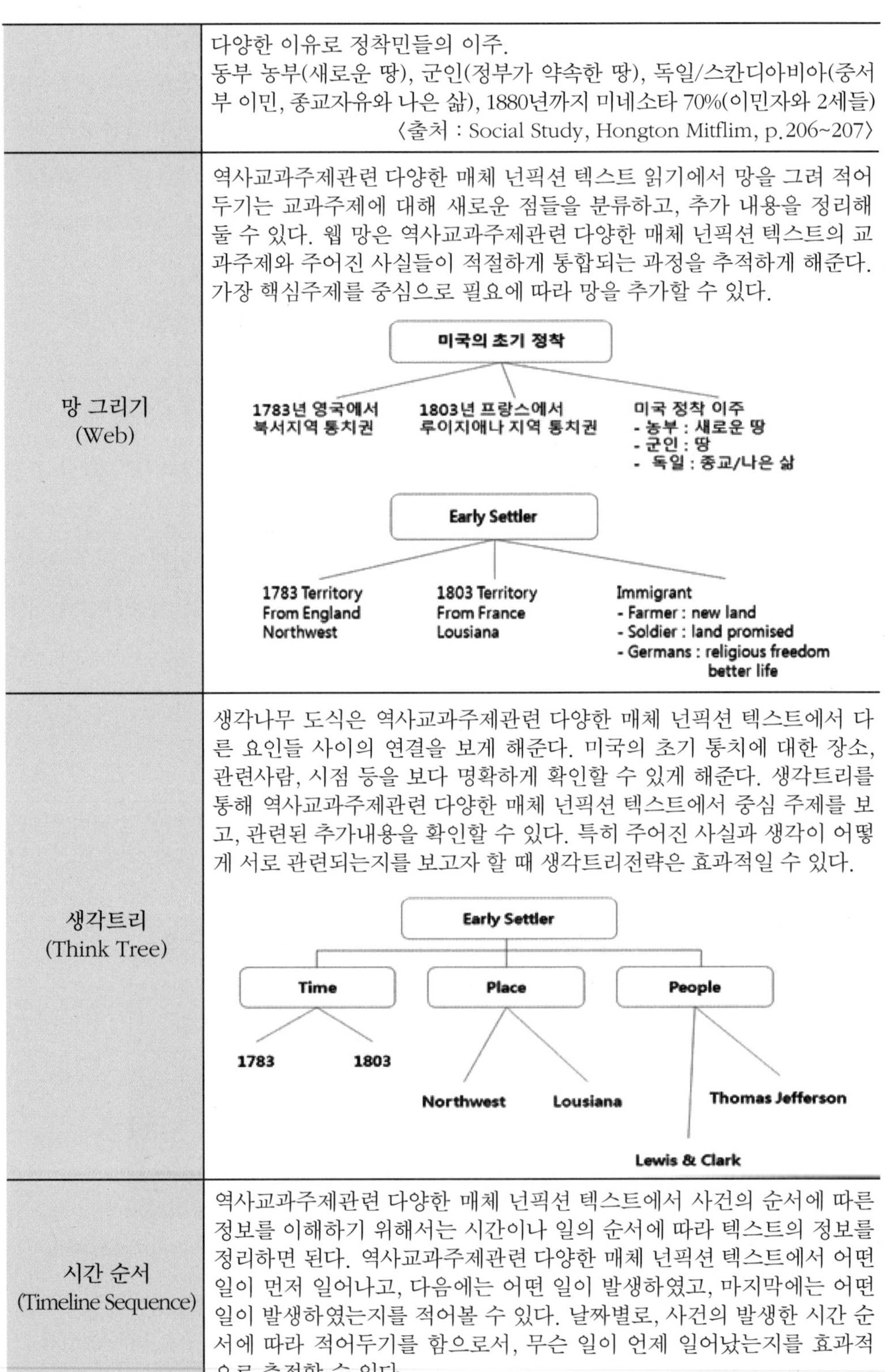

	다양한 이유로 정착민들의 이주. 동부 농부(새로운 땅), 군인(정부가 약속한 땅), 독일/스칸디아비아(중서부 이민, 종교자유와 나은 삶), 1880년까지 미네소타 70%(이민자와 2세들) 〈출처 : Social Study, Hongton Mitflim, p.206~207〉
망 그리기 (Web)	역사교과주제관련 다양한 매체 넌픽션 텍스트 읽기에서 망을 그려 적어두기는 교과주제에 대해 새로운 점들을 분류하고, 추가 내용을 정리해 둘 수 있다. 웹 망은 역사교과주제관련 다양한 매체 넌픽션 텍스트의 교과주제와 주어진 사실들이 적절하게 통합되는 과정을 추적하게 해준다. 가장 핵심주제를 중심으로 필요에 따라 망을 추가할 수 있다. 미국의 초기 정착 1783년 영국에서 북서지역 통치권 1803년 프랑스에서 루이지애나 지역 통치권 미국 정착 이주 - 농부 : 새로운 땅 - 군인 : 땅 - 독일 : 종교/나은 삶 Early Settler 1783 Territory From England Northwest 1803 Territory From France Lousiana Immigrant - Farmer : new land - Soldier : land promised - Germans : religious freedom better life
생각트리 (Think Tree)	생각나무 도식은 역사교과주제관련 다양한 매체 넌픽션 텍스트에서 다른 요인들 사이의 연결을 보게 해준다. 미국의 초기 통치에 대한 장소, 관련사람, 시점 등을 보다 명확하게 확인할 수 있게 해준다. 생각트리를 통해 역사교과주제관련 다양한 매체 넌픽션 텍스트에서 중심 주제를 보고, 관련된 추가내용을 확인할 수 있다. 특히 주어진 사실과 생각이 어떻게 서로 관련되는지를 보고자 할 때 생각트리전략은 효과적일 수 있다. Early Settler Time: 1783, 1803 Place: Northwest, Lousiana People: Lewis & Clark, Thomas Jefferson
시간 순서 (Timeline Sequence)	역사교과주제관련 다양한 매체 넌픽션 텍스트에서 사건의 순서에 따른 정보를 이해하기 위해서는 시간이나 일의 순서에 따라 텍스트의 정보를 정리하면 된다. 역사교과주제관련 다양한 매체 넌픽션 텍스트에서 어떤 일이 먼저 일어나고, 다음에는 어떤 일이 발생하였고, 마지막에는 어떤 일이 발생하였는지를 적어볼 수 있다. 날짜별로, 사건의 발생한 시간 순서에 따라 적어두기를 함으로서, 무슨 일이 언제 일어났는지를 효과적으로 추적할 수 있다.

	1783	Northwest territory from the British
	1803	Louisiana Territory from France
	1806	Lewis and Clark returned from journey

• 정보들을 종합하고, 정보들을 자신의 삶과 연결하기.

신문은 읽기만 해도 많은 정보를 얻을 수 있다. 역사교과주제관련 다양한 매체 넌픽션 텍스트도 읽기만 하면 원하는 정보를 얻을 수 있을까? 반드시 그렇지는 않다. 원하는 정보를 얻기 위해서는 다양한 읽기전략을 사용하면서 적극적으로 읽어야 한다. 즉, 비판적으로 묻는 읽기와 다르게 읽기를 통해 다양한 매체 역사교과관련 텍스트를 적극적으로 탐구읽기해야 한다는 말이다. 적극적으로 읽는다는 말은 학생 자신이 역사교과주제관련 다양한 매체 넌픽션 텍스트 읽기의 전 과정에서 책임감을 갖는다는 말이다. 역사교과주제관련 다양한 매체 넌픽션 텍스트를 읽는 동안 읽기목적에 맞고, 질문을 만들고, 주어진 사실 뿐 아니라 읽기목적에 맞는 알고자 하는 정보를 찾기 위해 적극적으로 탐구읽기를 해야 한다. 이렇듯 적극적 탐구읽기는 적어두기, 자문하기, 형상화하기, 무엇보다 변인간의 연결과 읽은 텍스트에 반응을 함으로써 정보에 대한 이해를 적극적으로 해야 한다는 말이다. 특히 역사교과주제관련 다양한 매체 넌픽션 텍스트를 읽을 때는 텍스트 내의 변인들 간 관련성에도 집중할 필요가 있다.

〈사건의 순서에 따라 전개되는 텍스트의 예〉

Jefferson sent Meriwether Lewis and William Clark to explore the region. They returned from their 8,000-mile journey in 1806. They brought back information about the region, its plants and animals, and American Indian cultures.

Settlers moved into these new areas. They came for many reasons. Eastern farmers came looking for new land. Soldiers came to claim land promised to them by the government. Many Germans and Scandinavians immigrated to the Midwest. They wanted religious freedom and better lives. By 1880, more than 70 percent of Minnesota's non-American Indian population was made up of immigrants and their children.

〈출처 : Social Study, Hongton Mitflim, p.206〉

위의 역사교과주제관련 다양한 매체 넌픽션 텍스트는 사건의 순서에 따라 전개되고 있다. 이 텍스트를 읽고 텍스트 내 등장인물과 사건과의 관련성을 정리하여 상호연결하고 이를 자신의 삶과 연결해 볼 수 있다.

■ 쓰기 : 생각 표현하기

대부분의 학생들은 어떤 텍스트를 읽을 때, 처음에는 제한된 정보만을 이해할 수밖에 없다. 그래서 텍스트를 다 읽고 나서도 얼마나 많은 정보를 이해할 수 있었는지를 생각할 때 머뭇거리게 되는 경우가 많다. 많은 학생들은 이런 경우 자신의 읽기능력에 대해 실망을 하고 읽기능력이 없다고 생각하며, 결국 읽기에 자신감을 잃기도 한다. 많은 학생들은 이와 비슷한 경험을 하고 있다. 이 경우 시간을 갖고 읽기주제에 대한 텍스트 내용에 익숙해질 수 있도록 텍스트를 다시 읽어보도록 한다. 두 번째 읽기에는 텍스트 이해를 훨씬 더 잘할 수 있게 된다.

역사교과주제관련 다양한 매체 넌픽션 텍스트를 읽고 나서 반드시 해야 할 일은 바로 '뭘 읽었는가?'에 대해 생각해야 한다.

- 텍스트를 읽고 난 후 뭘 배웠는지에 대해 생각할 시간을 갖도록 한다.
- 텍스트 내용이해가 어렵거나 혼돈스러운 부분을 정확히 파악하도록 한다. 이때는 읽기목적을 다시 돌아보고, 읽기 전에 만들었던 질문을 스스로에게 다시 물어 보도록 한다.
- 역사교과주제관련 다양한 매체 넌픽션 텍스트를 읽는 경우에는 읽기 전 활동에서 만들었던 5Ws 질문에 답을 찾도록 한다.
- 학생 자신의 언어로 가장 중요한 아이디어들을 종합하고 요약하도록 한다.
- 탐구읽기과정에 작성했던 다양한 유형의 적어두기를 모두 이해하고 있는지 자신에게 자문하도록 한다.
- 모든 질문에 답을 하지 못한다면 더 많은 것을 찾을 수 있도록 다시 읽어보도록 한다.

역사교과주제관련 다양한 매체 넌픽션 텍스트를 다시 돌아가 읽어보고, 노트나 여백에 적어둔 정보를 찾아보면 어려운 부분을 더 잘 이해할 수 있게 된다. 특정 사건이 발생한 날짜를 잊어버렸거나, 누가 그 일을 시켰는지에 대해 명확하지 않다면, 다시 읽어보고 찾고자 하는 질문에 답을 찾아보면 더 좋은 아이디어를 생각해낼 수 있을 것이다. 다시 읽기는 한 번의 읽기에서 놓친 사실이나 아이디어를 확인할 수 있는 마지막 기회일 수 있다.

역사교과주제관련 다양한 매체 넌픽션 텍스트를 읽는 경우에는 읽은 내용에 대한 종합된 정보를 다시 점검해 보기 위해 '요약하기'라는 읽기전략을 사용해 볼 필요가 있다. 읽기 전 활동에서 예견하기를 할 때, 역사교과주제관련 다양한 매체 넌픽션 텍스트가 어떤 내용을 말하는지 알아보기 위해 제목이나 부제들을 읽어보았다. 그리고 제목이나 부제, 그리고 중심문장을 확인해 볼 수 있었다. 작가는 역사교과주제관련 다양한 매체 넌픽션 텍스트의 제목을 정할 때 매우 조심스럽게 제목을 선택한다. 또한, 모든 넌픽션 텍스트는 특정한 패턴에 따라 전개되고 있다. 초기 미국의 독립기념일이란 텍스트를 요약하기 위해 어떤 텍스트의 전개형식을 취하는지를 살펴보도록 한다.

Declaration of Independence

Independence, Declaration of, in U.S. history, document that was approved by the Continental Congress on July 4, 1776, and that announced the separation of 13 North American British colonies from Great Britain. It explained why the Congress on July 2 "unanimously" by the votes of 12 colonies (with New York abstaining) had resolved that "these United Colonies are, and of right ought to be Free and Independent States." Accordingly, the day on which final separation was officially voted was July 2, although the 4th, the day on which the Declaration of Independence was adopted, has always been celebrated in the United States as the great national holiday--the Fourth of July, or Independence Day. (계속)

〈출처 : http://www.cyberspacei.com/jesusi/peace/non_resistance/independence.htm〉

〈요약하기〉

Ⅰ. 서론
Ⅱ. 독립일은 언제인가?(When is Independence Day?)
Ⅲ. 왜 그날이 중요한 날인가?(Why is it an important day?)
Ⅳ. 누가 독립선언문을 썼는가?(Who wrote the Declaration of Independence?)

V. 7월 4일에는 패러이드가 있는가?(Are there parades on the Fourth of July?)
VI. 7월 4일에는 어떤 음식이 인기 있는가?(What foods are popular on the Fourth of July?)
VII. 이런 사람들은 무엇을 하고 있는가?(What are these men doing?)
VIII. 이 그림에서 아이들은 무엇을 하고 있는가?(What are the children in this picture doing?

위에 제시된 독립선언문은 원문 중 첫 단락에 해당한다. 이 독립선언문은 제목에 대한 2~3개의 내용이 간단하게 요약 정리되었다. 이렇게 제목을 중심으로 요약을 해보는 활동은 텍스트를 통해 배운 것을 추적해보는 방법이기도 하다.

때론 역사교과주제관련 다양한 매체 넌픽션 텍스트를 읽고 나서도 기억하고 있는 것이 거의 없을 때가 있다. 하지만 역사교과주제관련 다양한 매체 텍스트 자료를 읽고 나서 적어도 특정 용어나 내용은 기억해야 한다. 역사교과주제관련 다양한 매체 넌픽션 텍스트 읽기를 마치고 나면 텍스트 읽기를 통해 배운 것이 무엇인지를 점검해보는 시간을 바로 갖지 않으면 교과주제관련 용어나 내용에 대해 영영 잃어버리게 된다.

따라서 읽기 후 활동으로 다음과 같은 읽기 후 활동을 이끌어야 한다. 먼저, 역사교과주제관련 다양한 매체 넌픽션 텍스트 읽기를 하고 나서 읽기를 통해 배운 것이 무엇인지를 동료나 짝꿍, 또는 가족들과 이야기를 나눠보도록 한다. 미국의 독립에 대해 아는 것을 서로 묻고 답하는 시간을 가질 필요가 있다. 그리고 역사교과주제관련 다양한 매체 넌픽션 텍스트 읽기를 통해 가장 흥미롭고 놀랄만한 것들을 동료들과 이야기를 나눠볼 필요가 있다.

둘째, 역사교과주제관련 다양한 매체 넌픽션 텍스트 내용에 대한 차트나 조직도를 그려보도록 한다. 기록을 하거나, 차트를 만들거나, 그래픽 조직을 그려보는 활동은 텍스트 읽기를 통해 배운 정보를 한 눈에 볼 수 있는 가장 좋은 방법이다. 역사교과주제관련 다양한 매체 넌픽션 텍스트는 과거에 발생했던 것을 전하고, 왜 그 사건이 발생하는 지를 설명한다. 교사는 역사교과주제관련 다양한 매체 넌픽션 텍스트에서 사건이 일어난 원인에 대해 학생들이 이해할 수 있도록 원인과 결과(cause-effect)에 대한 도식을 학생들에게 작성해보도록 이끌어야 한다.

원인	결과
미국의 독립 (The Declaration of Independence)	삶, 자유과 행복의 추구, 권리장전, 모든인간은 평등하게 태어났다 (Life, Liberty, and the pursuit of Happiness Bill of Rights, All Men are Created Equal)

셋째, 5Ws(Who, What, When, Where, Why) 도식을 통해 학생 자신의 독립선언문을 작성해보게 함으로써 독립이 무엇이고, 어떤 의미를 갖는 지를 인지하도록 한다. 미국의 독립기념일인 7월 4일에 대한 중요한 사실을 작성해 볼 수 있도록 생각할 시간과 기회를 주도록 한다. 이를 우리나라 독립선언문과 연결하고, 우리나라 독립선언문에 대해 인터넷에서 찾아 정보위치를 지정하고, 정확한 정보인지를 평가한 후, 미국의 독립선언문과 우리나라 독립선언문을 비교하는 활동을 한다. 이러한 뉴 리터러시 활동은 그룹이나 짝활동으로 할수도 있다. 특히 학생들이 작성한 독립선언문의 형식이나 구조가 맞는지를 서로 점검해보도록 하다. 그리고 학생들끼리 공유하면서 우리나라 독립의 의미와 중요성에 대해 알아보는 시간을 갖게됨으로써 독립기념일에 대한 역사 교과주제학습을 확장할 수 있게 된다. 이러한 뉴 리터러시 활동의 결과물을 수업위키나 블로그에 탑재해 학생들 상호간에 피드백을 교환하도록 한다.

역사교과주제관련 다양한 매체 넌픽션 텍스트 읽기를 할 때, 읽기 전 활동을 살펴보면, 읽기 전 활동으로 텍스트 내용을 예견하고, 목표를 설정하고, 다양한 방식(요약적기, 웹그리기, 시간순서로 적기, 생각트리)의 적어두기 전략을 사용한다. 역사교과주제관련 다양한 매체 넌픽션 텍스트를 탐구읽기를 할 때는 시간이나 위치 순서에 따라 학생 자신의 쓰기과정의 방식을 찾아보도록 한다. 탐구읽기를 한 후에는 적어둔 중요사항이나 요약내용을 다시 짚어보고, 읽기목적이 무엇이었는지를 다시 점검해보도록 한다. 그리고서 읽기 전에 궁금했던 읽기목적에 맞는 궁금한 질문들을 짚어보고 역사교과주제에 대한 요약하기 같은 읽기전략을 사용할 수도 있다.

미국의 독립기념일에 대한 디지털매체 자료를 얻고자 할 때 참고할 수 있는 사이트가 있다. 이는 사회과목 역사교과주제학습을 위해 참고할 수 있다.

http://www.eslholidaylessons.com/07/independence_day.html는 독립기념일에 대한 다양한 수업계획서(lesson plan)을 무료로 공급해주고 있다.

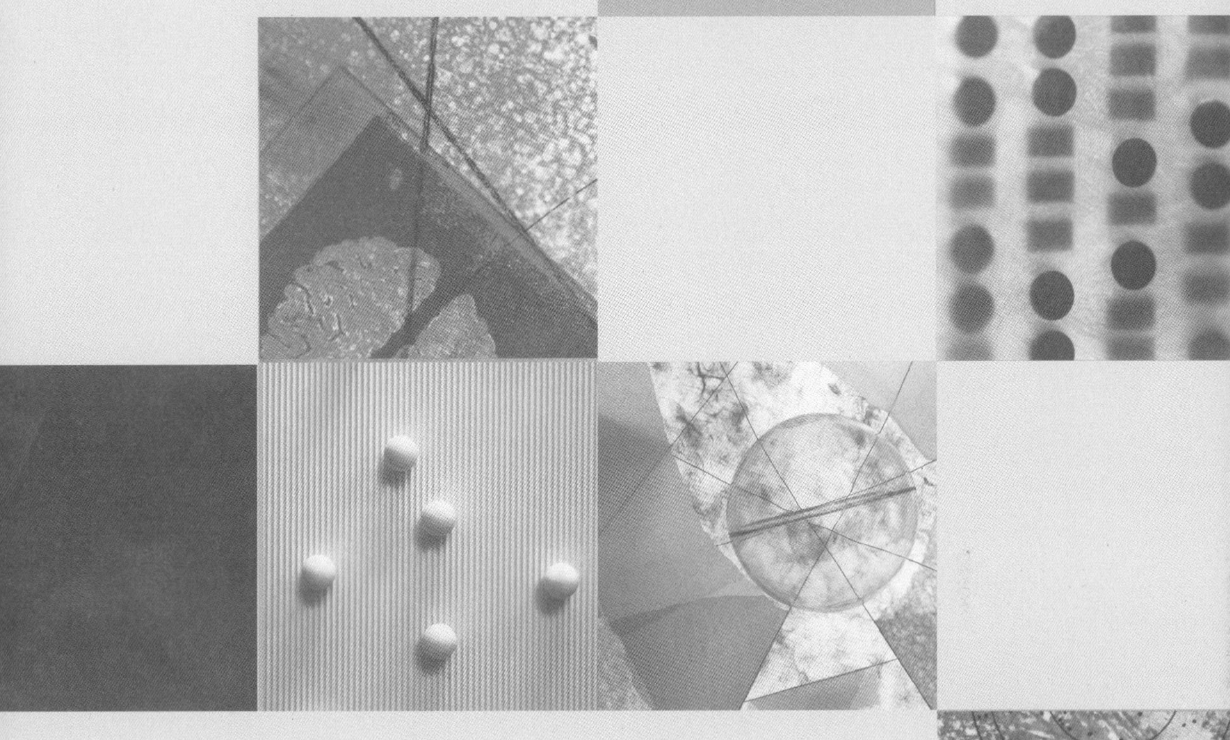

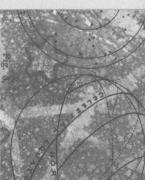

수학교과학습에서 뉴 리터러시 학습

수학교과주제관련 다양한 매체 넌픽션 텍스트 읽기

수학교과주제관련 다양한 매체 넌픽션 텍스트는 대체로 간단하면서 포인트가 있다. 하지만 각 단어가 아무리 간단해도 전체를 이해하기 위해서는 각 단어의 의미를 이해해야 한다. 수학교과주제관련 다양한 매체 넌픽션 텍스트에서 설명 하나하나의 팁을 주는 실마리 단어나 그래프 등, 이 모든 것들이 텍스트 전체를 이해하는 데 매우 중요한 요인들이다. 이 중 하나만이라도 놓치게 되면 수학 문제해결에 어려움을 겪게 된다. 수학 문제해결을 보다 쉽게 하기위해, 이 장에서는 Reader's Handbook에서 제시하고 있는 수학교과읽기(4장)에 대한 내용, 목표 및 전개방식 등을 우리나라 초등학교 수학교과수업에서 뉴 리터러시 학습과정과 방법으로 재 적용해보고 그 효과성을 재검토하고자 한다.

특히 최근 우리나라 초등학교 수학교과서와 수학 익힘책에도 스토리 기반 문제해결식 수학문제가 주를 이룬다. 수학을 잘하는 학생이 되기 위해서는 무엇보다도 숫자에 익숙한 학생이 되어야 한다. 그리고 수학책에서 많은 것을 얻어낼 수 있는 방법을 아는 학생이 되어야 한다.

그러기 위해서는(Laura. R., 2002 참조)

1) 수학과 수학 개념에 대한 다양한 매체 넌픽션 텍스트를 많이 읽어야 한다.
2) 읽기전략에 대해 생각하는 것을 큰 소리로 말할 수 있어야 한다. 그리고 이러한 전략을 적절하게 사용할 수 있어야 한다.
3) 무엇보다 수학교과주제관련 다양한 매체 넌픽션 텍스트의 구성과 전개를 이해해야 한다.

수학을 잘하기 위해서는 위의 3가지 방법이 우선 훈련되어야 한다.

■ 비판적 묻는 읽기 : 질문 만들기, 정보위치지정하기 및 예견하기

수학교과주제관련 다양한 매체 넌픽션 텍스트를 읽을 때, 학생들이 가지고 있던 사전지식은 매우 중요하다. 수학교과관련 다양한 매체 텍스트에서 접하게 되는 새로운 개념은 학생이 사전에 갖고 있던 수학개념에 따라서 다르게 이해될 수 있다. 뺄셈은 덧셈에 대한 개념이 있으면 더 쉽게 이해될 수 있고, 나눗셈은 곱셈 개념을 이해하고 있으면 더욱 쉽게 이해될 수 있다. 다른 암기과목은 수평적 위계학습으로 앞의 내용을 잘 몰라도 텍스트 내용을 암기하고 이해하는 데 별 문제가 없을 수 있다. 하지만 수학교과는 다른 암기 교과내용과는 다르게, 수직적 위계학습으로서 이전 단계학습을 철저히 하고 나서야 다음단계 학습을 이해할 수 있다. 그래서 수학교과주제관련 다양한 매체 넌픽션 텍스트를 읽을 때는 최상의 집중이 필요하다. 피곤하거나 배가 고프거나 편안하지 않은 상태에서는 수학교과주제관련 다양한 매체 넌픽션 텍스트를 읽는 것은 피하는 것이 좋다. 차라리 아침 시간이나 저녁 식사 후 편안한 상태에서 수학교과관련 다양한 매체 텍스트를 읽는 것이 효과적이다.

• 읽기목표를 정하기 위한 묻는 읽기.

수학교과주제관련 과제를 위해서 다양한 매체 수학텍스트를 읽어야 하든지, 또는 수학문제풀이를 위해 수학교과관련 다양한 매체 텍스트를 읽어야 하든지 간에, 교과주제

관련 궁금한 문제해결을 위한 탐구읽기를 하기 전에, 읽기목적과 목표를 정하는 질문을 갖고 비판적 묻는읽기를 해야 한다. 대부분 수학교과관련 텍스트는 각 장의 제목에 학습해야 할 주제가 있다. 그 주제에 대한 질문은 읽기목적에 대한 질문이 될 수 있다.

3학년 수학교과 (Nelson Math 3 p.34)에 보면 '비교하기와 순서메기기(Comparing and Ordering)'라는 주제가 있다. 이장의 읽기목적은 바로 '모든 숫자를 비교하고 순서메기기'가 될 것이다.

• 위치지정하기와 질문을 통해 예견하기

수학교과주제관련 궁금한 질문에 답이 되는 적당한 텍스트를 인터넷으로 찾게 되면 텍스트가 있는 사이트 위치를 지정하도록 한다. 수학교과주제관련 디지털 텍스트 읽기를 통해 새롭게 배운 개념은 이전 수학개념을 기반으로 쌓아진다. 이런 점 때문에 수학교과주제관련 다양한 매체 넌픽션 텍스트를 예견하기 전에 이전 개념을 정리한 기록이나 다이그램을 다시 복습하는 것이 매우 중요하다. 그리고 이전 단원에서 마무리했던 연습문제를 다시 복습해보거나 배운 것에 대해 확인해보는 것이 수학교과 텍스트에서는 매우 중요한 활동이다. 이렇게 복습을 해봤으면 이제 새로운 주요용어와 개념을 익히게 될 교과주제에 대해 질문을 통해 예견하기를 시작해야 한다. 수학교과주제관련 다양한 매체 넌픽션 텍스트에서 예견해보는 활동은 읽기를 하는 동안 기대하는 것에 대한 여러 가지 생각이나 정보를 얻기 위해서다.

수학교과관련 다양한 매체의 텍스트를 예견하기 위해서는 다음과 같은 제목, 강조된 주요용어, 박스 안에 있는 목록들, 볼드체로 쓰인 단어들, 예시나 도표나 그림들, 그리고 소개되는 단락들을 점검해 보면서 전반적인 사항에 주목을 하는 것이 중요하다.

질문을 통해 예견해보는 활동을 'comparing and ordering'에 대한 수학책에서 연습을 해보도록 하자.

• 읽기활동을 계획하기

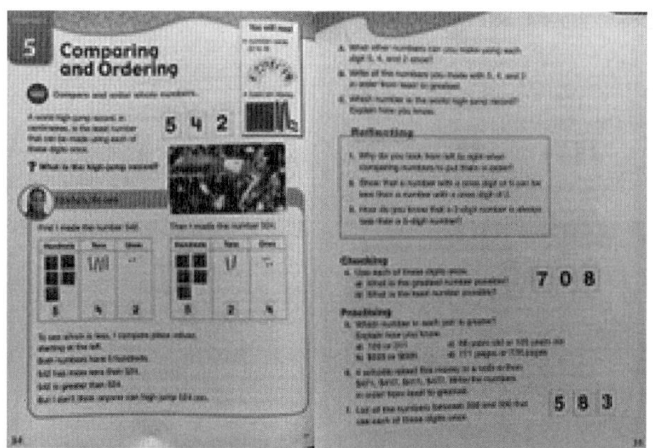

〈출처 : Mathmatic 3, Nelson, p.34〉

'comparing and ordering'라는 수학교과주제의 단원에 대해 질문을 통해 예견하기 활동을 하면 수학교과의 단원에서 무엇을 배울 수 있는지를 알 수 있게 된다.

– 숫자크기의 비교와 순서정하기, 그리고 중심이 된 용어에 대해 알게 된다.
– 교과주제관련 문제해결을 위해 숫자비교의 산수 활동이 필요하다.
– 많은 연습을 통해 점검하고 반영해보는 것이 중요하다는 점을 알 수 있게 된다.

수학교과주제관련 다양한 매체 넌픽션 텍스트 읽기계획을 세울 때 명심해야 할 것들을 정리해봐야 한다. 수학교과주제관련 수업에서 수학교과주제관련 다양한 매체 넌픽션 텍스트를 인터넷 온라인 상태에서 스크린을 통해 읽어야 하는 경우, 이 텍스트나 수학교과관련 텍스트가 교과주제나 읽기목적에 맞는지에 대해 평가하고 검토하는 활동을 해보는 것은 의미 있는 일이다. 그리고 수학교과주제관련 다양한 매체 넌픽션 텍스트 읽기를 파트너와 함께하면 이로운 점이 많다. 다른 사람들이 부족한 부분을 서로 도와주며 학습을 해 갈 수 있다.

학생들이 파트너와 함께 수학교과주제관련 다양한 매체 넌픽션 텍스트 읽기를 할 때 도움이 되는 팁이 있다.

– 수학교과주제관련 다양한 매체 넌픽션 텍스트 읽기를 순조롭게 진행하기 위해 학

생들은 자신이 생각하는 점에 집중을 해야 한다. 숫자를 비교하고 순서를 정하는 숫자 개념을 이해하는 데 초점을 두고, 지금 하는 수학교과주제 텍스트 읽기작업을 똑바르게 해야 한다.

– 수학교과주제관련 다양한 매체 넌픽션 텍스트 읽기준비를 하는 것이 중요하다. 이에 필요한 모든 것을 가지고 있는지 확인하는 것이 중요하다. 책, 노트와 숙제용지와 연필 등을 제대로 준비했는지도 사전에 점검할 사항들이다.

수학교과주제관련 다양한 매체 넌픽션 텍스트 읽기수업에서 가장 좋은 전략은 바로 구상하고 생각하는 것을 말로 설명해보는 것이다. 수학은 아이디어에 관한 것이고 추상적인 것이므로 학생의 내면에서 문제해결을 할 수도 있고, 친구와 함께 생각말하기 활동을 할 수도 있다. 이런 학생들의 머릿속 아이디어를 다른 사람들이 볼 수 있도록, 또는 이해할 수 있는 용어로 표현할 수 있어야 한다. 수학적 아이디어에 대해 학생들은 머릿속으로 상상을 하고, 그것을 바로 입으로 설명할 수 있어야 한다. 생각을 눈에 보이도록 구상화해보는 가장 쉬운 방식은 스케치해보거나 그림으로 표현해 보는 것이다. 이렇듯 학생들이 수학의 개념을 이해할 수 있도록 스스로 해석해내는 일이 매우 중요하다.

친구들이 게임을 해서 받은 점수가 철수는 542점을, 영희는 524점을 받았다. 이 둘 중 누가 더 많은 점수를 받았는지를 알기 위해 그것을 구상화해보는 활동이 필요하다.

〈구상화하는 활동〉

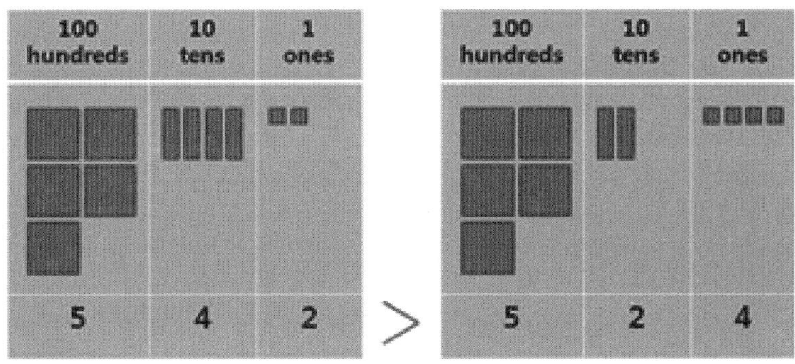

〈출처 : Mathmatic 3, Nelson, p.34〉

수학교과학습에서 생각말하기 전략은 학생들의 머릿속에서 일어나는 문제풀이 과정과 단계를 말로 표현할 수 있도록 설명해보게 한다. 수학교과주제관련 다양한 매체 텍스트 읽기는 대부분 숫자를 포함한 단순한 읽기활동이 주어진다. 그래서 542 〉 524가 즉각적으로 이루어져야 한다. 그리고 이러한 생각 과정을 말로 표현할 수 있어야 한다.

• 생각말하기 활동은 문제풀이 과정과 단계를 설명한다.

〈생각말하기 활동의 예〉

예를 들어, 100, 10과 1이 무엇을 의미하고, 1~9까지의 숫자에 대한 이해가 필요하다. — 각 단위가 어느 위치에 표현되는지를 알아야 한다. — 그 다음 가장 큰 단위인 100에 몇 개의 숫자가 있는지 비교해본다. — 가장 큰 100 단위에 동등한 숫자가 있으므로, 다음 아래 단위 10자리에 어떤 숫자가 있는지를 비교한다. — 2보다는 4가 더 큰 수라는 것을 이해하고, 다음 단위 숫자 10단위가 2보다는 4가 더 크지만 이 숫자에 상관없이 10자리에 4라는 숫자가 있는 542 숫자가 524라는 숫자보다 더 큰 수라는 것을 알게 된다.

■ 탐구읽기 : 생각말하기와 연결하여 요약하기

수학교과주제관련 다양한 매체 넌픽션 텍스트 읽기를 하는 동안 가장 중요한 것을 알아내야 한다. 그리고 수학문제를 해결할 때 필요한 정보를 사용할 수 있어야 한다.

• 읽기목적을 갖고 읽기

수학교과주제관련 다양한 매체 넌픽션 텍스트에서 제시된 문제를 풀려고 읽기를 하는 경우 문제해결을 위해 읽고—계획하고—해결하고—점검하는 4단계 읽기계획을 세우는 것이 중요하다. 'comparing and ordering'장에서 주어진 예를 보면 다음과 같다(Laura. R., 2002 참조).

문제해결 4단계	단계적 내용
읽기	문제가 이해될 때까지 문제를 여러 번 읽는다.
계획하기	문제해결을 위해 무엇을 해야 하는지에 대해 생각하고, 정보나 데이터를 모으고 조직한다.
문제해결하기	문제해결을 위해 읽기전략을 사용하고 문제해결을 통해 답을 이끌어낸다.
점검하기	문제해결 과정을 점검하고서 끝내고 답이 적절한지를 확인한다.

수학교과주제관련 다양한 매체 넌픽션 텍스트에서 문제해결을 위한 4단계 과정을 거치면 수학문제가 자연스럽게 해결될 수 있다. 또는 정보를 조직하고 정확한 답을 찾는데 구체적인 문제가 있는 경우면, 구상화하거나 생각말하기를 하거나 둘 다를 사용할 수도 있다.

• 구상화 및 도식화하기

수학교과주제관련 다양한 매체 넌픽션 텍스트 읽기에서는 수학문제 이해를 위해 읽기자료에 나오는 수학문제를 구상화해보는 것이 매우 효과적이다. 구상화 활동은 문제에 나오는 숫자를 상징화하기 위해 그림을 그려보는 것이다. 구상화 활동은 문제해결 방안을 제시해주기도 한다.

구상화하는 일은 묘사하고자 하는 개념과 용어를 그림으로 표현하는 것이다.

◦ $8 \div 2 = X$ $X = 4$

〈구상화 또는 도식화〉

◦ 2개 타이어 쌍이 7개 뭉치가 있다. (There are 7 groups of 2 tires).

2 + 2 + 2 + 2 + 2 + 2 + 2 = 14
2개씩 7그룹 = 14개 (7 groups of 2 = 14)

◦ 숫자 줄에서 2개씩 셀수 있다. (I can skip count by 2s on a number line.)

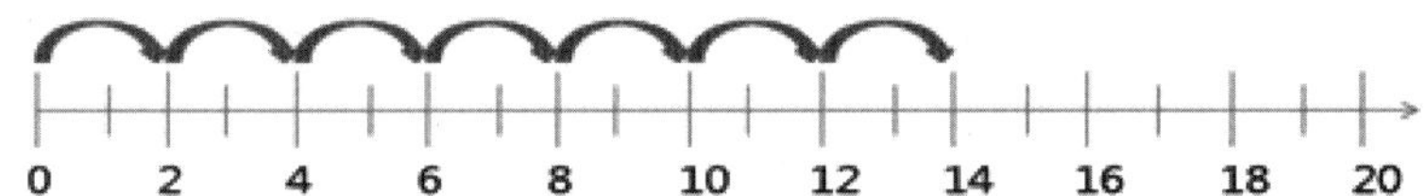

2씩 7번 넘어가기는 14 (7 skips of 2) = 14
이 곱셈문장(multiplication sentence)을 쓸 수 있다.
7 x 2 = 14 (It says 7 times 2 equals 14.)
〈출처 : Mathmatic 2, Nelson, workbook〉

• 문제풀이 과정을 생각말하기

수학교과주제관련 다양한 매체 넌픽션 텍스트를 읽을 때는 숫자나 글자 그대로 읽어서는 이해가 안 되는 경우가 있다. 수학교과주제관련 텍스트는 질문을 통해 비판적으로 읽어가야 한다. 예를 들어, 부등식에 대한 내용을 읽는 경우에 등식이 의미하는 것을 설명하고자 언어를 사용하게 된다.

y = 1/x 에 대한 등식을 읽는 경우, 이 부등식에서는 x가 작아지면 y가 커지고, x가 커지면 y가 작아진다는 것을 설명해야 한다. 또한, x와 y를 바꾸어도 둘 사이의 관계는 같아진다는 설명을 덧붙여야 한다. 이렇듯 부등식에 대해 말로 설명이 가능할 수 있어야

수학문제를 이해한 것이다.

48 ÷ x = 8에서 48을 어떤 수로 나누면 8이 된다는 의미이다. 어떤 수 x라는 변수를 놓고 48을 8로 나뉘면 6이 된다. 그래서 x = 6이 된다. 결국, 48 ÷ 6 = 8이 된다는 것을 학생들은 말로 설명할 수 있어야 한다. 이렇듯 풀이과정을 생각말하기 활동으로 학생들은 자신이 이해되는 말로 수학문제해결에 대한 아이디어를 표현해야 한다. 그러는 동안 학생들은 풀이과정에서 각 단계의 해결점을 찾을 수 있게 된다.

• 텍스트 변인 간 또는 텍스트와 학생 자신의 삶의 경험과 연결하기

수학교과주제관련 다양한 매체 넌픽션 텍스트에서 수학문제를 읽어야 하는 경우 이를 학생 자신의 실제 삶과 적용하는 방식을 알지 못하면 문제풀이에 어려움을 갖게 된다. 우리는 삶에서 거의 매일 매 순간 수학을 사용하게 된다. 예를 들어, 수학과제를 하기 위해 필요한 시간, 얼마나 오랫동안 게임이나 TV를 볼 수 있는지, 학원은 몇 시에 가야 하는지, 점심에 햄버거를 사먹고 돈이 얼마나 남았는지 등 매순간 우리는 일상에서 수학을 하고 살고 있다. 수학 과목에서 문제해결 방식을 우리 삶과 연결하면 수학문제를 더 쉽게 이해할 수 있게 된다. 더하고 빼고 하는 문제를 읽어야 하는 경우 자신이 일상에서 경험했던 상황과 연결을 한다면 훨씬 더 쉽게 문제를 만들고 풀어낼 수 있다. 우리가 일상에서 수학을 연결할 수 있는 예들은 다음과 같다.

– 가능한 시간을 세어볼 수 있다.
– 집에서 학원까지의 거리를 측정해볼 수 있다.
– 물건들의 길이와 넓이를 측정해볼 수 있다.
– 돈을 더하고 뺄 수도 있다.

다음은 생각말하기를 통해 수학과 일상을 연결해보는 예들을 찾아보도록 한다.

〈수학문제를 일상과 연결하는 예〉

문제(Problem)	연결(Connection)
어떤 수가 더해지고 빼질 수 있는가? (What number can be added and subtracted)	나는 샌드위치와 콜라를 주문했다. 내 친구는 햄버거를 주문했다. 나는 친구보다 얼마나 많은 돈을 썼는가? (I ordered a sandwich and coke. My friend ordered a hamburger. How much more money did I spend than my friend?) 1500원 5500원 3000원

정답 : (1500 + 5500) - 3000 = 4000원

〈출처 : Mathmatic 3, Nelson〉

■ 쓰기 : 소통하기를 위해 다시읽기와 생각 표현하기

수학교과주제관련 다양한 매체 넌픽션 텍스트의 각 장에서 읽기가 끝나면, 읽은 것에 대해 되새겨볼 시간이 가져야 한다.

우선 배운 것이 읽기목적에 맞는 지 되새겨보기 위해 교과과제에 대한 중심어휘를 제대로 이해하는지, 수학용어들이 의미하는 것을 설명할 수 있는지, 주어진 예시문제가 잘 이해되는지, 연습문제나 시험문제를 해결하는 데 수학수업에서 배운 것을 사용할 수 있는지 등을 학생스스로에게 질문을 해보도록 한다.

• 질문에 학생 스스로가 답을 할 수 없을 때 다시 읽기

학생 스스로 질문에 답을 할 수 없는, 아직 어려움이 있는 문제나 용어들이 있다면 해당 페이지로 돌아가 분명하게 이해하고 확인해야 한다. 이때 사용하는 읽기전략은 다시 점검해야 할 사항들을 적어보는 적어두기전략이 필요하다. 어려운 자료를 읽을 때는 이해가 어렵기 때문에 중간 중간 중요한 사항이나 변인 간의 연결 및 관련성, 중요한 용어

등을 적어두어야 할 필요가 있다. 특히 수학교과관련 다양한 매체 텍스트를 읽어야 하는 경우는 대부분 학습내용을 이해해야 하므로 중요한 내용의 적어두기활동은 수학교과주제관련 다양한 매체 넌픽션읽기에서는 효과적인 전략이 될 수 있다. 수학교과 다양한 매체 넌픽션읽기는 수업시간에 교사가 풀어준 샘플 문제에 대해 주의 깊게 적어두면 집에서 혼자 비슷한 문제를 풀어야 하는 경우에 유용하게 활용할 수 있다. 이러한 적어두기 전략을 사용하여 적어둔 내용은 샘플문제를 다시 풀어볼 때도 사용할 수 있고, 어떤 질문인지를 이해하는 데도 도움이 된다.

수학교과주제관련 다양한 매체 넌픽션 텍스트 읽기를 하는 중에 주요한 용어나 개념에 대해 적어두는 것은 효과적인 읽기전략이다. 예를 들어 종이를 반으로 나누고 왼쪽 한쪽은 용어나 개념을 적고, 오른쪽은 그에 해당하는 자신이 만든 문제를 적어두면 나중에 수학교과 문제풀이를 하는 경우에도 도움이 될 수 있다.

〈수학교과 개념과 그에 대한 문제 적어두기〉(Mathmatic 3, Nelson)

중심용어들(key terms)	예시들(examples)
두 자리 수 덧셈 (add 2-digit numbers)	34 + 52 = 캐티는 한국 우표 34개와 중국우표 52개를 갖고 있다. 캐티는 얼마나 많은 우표를 가지고 있는가? (Kathy has 34 stamps from Korea and 52 stamps from china. how many stamps does Kathy have?)
두 자리 수 빼셈 (subtract from 2-digit numbers)	89 - 27 = 도서관에는 89개 소설이 있다. 27개 소설들은 이미 빌려 나갔다. 얼마나 많은 소설이 도서관에 남아있는가? (There are 89 novels in the library. 27 novels are checked out. How many novels are left in the library?)
덧셈 상황에서 추정치 (estimate in addition situation)	날짜(Day) / 자전거 탄 학생 수(Number of riders) 토요일(Saturday) / 37 일요일(Sunday) / 46 얼마나 많은 학생들이 두 날에 자전거를 탔었는가? (About how many students rode the bike on both days?)

수학교과수업에서는 문제해결 과제가 주어지는 데 학생들은 이를 시간 내에 완성해야 한다. 배운 것을 기억하기 위해서는 많은 연습문제를 풀어보는 것도 필요하지만, 그보다도 다양한 매체 넌픽션 수학저널을 써보거나 수학 용어개념을 이해할 수 있는 시험문제를 스스로 만들어보게 하는 것이 가장 효과적이다.

— 수학개념을 이해할 수 있는 수학문제를 스스로 만들어보게 한다.

— 다양한 매체에 수학저널을 써보게 한다.

학습은 누군가에게 배우는 것보다 누군가를 가르칠 때 더 잘 배운다고 한다. 수학개념을 가장 잘 이해하고 해결할 수 있는 가장 효과적인 전략은 바로 학생 자신이 문제를 만들어 출제를 해보는, 자신만의 문제를 만들어보는 것이다. 다시 말해 수학단원의 주제와 관련해서 가장 중요한 것이 무엇인지 학생스스로에게 물어보거나, 교사의 입장에서 수학교과주제에 대해 학생들이 반드시 알아야 할 것을 생각해보고 이를 학생 자신에게 시험을 낸다는 생각으로, 또는 파트너와 함께 문제를 해결한다는 생각에서 시험문제를 만들어보는 활동은 매우 중요한 수학학습전략이다.

다양한 매체(인터넷 블로그나 위키, 또는 노트)에 수학저널을 써보도록 하는 것도 매우 중요한 쓰기활동이다. 수학개념 정의, 스케치, 그림과 샘플 시험문제를 파악하기 위해서는 학생 자신의 수학저널을 써보는 것이 좋다. 교사에게 보여주기 위해서가 아니라, 학생스스로가 이해하는 데 도움이 될 수 있도록 수학저널을 써서 수업시간에 가져와 수시로 점검해보는 것이 좋다. 수학교과의 주요 용어 리스트와 정의를 작성하는 것이 효과적이다.

〈덧셈과 뺄셈에 관한 시험문제〉

1. 덧셈과 뺄셈에 대한 예시를 주세요.	3. 덧셈을 하세요. 십진법을 사용하세요. 79 + 64 =
2. 78인 답이 나오도록 덧셈문제를 만들어 보세요.	4. 74가 48보다 얼마나 더 큰지를 알기위해 덧셈을 할 건가요? 아니면 뺄셈을 할 건가요?

수학교과주제관련 다양한 매체 넌픽션 텍스트는 대체로 4가지로 구분된다. 1) 열린 설명, 2) 샘플문제, 3) 그림, 그래프, 그리고 다이어그램과 4) 연습문제 등으로 나뉜다. 하지만 이해되지 않은 용어나 문제는 다시 읽거나 여백이나 다른 노트에 적어두는 것이 필요하다. 수학교과주제관련 다양한 매체 넌픽션 텍스트를 읽을 때는 내용을 그림이나 도표 등으로 구상화하거나 생각말하기 전략을 통해 명확하게 이해해야 한다. 이러한 구상화 전략이나 생각말하기 전략을 사용하기 위해서는 다이어그램이나 스케치하기, 생각말하기, 그리고 중요단어나 개념을 적어두는 것이 중요하다. 그중에서도 가장 효과적인 방법은 개념을 제대로 이해하고 있는지를 알아보기 위해 자신만의 문제를 만들어보거나, 수학교과 주제에 대한 저널을 작성해보는 것이 필요하다.

• 수학교재의 구성방식 이해하기

수학교재의 구성이나 전개방식을 알아보는 것은 중요하다. 거의 모든 수학교과주제관련 다양한 매체 넌픽션 텍스트는 수학에서 중요한 교과주제를 포함하고 있다. 각 장은 더 자세한 단원들로 분류되고 있다.

〈수학교재의 구성〉

특징 1	목표와 개념설명이 주어진다.
특징 2	문제 예시를 보여준다.
특징 3	구상화로 구체적인 이해를 도와준다.
특징 4	반영하고 점검할 수 있는 정리를 준다.
특징 5	다양한 연습문제를 제시한다.

수학교과서나 참고교재를 읽을 때, 장의 목표와 개념설명, 문제예시를 보고, 구상화된 내용을 이해하고, 다시 회상하고 점검해보고, 그 다음에 실제문제를 풀어본다. 이 문제들에 정확한 답을 할 수 있으면 답을 적되, 같은 연습문제를 푸는 데 어려움이 있으면 다시 앞으로 돌아가 다시 읽어야 한다.

수학용어 문제해결을 위한 뉴 리터러시 실제

교과목을 기반으로 하는 교과주제통합수업에서 교과과목에 대해 의사소통을 할 때, 학생들이 대체로 중간언어(interlanguage)를 사용한다. 학생들은 중간언어를 사용하면서 교사나 학생들 간 의미전달을 한다. 중간언어를 사용하면서도 의미전달이 가능한 것은 교과주제관련 특정용어나 개념을 알고 있기 때문이다. 따라서 교과주제통합수업에서 읽기 전에 점검되어야 할 것은 교과목 해당단원의 주제에 대한 어휘를 점검하는 일이다. 특히 수학이나 과학에서는 숫자나 그래프를 읽기보다는 어휘문제에 대한 질문에 답하는 활동이 우선 이루어져야 한다. 일반적인 어휘의 의미는 우리말로 설명해줄 때 가장 분명하고 빠르게 이해되지만, 수학과 과학교과 용어의 경우, 특히 특성상 개념이해가 필요한 경우는 다음과 같은 단계적 접근이 필요하다.

〈수학 용어개념 이해에 대한 단계적 접근〉

1 단계	수학 용어문제를 해결하기 위한 단계별 지원이 중요하다.
2 단계	수학 용어문제가 무엇인지에 대해 보다 쉽게 이해할 수 있도록 그림으로 보여주면 도움이 된다.
3 단계	수학 용어문제에 대한 기본적인 구성을 인식하게 도와주는 것이 필요하다.

▪ 비판적 묻는 읽기 : 질문하기와 위치지정하기

수학교과주제관련 다양한 매체 넌픽션 텍스트를 읽는 경우에 용어가 아무리 간단하고 짧다고 해도 용어에 대한 정확한 이해를 하지 못하면 수학교과관련 텍스트 전체를 이해하기 어렵게 된다. 아무리 짧고 간단한 용어라도 이해를 하며 천천히 조심스럽게 읽어야 한다. 이러한 점 때문에 어려운 수학문제를 해결하기 위해서는 다음과 같은 단계가 필요하다

〈수학교과 텍스트 읽기목적에 따른 문제해결 단계〉

질문 만들기	제목이나 주제가 무엇인가? 어떤 정보가 주어지는지? 자신이 알고 있는 어떤 정보가 있는지? 학생 자신은 어떤 정보를 찾고자 하는가?
첫 번째 읽기	읽기목적을 염두하고 질문에 답을 찾으면서 첫 번째 읽기를 한다.
두 번째 읽기	읽기목적에 맞는 질문에 답을 찾으면서 두 번째 읽기를 한다. 이때는 학습카드나 적어두기 노트에 질문의 답을 적거나, 중요표시를 해두는 것도 필요하다.
전략 선택하기	읽기목적에 맞는 질문이나 문제해결을 위해 필요한 읽기전략을 선택한다. 문제해결을 위해 사용하고자 하는 가장 적정한 전략은 구형화하거나 읽기전략을 적용할 때 머릿속에서 일어나는 상황을 생각말하기 활동을 하도록 한다.

〈수학교과관련 주제 및 내용 추정하기〉

예	Notes
뭔가를 하는 데 얼마나 오래 걸리는지 알아보기 위해, 알람 시계위에서 움직이는 시계바늘에 대해 생각한다. 우리는 아침 9시 30분에 집을 떠났다. 그리고 오전 10시 45분에 공원에 도착했다. 시침은 9시 30분에서 10시 30분으로 1시간 움직였다. 분침은 10시 30분에서 10시 45문까지 15문 더 이동했다. 그래서 우리 운전시간은 1시간 15분 걸렸다.	주제 : 시간 추정하기 내용 : 시침 9:30에서 10:30으로 1시간 이동과 분침 10:30에서 10:46로 15분 이동. 1시간 15분의 여행시간 결과 : 시간이 얼마나 걸리는가를 추정하는 방법

수학교과주제관련 다양한 매체 넌픽션 텍스트 읽기에서 주제나 내용에 대한 도식화 전략과 생각말하기 전략을 사용하는 일은 학생들의 머릿속 생각을 그림이나 말로 표현하는 전략이다. 시간측정에 대한 수학문제를 읽는 동안 학생의 머릿속에 일어나는 생각에 대한 그림을 그려보거나 그 머릿속 상황을 말로 표현해보는 것이다.

수학교과주제관련 다양한 매체 넌픽션 텍스트 읽기를 하는 동안 생각말하기나 생각을 도식화하는 전략은 각 정보들 사이의 관계를 보게 해준다. 수학텍스트의 주제나 내용을 도식화하는 것은 문제해결을 해야 하는 경우에 등식이 어떻게 쓰이는지를 알게 해준다.

〈시간추정하기 텍스트 내용을 도식화하는 전략〉

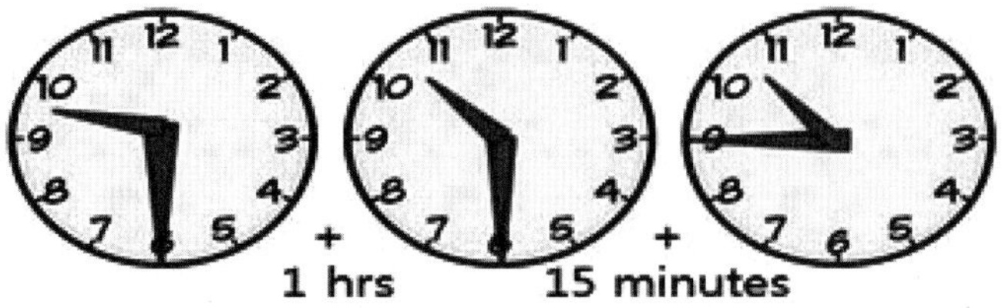

정보 1 정보 2 정보 3

\+ 1 hrs + 15 minutes

〈출처 : Mathmatic 2, Nelson, workbook〉

■ 탐구읽기 : 생각말하기와 연결하고 요약하기

수학교과주제관련 다양한 매체 넌픽션 텍스트 읽기를 하면서 수학교과 문제를 풀어야 한다. 수학교과 문제를 풀기 위해서는 일정 부분을 다시 읽어야 할 필요가 있다. 이때 적어두기를 해놓거나 스케치 해둔 것을 다시 읽어봄으로써 주어진 문제에 대한 정보를 다시 생각해보고 그에 맞는 등식을 써봐야 한다. 이때 생각말하기를 해보면 학생 자신이 뭘 이해하고 뭘 이해하지 못하고 있는지를 알게 된다.

• 생각 말하기

9:30에 집을 나서서 10:45에 공원에 도착하게 되었다. 시침은 9:30에서 10:30으로 1:00 움직였고, 분침은 10:30에서 10:45쪽으로 0:15 더 움직였다. 그 결과 여행시간은 1:00 +0:15=1:15(1시간 15분)이 걸렸다.

〈생각말하기를 통한 등식쓰기〉

도착시간 :	10:45
출발시간 :	— 9:30

걸린시간 :	1:15

다른 등식으로 문제를 다시 풀어본다면 문제풀이를 재점검하는 데 좋은 방법이 될 수 있다.

수학용어문제들의 구성방식을 보면 특이한 특징이 보인다. 수학교과문제를 표현하기 위해 숫자, 상징물이나 다이어그램으로 용어를 사용하거나 또는 용어를 숫자로 바꾸거나 자신만의 등식을 써서 문제를 해결한다.

〈수학교과 문제에서 용어사용의 예〉(Laura. R., 2002 참조)

더하기와 빼기	Adding and Subtracting
Jay는 수족관을 가지고 있다. Jay는 그 수족관에 추가할 새로운 4마리 물고기를 가지고 있다. 이제, 그의 수족관은 12마리 물고기를 보유할 수 있다. 그는 수족관에 얼마나 많은 물고기를 이미 가지고 있었는가?	Jay has a fish tank. Jay has 4 new fish to add to the tanks. Now, His tank can hold 12 fish. How many fish did he have in the tank already?

〈수학용어문제들의 구성방식의 특징〉

<table>
<tr><td>특징 1</td><td>수학교과 용어문제에서 숫자는 무질서하게 사용되는 경향이 있다. 그러다 보니 표현된 방식에서 간단하게 숫자들의 등식을 쓰기가 곤란하다. 때문에 학생들은 수학문제에서 표현된 숫자의 순서는 무시하고, 등식을 어떻게 작성해야 할지에 대해서만 생각하는 것이 문제해결에 더 효과적이다.

<table>
<tr><th>문제에서 표현된 숫자를
순서대로 풀이한 잘못된 풀이</th><th>문제에서 표현된 숫자를
재 정렬한 올바른 풀이</th></tr>
<tr><td>4 + 12 =
4 - 12</td><td>12 - 4 =</td></tr>
</table></td></tr>
<tr><td>특징 2</td><td>수학 용어문제들은 특정한 방식에서 of ~ (~의) 나 is ~ (~ 이다)는 용어를 사용하는 경우가 많다. 이러한 용어들을 잘 기억하면 정확한 등식을 만드는 데 도움이 된다.
– 영어로 쓰인 수학문제에서 ‘is ~’는 ‘equal’이나 ‘equal to’를 의미한다. 예를 들어, ‘15 - 6 is 9’는 ‘15 - 6 = 9’라는 의미이다.
– 영어로 쓰인 수학문제에서 ‘of ~'는 곱셈을 의미한다. 예를 들어, ‘There are 10 men groups. 10 groups of 2 is 20.’는 ‘10 x 2 = 20’을 의미한다.</td></tr>
</table>

특징 3

다양한 수학문제에서 많은 용어들을 사용하게 되는데 수학문제에 쓰인 용어를 바르게 이해할 필요가 있다. 수학문제를 풀어야 하는 학생들 입장에서는 수학문제에서 주어진 것과 찾고자 한 것에 대해 명확하게 이해해야 할 필요가 있다.

폴의 반은 26명의 학생들이 있다.(Paul's class has 26 students.)
그는 각 학생들에게 도너츠 한 개가 필요하다.(He needs 1 doughnut for each student.)
폴은 4개씩 든 4개 팩을 산다.(Paul buys 7 packages of 4 doughnuts.)
그는 충분한 도너츠를 가지고 있는가? 여러분들의 문제해결 작업을 보여주세요.(Does he have enough doughnuts?) Show your work.

주제 : 도너츠 수
내용 : 학생수 26명, 학생마다 1개씩 나눠먹어야 한다.
-〉 26개 도너츠 필요.
4개씩 들어있는 도너츠를 7개 박스를 산다. -〉 4 x 7개 산다.
알아야 할 결과 : 도너츠는 적어도 26개 이상은 사야 한다.
26개 〈 4개 x 7박스 ⇒ 26 〈 28
답 : 28개 사면 충분하다

특징 4

수학용어문제는 그래프나 다이어그램을 포함하는 데, 이러한 도표들은 문제를 한번 읽는 것보다 더 많은 정보를 준다. 일단 알고 있는 것을 분류하고 올바른 등식을 만들어보도록 한다.

나는 아래 도표에서 다양한 측면의 사실들을 보았다.
(I saw multiplication facts in a table.)
6에 도달하기 위해 세로와 가로로 얼마나 가야 할 필요가 있는가?
(How many columns and rows do you need to go to get 6?)

	1	2	3	4	5
1					
2					
3		6			
4					
5					

(정답 : 2 columns x 3 rows = 6) -〉 가로 두 번째, 세로 세 번째

■ 소통하기 : 다시 읽고 표현하기

수학교과관련 다양한 매체 텍스트에서 수학교과 용어문제를 읽는 동안 어려움이 있다면, 답이 잘못된 것인지, 언제 점검해야 하는지 등, 문제해결을 위한 점검과정이 필요하다.

수학교과 용어풀이에 어려움이 있어 해결이 필요하다면 다음과 같은 단계적 문제해결을 위한 팁을 사용하면 효과적이다.

먼저, 수학교과관련 다양한 매체 텍스트에서 용어문제해결을 위해 학생이 이미 알고 있는 것을 확인하고, 추측하고, 추측한 것을 점검하면서 수정할 필요가 있다. 예를 들면, 퍼즐을 하려고 할 때, 처음에는 퍼즐을 맞춰보려고 추측을 한다. 그리고서 조각들이 맞춰질 때까지 맞춰보고, 다시 수정한다. 용어문제를 해결할 때도 퍼즐 풀 때와 비슷한 과정을 사용하면 좋다. 이러한 퍼즐이 틀리면 다시 뒤집어 처음부터 맞추기 과정을 해야 하듯이 수학용어문제에서도 이런 퍼즐풀이과정을 적용해보면 효과적이다. 답을 찾으려면 되짚어 점검하는 방법을 사용해야 한다. 그리고 되짚어 점검하는 전략을 통해 답을 이끌어내는 단계를 확인할 수 있다. 특히 문제해결을 하기에 어려운 높은 숫자는 쉬운 낮은 숫자로 대체해서 풀이를 하면 쉽게 해결된다. 단순한 숫자로 해결한 후 원래 숫자로 다시 돌아가 해결하면 훨씬 문제해결이 쉽다.

마지막으로 짝꿍과 문제풀이과정에 대해 이야기 하면 좋다. 알고 있는 것을 다른 사람에게 설명하는 것은 문제풀이에 훨씬 도움이 된다. 예를 들어, 수학교과관련 다양한 매체 텍스트에서 주제가 무엇인지, 이미 알고 있는 정보는 무엇인지, 찾아야 하는 정보인데 아직 모르는 정보는 무엇인지, 그리고 문제해결을 위해 사용한 등식이나 형식이 무엇인지를 짝에게 설명하는 것이 문제풀이에 효과적인 방법이다.

조쉬는 자전거를 수리한다. 자전거에 각 바퀴를 가는 데 1분이 걸린다. 조쉬는 15분 내에 7개 자전거 바퀴를 갈아 끼울 수 있을까? (Josh repairs bicycles. It takes her 1 minute to fill each tire on a bicycle. Can Josh fill the tires on 7 bicycles in 15 minutes?)

추측하기 : 자전거 1대에 바뀌는 2개 씩, 자전거 7대에 바뀌는 몇 개?
바퀴 한 개 수리하는 데 1분 걸린다면 몇 개(?) 바퀴 수리는 몇 분(?) 걸린다.

점검하기 : 2(바퀴) x 7(자전거) = 14개 바퀴
14개 바퀴를 수리하는 데는 14분이 걸린다.

수정하기 : 7 x 2 = 14 (It says 7 times 2 equals 14.)
14개 바퀴 모두를 수리하는 데는 15분 이내 걸린다.
(It can fill all the tires in less than 15 minutes.)

〈출처 : Mathmatic 2, Nelson, workbook〉

자전거 바퀴 수리에 대한 문제해결 과정을 말로 푸는 것은 그것을 기억하는 데 도움이 된다. 짝꿍과 함께 이 자전거 바퀴 수리 문제를 푸는 것은 학생 자신이 이 문제를 다시 읽을 때 놓치거나 잘못 인식한 점을 지적할 수 있는 기회를 가질 수 있다.

수학교과관련 다양한 매체 텍스트에서 수학문제를 용어로 푸는 경우에는 다음과 같은 전략을 사용하면 효과적이다.

- 질문 만들기와 학생 자신에게 묻기(Make questions, Ask yourself))
- 질문이나 읽기목적을 염두에 두고 일단 첫 번째 읽기(1st Reading)
- 읽기목적이나 질문에 답을 찾으면서 두 번째 읽기(2nd Reading)
- 문제해결을 위해 필요한 도형화와 생각말하기 같은 전략 선택하기(Choose strategies) 등을 사용하는 것이 효과적이다.

특히 수학교과관련 다양한 매체 텍스트에서 용어문제 해결을 위해 도식화와 생각말하기 전략을 사용하면 수학문제의 정보를 추적하는 데 도움이 된다. 이때 정확한 답을 얻지 못한다고 포기하지 말고 문제해결을 위한 팁을 단계적으로 시도해보면 해결될 수 있다는 확신을 하는 것이 문제풀이의 지름길이다.

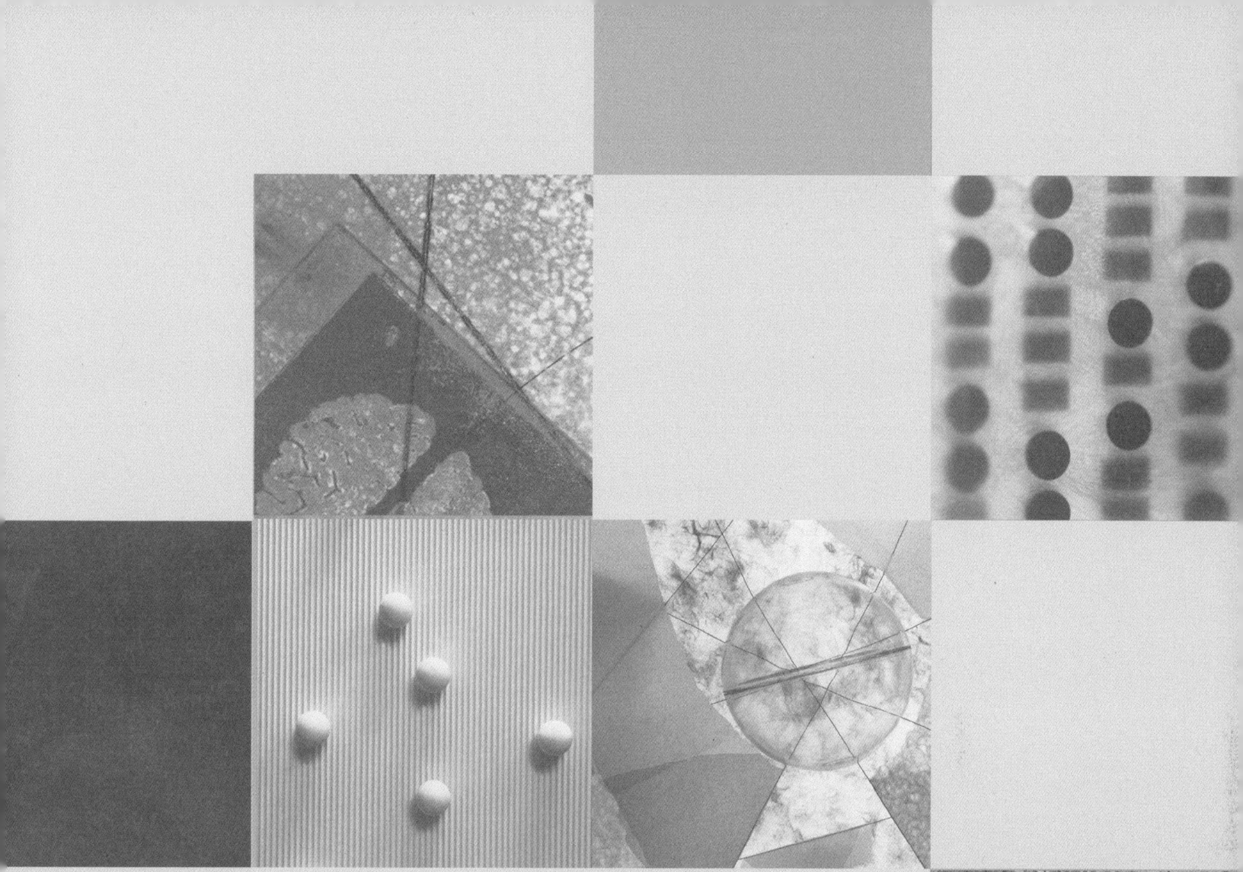

뉴 리터러시 학습은
교사/학생 역량이 좌지우지!

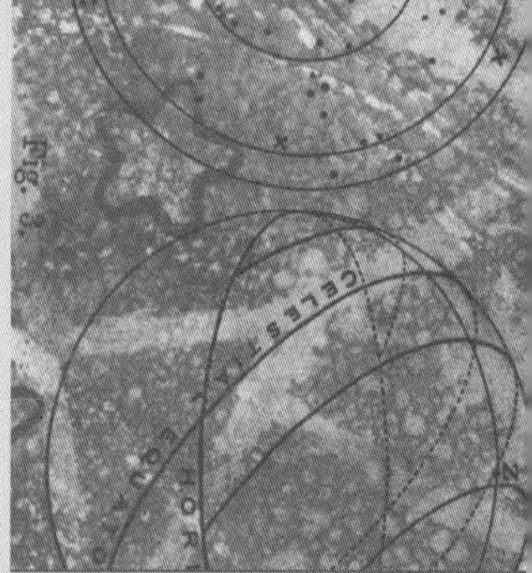

1 학생들이 갖추어야 할 미래역량

21세기는 국제화와 세계화가 전 세계에 확산되고, 정보통신 기술의 혁신 등으로 인해 세계 교육환경은 디지털화되고 상호의존성을 갖추며 급속한 변화가 지속되고 있다. 지식 및 정보 네트워크 사회는 과거 산업사회와는 다른 방식으로 움직인다. 현대사회를 살아가는 사람으로서 충만한 삶을 살기 위해, 사회 구성원으로서 세상에 참여하는 삶을 살기 위해, 그리고 직업인으로서 성공적인 삶을 살기 위해 학생들이 갖추어야 할 역량은 무엇일까? 21세기를 살아가고 있는 현대인들에게는 새로움을 받아들이는 새로운 능력이 요구되고 있다.

한국교육학술정보원은 '미래학교 체제 도입을 위한 미래학교 2030(Future School 2030) 모델연구'를 위해 OECD, UNESCO, 및 한국교육개발원 등 국내외 다양한 기관들이 제시한 미래 학생들에게 필요한 역량을 조사하였다. 이때 미래사회에서 학생들의 핵심역량 강화를 위해 국내외 사례 연구 결과(출처: 〈한국교육학술정보원〉의 "미래학교 체제 도입을 위한 Future School 2030 모델연구"라는 연구보고서)를 보고하였다. 그 외에도 국내외 많은 연구들은 미래 학생들이 갖추어야 할 역량에 대한 많은 의견들을 주고 있다.

〈미래 학생들에게 필요한 역량에 대한 연구들〉

구분	내용
OECD CEE (DeSeCo, 2005)	• 도구를 상호적으로 사용하기(언어, 상징, 문자를 상호적으로 사용하기, 지식과 정보를 상호적으로 사용하기, 기술을 상호적으로 사용하기) • 이질 집단과 상호작용하기(타인과 관계를 잘 맺는 능력, 협력할 수 있는 능력, 갈등을 관리하고 해결하는 능력) • 자율적으로 행동하기(큰 맥락안에서 행동하는 능력, 핵심 계획을 수립하고 실천에 옮기는 능력, 권리, 이익, 한계와 요구를 주장할 수 있는 능력)
OECD 공동연구 (강명희 외, 2007; 강명희, 2009)	• 인지적 이해수준 (세계의 이해–수학, 과학, 탐구기술, 추론능력, 정보처리, 성찰적 사고) • 인지적 수행수준 (세계에의 실천과 변화–도구활용, 자원활용, 판단력, 비판적 사고, 창의력, 초인지능력) • 정의적 이해수준 (자신의 이해–자기개념, 자기인식, 자기효능감, 자기존중감, 불확실성 포용, 에러(error)에 대한 긍정적 태도) • 정의적 수행수준 (자신의 실현–주의력, 정직, 책임감, 신뢰성, 몰입, 목표설정, 혁신 및 지속성) • 사회문화적 이해수준 (공동체 참여가치 인식–언어, ICT활용, 의사소통기술, 다문화이해, 시민의식) • 사회문화적 수행수준 (공동체내 참여 및 개선–차이에 대한 인정 및 존중, 공동체의식, 팀워, 리더십) • IT활용 핵심역량 – 인지적 영역 : 정보수집, 지식구성, 지식활용, 문제해결 – 정의적 영역 : 자기정체성, 자기가치관, 자기주도성, 자기책무성 – 사회문화적 영역 : 사회문화적 소속감, 사회문화적 수용성, 사회화 능력, 사회적실천력
UNESCO (Fastad, 2004)	• 언어숙달하기, 타인과 함께 일하기, 문제해결력, 수리력, 자연과학에 대한 이해, ICT활용능력, 학습역량
한국교육개발연구원 (2010)	• 기초 문해력 (읽기, 쓰기, 셈하기) • 핵심능력 (의사소통능력, 문제해결능력, 자기주도적 학습능력) • 시민의식 (국가정체성, 신뢰 및 가치공유, 권리/책임의식, 정치 및 참여의식, 민주적 절차, 법) • 직업특수능력 (산업별, 직종별 업무수행 능력)

21세기를 살아가는 학생들이 갖추어야 할 역량에 대한 연구들이 다양한 국제기구, 컨소시엄 단체 및 연구기관에서도 이루어지고 있다. Partnership for 21st Century Skills은 21세기에 살아가고 있는 학생들이 갖추어야 할 역량에 대한 프레임워크를 개발하였

다. Partnership for 21st Century Skills은 미국의 교육실천가, 대학교, 정부 기관, 비영리 단체 등이 컨소시엄으로 2004년부터 21세기 학생들에게 요구되는 필수 역량에 대한 다양한 연구와 논의를 진행하고 있다. 이들이 제시하는 필수역량은 기초 과목과 21세기 핵심학제 간 주제 관련 기초역량, 학습 및 혁신역량, 정보・미디어・기술 역량, 삶과 경력 개발을 필수 역량으로 정하고 있다.

〈21세기 학생들이 갖추어야 할 4대 역량〉

〈출처 : http://www.p21.org/〉

이러한 4대역량 영역들은 각각 하위 역량요소들을 갖춘다. 또한, 이는 단순히 필요역량을 제시하는 것에 그치는 것이 아니라 학생들이 이러한 역량을 확보하기 위해 필요한 지원 시스템, 즉 표준과 평가시스템, 교육과정과 교수・학습 활동, 교사 전문성 개발 및 교육 환경 등에 대한 연구도 함께 진행하고 있다. 특히 미래 학습자 역량으로는 정부, 미디어, 기술역량과 직업관련 역량으로 구분하고, 사회나 정부가 제공해야 할 지원시스템으로는 표준 평가, 교육과정과 교수법, 전문성개발과 학습 환경으로 구분하고 있다.

Partnership for 21st centry skills에서 처음으로 21세기 학습을 위한 프레임워크를 소개하면서 21세기 학생들이 갖추어야 할 역량에 대해 설명하고 있다. 이 프레임워크는 앞으로 다가오는 글로벌 경제에서 학생들이 성공하기 위한 비전으로 학생들의 역량과 이를 뒤받침 할 학교, 정부, 사회의 지원시스템으로 설명하고 있다.

21세기 학습을 위한 프레임워크에서 위쪽은 학습자 역량을 의미하고, 아래쪽은 지원 시스템을 의미한다. Partnership for 21st Century Skills의 21세기 학생을 위한 역량 프레임워크은 학생들에게 요구되는 필요역량 요소(무지개 부분)와 역량 개발을 위해 필요한 지원시스템(아랫 부분)으로 구성된다.

특히 Partnership for 21st centry skills에서는 학생들이 현실 세상에서 살아가기 위해, 반드시 학습해야 할 핵심역량이며 4Cs로는 비판적사고스킬(Critical Thinking), 의사소통스킬(Communication), 협업스킬(Collaboration)과 창의적스킬(Creativity)로 정리한다. 학습역량으로서 3Rs는 읽기(Reading), 쓰기(wRriting), 그리고 셈하기(aRithmatic)으로 구분한다. 학습역량으로서 3Rs 리터러시, 학습과 혁신역량으로서 4Cs을 구분하여 정리하고 있다.

학습역량으로 3Rs 리터러시	학습과 혁신역량 4Cs
읽기(Reading) 쓰기(wRiting) 셈하기(aRithmatic)	비판적 읽기(Critical Reading) 의사소통(Communication) 협업(Collaboration) 창의력(Creativity)

Partnership for 21st Century Skills가 제시하는 4대 역량 영역 별 하위 역량 요소도 참고로 함께 소개한다. 4대 역량 영역 및 하위 역량 요소에 대한 상세한 정의 및 관련 참조 자료는 다음과 같이 http://www.p21.org/storage/documents/P21_Framework_Definitions.pdf 또는 http://www.p21.org/overview에서 확인할 수 있다.

〈기초 과목과 21세기 교과 학제 간 주제 관련 역량〉

기초 학문	국어(국어, 리터러시, 말하기 듣기), 외국어, 예술, 수학, 경제학, 과학, 지리학, 역사, 사회 및 윤리
21세기 학제 간 주제	글로벌 인식, 금융, 경제, 경영, 창업관련 리터러시, 시민 사회 관련 리터러시, 건강관련 리터러시, 환경관련 리터러시

학습 및 혁신 역량	정보·미디어·테크놀로지 역량
• 창의 및 혁신 능력 (Creativity and Innovation)	• 정보 리터러시 (Information Literacy)
• 비판적 사고 및 문제해결 능력 (Critical Thinking and Problem Solving)	• 미디어 리터러시 (Media Literacy)
• 소통 및 협업 능력 (Communication & Collaboration)	• ICT 리터러시 (ICT(Information, Communication and Technology) Literacy)

〈삶과 경력 개발 역량〉

• 유연성 및 적응성(Flexibility & Adaptability)
• 진취성 및 자기주도성(Initiative & Self-direction)
• 사회성 및 다문화성(Social & Cross-cultural skills)
• 성과창출 및 책임감(Productivity & Accountability)
• 리더십 및 책무성(Leadership & Responsibility)

그 외에도 미래 학생들의 핵심역량에 대해 유럽연합(EU)〉에서 연구한 '유럽피언 핵심 역량 프레임워크(The European Framework for Key Competences)'도 있다. 2006년 말에 유럽인들의 평생학습을 위한 핵심 역량을 연구한 유럽연합(EU)의 집행기관인 유러피언 커미션(European Commission)은 교육의 전 분야 이론가와 실천가들이 함께 참여하여 '유럽피언 핵심 역량 프레임워크'를 발표했다. 이들이 제안하는 8개의 핵심 역량은 다음과 같다.

〈유럽인들의 평생학습을 위한 8가지 핵심역량, EFFC, 2006〉

• 모국어 활용 의사소통 (Communication in the mother tongue)
• 외국어 활용 의사소통 (Communication in foreign languages)
• 수학역량과 과학 및 기술에서의 기본 역량 (Mathematicalcompetence and basic competences in science and technology)
• 디지털 역량 (Digital competence)
• 학습력 (Learning to learn)
• 사회적 및 시민적 능력 (Social and civic competences)
• 기업가 정신 (Sense of initiative and entrepreneurship)
• 문화적 인식과 표현 (Cultural awareness and expression)

이러한 미래 역량들은 서로 독립적인 능력이기 보다는 상호 보완적으로 움직이는 역량들이다.

〈상호보완적인 미래역량〉

언어, 수리 및 디지털 역량	모든 배움에 있어 기초가 되는 역량
학습 역량	모든 교과학습활동이 효율적으로 이루어질 수 있도록 돕고 기반이 되는 역량

그 외 각 역량에 대한 상세한 정의는 http://ec.europa.eu/dgs/education_culture/publ/pdf/ll-learning/keycomp_en.pdf에서 확인할 수 있다.

각 역량은 구체적인 하위 지식, 스킬, 태도 등으로 정의되는 데 그 내용을 보면 다음과 같은 하위 요인들이 중요시되는 것을 알 수 있다.

〈각 핵심역량의 하위요인들〉

• 비판적 사고(Critical thinking)
• 창의력(Creativity)
• 진취성 및 주도성(Initiative)
• 문제해결력(Problem-solving)
• 위험관리(Risk assessment)
• 의사결정력(Decision-taking)
• 건설적 감정관리(Constructive management of feelings)

21세기 학생들이 갖추어야 할 역량들을 볼 때, 초등학교 교과주제통합수업에서 어린 학생들을 위해 교사들이 지금 무엇을 어떻게 가르쳐야 하는지에 대한 방향이 모색되어야 한다. 이러한 점에서 초등학교 교과주제통합수업에서 이루어지는 뉴 리터러시 학습과정은 학생들의 미래역량을 길러주는 방법이 될 것이다. 뉴 리터러시 학습과정은 질문하기, 교과주제관련 디지털매체 텍스트 위치지정하기, 텍스트 내용 판단하기와 종합하기, 그리고 소통하는 인문학 접근의 비판적 사고능력과 창의・융합적 능력을 갖추게 해준다. 따라서 뉴 리터러시 학습과정을 따르면 학생들이 21세기 미래역량을 갖추는 지름길이 될 것이다.

2 뉴 리터러시 교사의 역량

최근 초등학교 교사들은 다양한 디지털매체 텍스트나 교과주제학습 과제를 뉴 리터러시 교육과정과 어떻게 통합하는지에 대한 방법개선을 위해 노력하고 있다. 이에 대한 노력의 일환으로 인터넷 온라인상의 디지털매체 텍스트 읽기에서 주요 요인들을 찾고 검증하려는 노력이 급속도로 진전되고 있다. 특히 IRT(Internal reciprocal teaching)에서 보여준 뉴 리터러시 수업모델은 인터넷 온라인상에서 디지털매체읽기 스킬의 습득을 이끈다. 이어 최근에는 교사들이 교과주제학습목표와 뉴 리터러시 학습의 통합을 이끌기 위한 전문성 개발에 대한 노력이 이루어지고 있다.

교사들의 뉴 리터러시 스킬 습득을 위한 노력은 교과주제통합수업에서 교사를 지원하는 뉴 리터러시 교수학습 방법을 찾는 데 있다. 이 노력의 결과는 인터넷 온라인상에서 디지털매체읽기와 교과주제학습 과제를 통합하려는 시도를 어떻게 이끌어갈 것인가에 대한 방법을 제시하는 일이다. 이를 위해서 교사는 학생들이 교과학습의 목적을 달성하고, 디지털매체읽기 과제를 성공적으로 수행하기 위해 필요한 스킬, 전략, 실제와 특성을 잘 이해하도록 학생들을 이끌어야 한다. 이 경우 학생들이 해야하는 교과주제 문제해결을 위한 디지털매체읽기와 이를 도와주는 교사들의 도움방식에 대한 구체적인 모델이 절실하다.

최근 인터넷기반 디지털매체읽기와 학습에 대한 연구들은 교과주제기반 인쇄매체읽기와 디지털매체읽기를 연결하는 뉴 리터러시 학습을 효과적으로 이끌 수 있는 교사들의 역할에 대해 많은 노력을 하고 있다. 이러한 연구들에서는 다양한 수준의 학생들이 교과수업에서 주어진 과제나 문제해결을 위해 협업적으로나 학생 주도적으로 인터넷에서 교과주제관련 적절한 디지털매체 정보를 찾고자 하는 목적이든, 또는 교사가 선택해준 교과주제관련 질문이나 주제에 대한 추가지식이나 정보를 얻고자 하는 목적이든, 또는 학생들의 즐거움을 갖고자 하는 목적(Coiro 2011; Coiro, Castek, and Guzniczak 2011; DeSchryver 2011; Dwyer 2011)에서든 학생들은 디지털매체읽기전략과 특성에 대해 많은 관심을 갖기 시작했다. 특히 Coiro(2012)는 디지털매체읽기 능숙도에서 학생들이 하는 역할과 특성을 확인해주었다.

다른 한편으로, 일부 연구들은 학문적으로나 언어학적 목적을 위해 디지털매체 텍스트를 넘나들며 읽어야 하는 학생들의 예들을 통해 많은 시사점을 준다. 학생들의 디지털매체읽기를 도와준다고 생각하는 교사들은 학생들이 인터넷 온라인상에서 교과주제관련 디지털매체읽기를 하는데 어떤 어려움을 갖고 있는지, 또는 학생들이 디지털매체 텍스트와 상호작용하는 능력에 교사들이 어떻게 또는 어느 정도로 간섭해야 하는지 등에 대해 주의할 점을 알려주었다.

학생들의 디지털매체읽기 평가에 대한 많은 노력과 연구들도 있다(Coiro and Castek 2010). 이러한 평가관련 연구들은 뉴 리터러시 학습에서 교사들이 타당성 있는 평가과정에 대한 방식을 갖추어야 한다는 점을 주장한다. 그리고 뉴 리터러시 학습과정에서 교사들이 학생 주도적 학습활동을 어떻게 평가해야 할지에 대한 구체적인 사항들을 강조한다.

뉴 리터러시 학습에서 교사는 학생 주도적 리터러시 활동을 이끌기 위해 다음과 같은 평가를 해야 한다.

• 학생들이 교과주제관련 추가적 정보를 얻기 위해 디지털매체읽기를 할 때, 학생 주도적 과제수행을 하게 된다. 이때, 학생들이 학생 주도적으로 뉴 리터러시 탐구읽기과정에서 교과주제관련 과제와 그에 대한 이해를 비판적으로 묻고, 찾고, 평가하고, 통합하고 소통하는 능력을 평가해야 한다.
• 교과주제관련 디지털매체 텍스트 읽기를 통해 잘 표현되거나, 또는 잘못 표현된 점을 다양한 관점에서 지각하고, 분류하고, 반응하는 능력을 평가하여야 한다.

미국에서는 각 주마다 동일한 학년의 학생들이 성취되어야 하는 것에 대한 기준을 제시한 CCSS 2010(the Common Core State Standards)을 마련하고, 이 기준에 따라 교사들은 학생들을 매해 평가한다. 이 평가에서 학생들이 높은 수준의 성취에 도달하도록 학생들을 준비시킬 때, 교사는 학생들이 높은 수준의 능숙도를 가질 수 있도록 수행기반 교수학습방법을 제공할 필요가 있다.

이제 초등학교나 고등학교에서는 디지털매체읽기와 능숙도를 평가할 수 있는 새로운 평가형식이 필요하다. 그리고 교과주제통합학습에서 인터넷 사용을 포함한 다양한 매체읽기 리터러시 실제에 대한 평가에 많은 관심을 가져야 할 때다. Leu et al. (2013)는 이미 7학년 학생들이 과학교과 문제에 대한 정보를 찾고 연구하고, 이해하고, 소통하기 위해 인터넷 사용능력을 갖추도록 설계된 평가도구의 3가지 새로운 포맷을 보여준다. 또한 디지털매체읽기 평가에 대해 CCSS는 7학년 학생들에게서 무엇을 기대하는지에 대해 명확하게 보여준다(Coiro and Kennedy 2011). 이를 기반으로 교실수업을 운영하는 교사들은 학생들의 디지털매체읽기에 대한 다양한 평가방법을 개발하는 연구를 끊임없이 해야 한다.

■ 교사는 뉴 리터러시 학습을 어떻게 가르쳐야 할까?

최근 많은 연구들은 학생들의 교과학습과 관련된 디지털매체읽기를 가르치는 방법에 대한 고민을 하고 있다. 예를 들어, 교사들은 초등학교 상급학년 수업에서 도전적인 과제, 문제기반 연구, 명시적 전략수업, 협업과 논의, 동료 지원 그리고 학생 주도적 학습을 통해 학생들이 디지털매체읽기 스킬을 습득하도록 이끌어야 한다고 주장한다

(Kingsley 2011). 또한, 중학교 교실수업에서 IRT 수업모델을 실시함으로서 학생들의 디지털매체 정보를 읽고 이해하는 능력이 의미적으로 증가했다는 연구(Leu and Reinking 2010)도 있다. 이 연구에서 IRT수업을 하는 동안 교사들은 상호작용적 그룹활동과 전략적 논의를 적극적으로 이용하였다. IRT수업은 랩탑 컴퓨터를 학습도구로 사용하는 학습 환경에서 이루어졌다. 이 학습 환경에서 학생들은 전통적 리터러시 학습과는 다른 뉴 리터러시 학습과정을 경험한다. 그리고 교과주제통합수업에서 발견한 중요한 문제를 해결하기 위해 디지털매체읽기를 하면서 학생들은 다른 친구들과 협업적으로 읽기활동을 한다. 뉴 리터러시 학습과정에서 학생들은 스스로가 만든 질문에 답이 되는 정보들을 찾아 읽으면서, 읽기목적에 맞는 정보인지를 평가하고 종합하여 자신의 글로 작성한다.

학년을 막론하고 다양한 수준의 학생들이 자신의 관심사항에 대해 질문을 갖고 이루어지는 비판적 읽기는 교과학습의 성공을 위해 중요한 읽기활동이다. 학생들은 디지털매체읽기에서 읽기목적이나 궁금한 점에 답이되는 신뢰성 있는 인터넷 자료인지, 또는 신뢰성 없는 인터넷 자료를 구별하는 정보의 신뢰성에 대해 올바른 판단을 한다. 그리고 비판적 탐구읽기는 디지털매체읽기에서 학생들이 원하는 정보를 탐험하는 추가적 활동을 하게 해주는 편리한 학습의 장을 경험하게 된다.

이처럼 뉴 리터러시 학습의 성공은 교사가 어떻게 가르치는가에 초점을 두지 않고, 교사가 어떻게 학생 주도적 탐구읽기학습을 이끌 수 있도록 어떤 효과적인 질문전략을 사용하는가에 달려있다. 뉴 리터러시 교사는 가르치는 사람이 아니라, 학생이 주도적으로 뉴 리터러시 학습을 해결하도록 도와주는 사람이라는 점을 아는 사람이다.

■ 뉴 리터러시 교사가 되려면 어떻게 해야 할까?

뉴 리터러시 교사는 학생들이 교과수업에서 다양한 매체읽기를 통한 뉴 리터러시 스킬과 특성을 배우고 실습하도록 이끌어낼 수 있는 전문성을 갖추어야 한다. 뉴 리터러시 교사들의 전문성 개발은 교사 자신들의 전문성 개발 목적과 사회적 환경에서 요구된 교수 방법들에 대해 장기적이며 체계적으로 이루어져야 한다.

방학 때 이루어지는 교사연수는 실제 교실수업 운영을 위한 교사들의 교수방법과 전략에 대한 실제적인 실습이 이루어지지 못하고 이론 중심 또는 설명식 강의가 주가되는 경향이 있다. 하지만 교과학습, 리터러시 학습과 변화하는 기술과의 융합을 적절히 유지하며 사용할 줄 아는 뉴 리터러시 교사들의 전문성 개발은 다음과 같이 이루어져야 한다.

- 교사연수는 교실수업의 실제 운영에 대한 구제적인 적용방안과 실제 연습으로 이루어져야 한다.
- 교실수업에 참여하는 학생들의 니즈에 맞도록 교과주제통합수업에서 뉴 리터러시 수업의 실제 연습이 재설계되어야 한다. 그리고 학생들의 뉴 리터러시 학습과정을 지원하는 실습기회가 제공되어야 한다.
- 학생들과 교사들이 교과학습에서 교과학습과 디지털매체읽기교수활동을 어떻게 통합하는가에 초점을 둔 협업적 교과과정 설계가 이루어져야 한다.

뉴 리터러시 교사들은 어떤 학년의 학생들이라도 교과수업에서 건강한 배움의 경험을 하도록 뉴 리터러시 활동을 이끌 수 있어야 한다. 학생들이 뉴 리터러시 학습과정에서 건강한 배움의 경험을 하도록 이끌 수 있는 것은 교사가 교과목의 전통적인 주제에 대해 전통적이지 않은 방법으로 학생들이 스스로 만든 질문에 답을 탐구하도록 이끌 때 학생들의 학습동기와 교과주제에 대한 관심을 갖게 된다. 교사가 교과주제에 대해 학생들의 흥미를 사로잡을 수 있는 유일한 방법은 학생들에게 전통적이지 않은 방식으로 교과주제에 대한 탐구기회를 제공하는 것이다.

초등학교 교과주제통합수업은 뉴 3Rs 리터러시 교수학습 방법에 따라 이루어질 때 학생들이 적극적인 학습자가 된다. 뉴 3Rs 리터러시 교수학습과정에서는 학생들의 필요영역을 고려한 후, 뉴 리터러시 교수학습과정을 초등학교 교과주제통합수업과 통합한다. 이때 뉴 리터러시 교사들은 뉴 리터러시 수업과정을 통해 학생들의 뉴 리터러시 역량을 길러주어야 한다. 초등학교 교과주제통합수업에서 뉴 리터러시 학습을 이끄는 교사들의 역할은 학생들에게 교과주제관련 적절한 정보를 찾고, 평가하고, 종합하고 소통할 수 있는 뉴 리터러시 스킬과 전략을 올바르게 지도하는 일이다. 초등학교 학생들에게 교과주제관련 더 깊은 정보를 찾고, 그 정보에 대해 창의적이고 융합적 사고를 길러주기 위해서는 교과주제관련 인문학 접근의 뉴 리터러시 학습이 이루어질 때 가장 효과적일 수 있다. 최근 초등학교에서 교과주제통합학습이 이루어지는 이유도 교과목을 넘나들며 교과주제관련 비판적 사고와 창의적 소통을 이끌어내기 위함이다. 학습은 인지활동을 넘어 생산성 산출과 사회적 소통으로 이어져야 한다. 이러한 이유로 인해 뉴 리터러시 교수학습은 교과주제관련 다양한 매체읽기를 통한 문제해결식 탐구기반 리터러시 교수학습 활동을 이끈다. 이는 '문제제기(질문하기)—비판적 읽기(비판적 사고)—탐구적 읽기(융합적 사고)—소통적 쓰기(창의적 표현)'학습과정을 따른다. 뉴 리터러시 학습과정은 학생들이 교과주제관련 다양한 매체읽기를 통해 인문학 접근의 비판적 사고와 창의적 표현을 이끌어 사회와 소통하는 미래 역량을 길러주는 지름길 역할을 한다.

학생들에게 미래역량을 길러주기 위해 초등학교 교과주제통합수업에서 뉴 리터러시 교사의 역할은 매우 중요하다.

■ 뉴 리터러시 교사의 역할 1

뉴 리터러시 교사가 학생들에게 교과주제에 대한 질문 만들기와 질문하기 스킬을 지도한다. 뉴 리터러시 교사는 학생들에게 교과주제통합학습에서 교과주제관련 궁금한 사항에 대한 다양한 질문을 만들도록 학생들에게 요구한다. 그리고 교과주제관련 더 흥미로운 정보나 알고 싶은 문제해결을 위해 명확한 질문과 문제를 작성하는 방법을 모델링 한다.

뉴 리터러시 교수 전략	교사의 뉴 리터러시 교수활동
교과주제관련 다양한 질문만들기	· 교사는 교과주제통합학습에서 학생들이 교과주제에 대해 궁금한 점들에 대한 다양한 질문을 하도록 이끈다. · 교사는 학생들이 교과주제관련 자신들의 경험이나 스키마를 활용하도록 교과주제관련 흥미를 갖도록 질문한다. · 교사는 교과주제관련 다양한 질문제시를 모델링하고 학생들은 교사의 질문에 답을 하며, 더 궁금한 것들에 대해 학생들이 질문을 만들도록, 상호작용 활동으로 이끈다.
인터넷 검색을 위한 문제제기하기	· 교사는 학생들이 교과주제관련 궁금한 내용이나 학생 개개인들의 관심사항에 대해 더 탐구하도록 질문이나 문제를 만들도록 유도된다. · 교사는 학생들이 교과주제관련 관심사항에 대해 인터넷에서 더 상세한 정보를 탐색하기 위한 명확한 문제를 제기하도록 유도한다.

- 뉴 리터러시 교사는 학생들이 교과주제관련 궁금한 질문을 하도록 상호작용을 통해 유도한다.
- 뉴 리터러시 교사는 학생들이 교과주제관련 학생 자신의 삶이나 관심사에 대해 더 많은 정보를 알기 위해 적절한 질문을 만들도록 유도한다. 이때 협업적 그룹 활동을 통해 질문을 만들도록 이끌 수도 있다.
- 뉴 리터러시 교사는 학생들이 원하는 적절한 질문을 만들지 못하는 경우는 교사가 질문으로 학생들과 상호작용하면서 함께 질문을 만들기도 한다.

■ 뉴 리터러시 교사의 역할 2

뉴 리터러시 교사는 학생들이 교과주제관련 적절한 정보를 인터넷에서 찾아 정보위치를 지정하도록 지도한다. 뉴 리터러시 교사는 학생들이 교과주제관련 더 필요한 정보를 찾기 위해 검색엔진에 중심단어를 사용하여 필요한 정보를 찾고 검색결과를 효과적으로 읽고 문제에 답이 되는 정보를 가진 웹사이트를 확인하고 사이트 URL을 지정하는 방법을 가르친다.

뉴 리터러시 교수학습 전략	뉴 리터러시 교수학습 활동
검색엔진을 이해하기	· 교사는 학생들이 검색엔진의 기본가용을 인지하고, · 검색엔진의 용어를 정의하고 · 웹 검색결과 페이지를 읽도록 가르친다.
검색결과를 이해하기	· 교사는 학생들이 검색결과 페이지의 다른 부분도 읽도록 도와준다. · 교사는 학생들이 웹사이트 주소에서 제공된 정보로부터 단서를 통해 검색결과를 평가하는 방법을 가르친다.
검색결과 재정의 하기	· 교사는 학생들이 인터넷에서 검색한 정보를 재정의 하기 위해 질문 전략을 사용하도록 도와준다.
주요단어로 검색하기	· 교사는 학생들이 자신의 검색결과를 재정의 하기 위해 단어를 어떻게 사용해야 하는지를 도와준다. · 교사는 적절한 중심단어 검색에 관한 수업을 한다. 링크를 클릭하면 원하는 정보가 있는 페이지로 학생을 데리고 간다는 점을 알려준다.
검색결과 읽기	· 교사는 학생들이 찾은 웹사이트가 필요한 정보로서 충분한지를 결정하도록 검색결과 리스트를 전략적으로 네비게이트하고 세밀하게 읽는 읽기방법을 알려준다.
연구증거를 위해 다른 페이지 포맷 조사하기	· 교사는 학생들에게 다른 웹페이지 포맷(블로그, 위키, 정보적 웹사이트, 질문과 답 사이트, 뉴스기사와 학문적 결과물 등)을 확인하는 방법을 가르친다.
웹 사이트에서 읽기	· 교사는 학생들이 특징을 가진 웹사이트 홈페이지를 예견할 방법을 알려준다. · 교사는 학생들이 필요한 정보를 효과적으로 네비게이트 하는 방법을 알려준다.

- 뉴 리터러시 교사는 학생들에게 이메일에서 받은 메일함이나 위키 홈페이지에 제시된 과제 학습을 위치 지정하도록 요구한다. 교사는 학생들이 교과주제관련 특별한 기사를 찾고, 탐구문제에 답을 주는 웹사이트를 찾기 위해 적절한 키워드를 입력하도록 요구한다.
- 뉴 리터러시 교사는 학생들이 첫 클릭에서 나타난 검색결과와 관련성 있는 링크를 확인 하도록 요구한다.
- 뉴 리터러시 교사는 학생들에게 정확한 웹사이트 주소를 제시하도록 요구한다.

■ 뉴 리터러시 교사의 역할 3

뉴 리터러시 교사는 학생들에게 교과주제관련 문제에 답이 되는 인터넷 정보를 찾고, 그 정보를 평가하는 스킬을 지도한다. 뉴 리터러시 교사는 학생들에게 교과주제관련 원하는 정보가 있을 듯한 웹사이트의 저자를 확인하는 방법과 저자의 전문성을 평가하는 방법을 알려준다. 그리고 작가의 관점, 작가가 제기한 문제와 관련된 작가의 주장과 증거에 대한 신뢰성을 평가하는 방법을 알려준다.

뉴 리터러시 교수학습 전략	뉴 리터러시 교수학습 활동
비판적 평가 측면을 이해하기	· 교사는 학생들이 작가, 출판자, 정확성, 편견, 전문성과 증거를 평가하도록 요구한다. · 교사는 학생들이 평가용어를 이해하기 위해 용어의 정의와 미디어 요소를 비교하도록 요구한다.
높은 수준의 사이트를 확인하기	· 교사는 학생들이 웹사이트의 목표와 작가의 신뢰성을 평가하기 위해 체크 리스트를 사용하도록 요구한다.
자료의 신뢰성을 평가하기	· 교사는 학생들이 톤, 스타일, 관객, 자료의 신뢰성을 결정하는 방법을 알려준다.
사고의 점검 멀티 점검표를 가지고 신뢰성을 평가하기	· 교사는 학생들이 인터넷에서 마주치는 정보의 신뢰성을 평가하기 위해 비판적 읽기전략 사용에 대해 지도한다.
편견을 인식하기	· 교사는 학생들에게 저자의 편견정도, 편견을 위한 목적, 그리고 저자의 메시지를 비판하도록 지도한다.
요인들을 평가하기	· 교사는 학생들이 디지털매체읽기를 통해 배운 모든 요인들을 (작가, 출판자, 객관성, 날자, 정확성, 증거와 연결된 링크) 포함한 툴을 사용하도록 유도한다. · 교사는 학생들이 즉흥적 평가보고서를 인쇄하도록 요구한다.

- 뉴 리터러시 교사는 학생들이 웹사이트 저자의 이름을 확인하도록 요구한다.
- 뉴 리터러시 교사는 학생들이 웹사이트 저자가 비디오 게임이나 눈 건강에 관해 정보의 전문성이 있는지를 판단하도록 요구한다. 그리고 학생들이 그것을 어떻게 알게 되었는지 설명하도록 요구한다.

• 뉴 리터러시 교사는 학생들에게 작가의 관점을 묘사하고, 작가의 관점을 지원하는 증거를 설명하도록 요구한다.

■ 뉴 리터러시 교사의 역할 4

뉴 리터러시 교사는 학생들이 교과주제관련 원하는 정보를 찾고, 찾은 정보들을 종합하는 스킬을 지도한다. 뉴 리터러시 교사는 하나의 웹사이트에서 다양한 주장을 하고 있는 웹사이트들의 다양한 정보들을 학생 자신의 용어로 어떻게 통합하는지, 학생 자신의 주장은 어떤 입장을 취하는지, 학생들의 생각을 지원하는 인터넷 온라인상 디지털매체 자료들에 있는 여러 증거들을 어떻게 사용하는지의 방법을 알려준다.

뉴 리터러시 교수학습 전략	뉴 리터러시 교수학습 활동
요약하기와 종합하기 단, 표절하기 않기	· 교사는 학생들이 베끼기, 요약하기, 통합하기, 요약하기 등을 통한 글쓰기 연습을 하고, 다양한 자료들에서 같은 정보를 어떻게 통합하는지를 지도한다.
노트필기, 이름붙이기, 연결하기	· 교사는 학생들이 자신의 글로 재창조하기 위하여 어떤 구문을 선택하고, 모으고, 이름을 붙이고, 연결하는 데 디지털 그래픽 조직도를 사용하도록 도와준다.

• 뉴 리터러시 교사는 학생들이 교과주제관련 문제나 과제에 적절한 정보를 웹사이트에서 찾아서 중요한 아이디어들을 기록하기 위해 디지털 도구를 사용하도록 요구한다.
• 뉴 리터러시 교사는 학생들이 웹사이트 2를 읽은 후에, 웹사이트 1과 2, 둘 다에서 교과주제에 대한 정보들을 요약해서 보내도록 요구한다. 이때 학생들이 보낸 반응은 학생 자신의 용어를 사용하며, 두 웹사이트에서 가장 중요한 내용을 작성해서 보내야 한다. 뉴 리터러시 교사는 학생들이 기록해둔 것을 복습할 때 디지털 도구를 사용하도록 요구한다.
• 뉴 리터러시 교사는 학생들이 웹사이트 3과 4, 둘 다를 읽고 난 후, 웹사이트 3과 4에서 교과주제에 대해 얻은 정보를 요약하여 보내도록 요구한다. 이때 학생들의 반

응은 두 웹사이트에서 가장 중요한 내용을 포함하도록 하고, 이에 대해 학생 자신의 용어로 학생 자신의 생각을 설명해야 한다.

- 뉴 리터러시 교사는 학생들이 4개 사이트를 모두 읽고 난 후, 얻은 정보에 대해 요약을 보내도록 요구한다. 학생들의 요약내용은 교과주제에 대한 각 문제나 과제에 대해 요약할 수 있다. 뉴 리터러시 교사는 학생들이 과제를 할 때, 웹사이트에 있는 교과주제관련 자세한 내용을 포함해야 하고, 학생들이 자신의 생각을 설명하기 위해 자신의 용어를 사용하도록 요구한다. 뉴 리터러시 교사는 학생들이 탐구읽기를 하는 동안 노트 필기 된 내용을 복습하기 위해 디지털 도구를 사용하도록 요구하며, 각 웹사이트의 저자에 대해서도 요약하도록 요구한다.

■ 뉴 리터러시 교사의 역할 5

뉴 리터러시 교사는 학생들이 교과주제관련 원하는 정보를 찾고, 평가하고, 종합한 후, 학생 자신의 생각을 정리한 정보로 소통하는 스킬을 지도한다. 뉴 리터러시 교사는 학생들이 이메일이나 위키 공간에 학생 자신의 생각을 정리한 정보를 어떻게 접근하는지, 비주얼적으로 어떻게 조직하는지, 명확한 메시지에 대해 어떻게 반응하는지를 지도한다.

뉴 리터러시 교수학습 전략	뉴 리터러시 교수학습 활동
이메일 메시지의 일부를 이해하기	· 교사는 학생들이 이메일 메시지(예: 주제, 인사말, 내용, sign-off) 일부를 이해하도록 요구한다. · 교사는 학생들이 목적이 다른 이메일을 어떻게 사용하는지를 가이드 한다.
반 형식적 이메일 메시지를 쓰기	· 교사는 학생들에게 반 형식적인 이메일 메시지를 쓰고 보내는 방법을 알려 준다. 이는 ORCA과제에서 보여준 이메일과 비슷하다.
이메일 에티켓	· 교사는 모르는 사람에게 이메일을 작성하는 방법에 대해 학생들에게 중요한 팁을 알려준다.
다른 목적을 위해 이메일 쓰기 연습하기	· 교사는 학생들이 목적이 다른 이메일 쓰기활동에 참여하도록 이끈다. · 교사는 학생들을 위해 수업을 특별히 설계한다.

위키 하기	• 교사는 학생들이 위키나 블로그가 무엇이고 위키페이지나 텍스트에 어떻게 추가하고, 제거하고 편집하는지를 가르친다.
교사를 위한 위키 가이드	• 교사들은 학생들에게 위키나 블로그를 어떻게 설정하는지, 수업에서 위키를 어떻게 사용하는지에 대해서도 소개한다.
위키를 사영하면서 온라인 협업적 쓰기	• 교사는 학생들에게 위키나 블로그 페이지에 어떻게 글을 쓰는지, 현재 페이지를 어떻게 편집하는지, 그리고 이전 편집을 어떻게 보는지에 대해 도움을 준다. 그리고 학생들이 협력적으로 쓰기를 하는 기회를 제공한다.
교실수업에서 위키 사용하기	• 교사들은 학생들이 수업환경에서 위키나 블로그를 어떻게 사용하는지, 다양한 위키 역할에 학생들을 어떻게 참여시키는지, 그리고 학생들이 위키 포스트에서 의미있는 수정을 어떻게 만드는지를 학생들을 가이드 한다.

- 뉴 리터러시 교사는 학생들에게 그들이 배운 것들에 대해 간단한 보고서를 작성하게 하고, 이를 위키나 블로그에 탑재하기 위해 편집하거나 이메일 메시지를 작성하도록 요구한다.
- 뉴 리터러시 교사는 학생들이 자신의 메시지를 웹사이트에 올리고, 이를 확실하고 명확하게 설명하도록 요구한다.
- 뉴 리터러시 교사는 학생들에게 자신의 쓰기를 마무리하고, 위키나 블로그에 이를 저장하거나 메시지로 보내도록 요구한다.
- 뉴 리터러시 교사는 학생들에게 자신이 쓴 메시지를 위키에 올리거나 블로깅하여 다른 학생들과 공유하고, 이를 학생들이 동료들의 메시지에 상호 피드백하도록 요구한다.

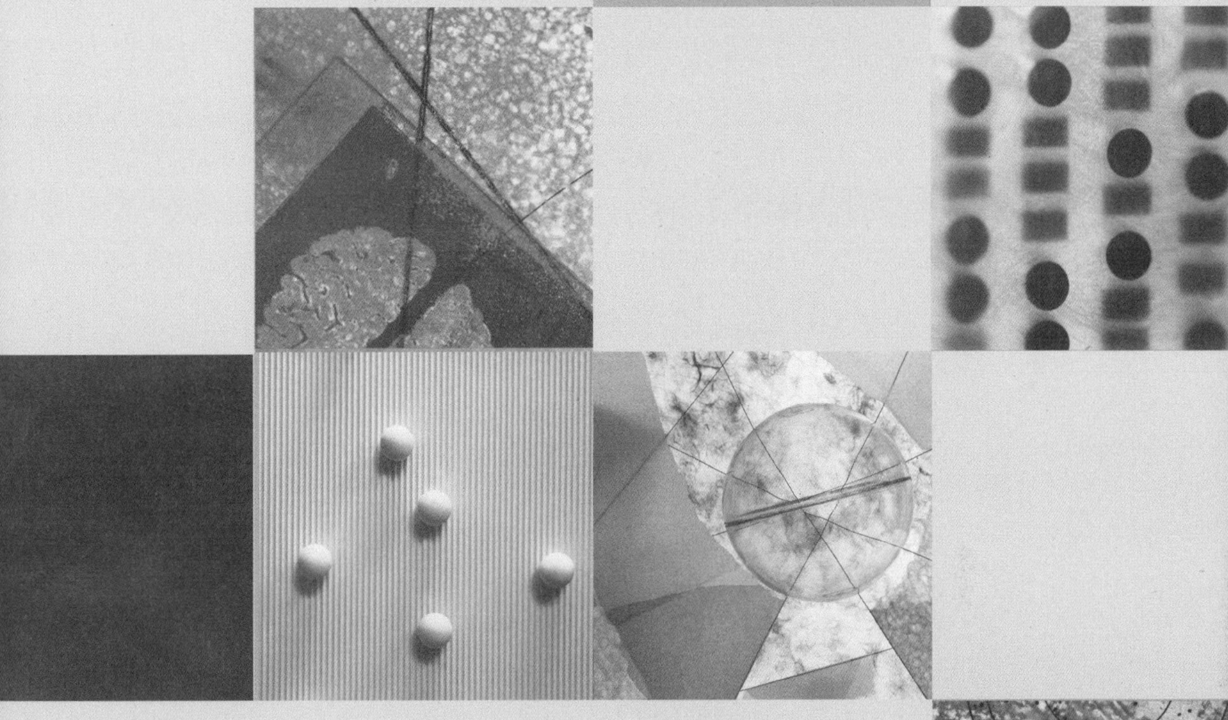

참고문헌

강명희. (2009). 미래학습자와 교육성과. 한-OECD 국제세미나: 새천년 학습자 및 교원. 연구자료 RRM 2009-02-2. 서울: 한국교육개발원.

강명희, 허희옥, 조일현, 신종호, 서정희, 신성욱, 고범석. (2007). New Millennium Learners and Educational Performance OECD 공동 연구 과제 (1차년도 보고서). 연구보고 KR 2007-10. 대구: 한국교육학술정보원.

강명희, 허희옥, 조일현, 신종호, 서정희, 신성욱 등. (2008). New Millennium Learners and Educational Performance OECD 공동 연구 과제 (최종 보고서). 한국교육학술정보원 연구보고 CR 2008-9. 대구: 한국교육학술정보원.

계보경, 김현진, 서희전, 정종원, 이은환, 고유정, 전소은, 김영애. (2011). 미래학교 체제 도입을 위한 Future School 2030 모델 연구. 연구보고 KR 2011-12 KERIS, 한국교육학술정보원.

김지숙. (2014). *뉴 리터러시 교육*. 서울. 동인.

마이클 W.애플 외. 정영애 외 옮김. (2011). *비판적 교육학과 공교육의 미래*. 원미사.

양병현. (2009). *미국의 리터러시 코칭*. 서울. (주)대교출판.

한국개발연구원. (2010). 미래비전 2040-미래 사회경제구조 변화와 국가발전 전략. 한국개발연구원.

Abdi, H. (2007). Bonferroni and ŠSidák corrections for multiple comparisons. In N.J. Salkind (Ed.), *Encyclopedia of measurement and statistics* (pp.103–107). Thousand Oaks, CA: Sage. doi: 10.4135/9781412952644.

Achieve. (2014). The Next Generation Science Standards. Retrieved from www.nextgenscience.org/next-generation-science-standards.

Afflerbach, P. (2007). *Understanding and using reading assessment*, K--12. Newark, DE: International Reading Association.

Afflerbach, P., & Cho, B.-Y. (2010). Determining and describing reading strategies: Internet and traditional forms of reading. In H. S. Waters & W. Schneider (Eds.), *Metacognition, strategy use, and instruction* (pp.201–225). New York, NY: Guilford.

Alvermann, D. E., Hutchins, R. J., & McDevitt, R. (2012). Adolescents' engagement with Web 2.0 and social media: Research, theory, and practice. *Research in the Schools*, 19(1), 33–44.

Anderson, R. C., Hiebert, E. H., Scott, J. A., & Wilkinson, I. A. G. (1985). *Becoming a nation of readers: The report of the Commission on Reading*. Washington, DC: National Institute of Education.

Angelou, M. (Photographs by Margaret Courtney-Clarke). (1994). *My painted house, my friendly chicken, and me*. New York, NY: Clarkson Potter.

Annie, E. Casey Foundation. (2010). Early warning! Why reading by the end of third grade matters. Retrieved from www.aecf.org/resources/early-warning-why-reading-by-the-end-of-third-grade-matters.

Australian Curriculum, Assessment and Reporting Authority. (n.d.). The Australian Curriculum, v7.0. Retrieved from www.australiancurriculum.edu.au. Available online at http://nces.ed.gov/surveys/piaac/.

Baca, L. (2009, April). Implementing response to intervention with English language learners. Paper presented at the annual meeting of the Exceptional Education Graduate Research Symposium.

Badders, W., Carnine, D., Feliciani, J., Jeanpierre, B., Sumners, C., & Va;entino, C. (2007). *Science*. D56-D60. Austin, TX: Houghton Mifflin.

Bailey , M. J., & Dynarski, S. M. (2011). Gains and gaps: Changing inequality in U.S. college entry and completion (National Bureau of Economic Research Working Paper No. 17633). Cambridge, MA: National Bureau of Economic Research. Retrieved from www.nber.org/papers/w17633.pdf.

Baker, E . (Ed.). (2010). *The new literacies: Multiple perspectives on research and practice*. New York, NY: Guilford.

Beatrice, S. M. (1964). *Reading Power*. Boston, Mass: Addison-Wesley Publishing Company.

Bennett, S., Maton, K., & Kervin, L. (2008). The 'digital natives' debate: A critical review of the evidence. *British Journal of Educational Technology, 39*(5), 775–786. doi: 10.1111/j.1467-8535.2007.00793.x.

BFI. (2008). *Reframing Literacy*. London: BFI.

Bickley, H. (2014, January 9). What exactly is disciplinary literacy, anyway? [Blog post]. Camden, NJ: Catapult Learning. Retrieved from http://www.catapultlearning.com/exactly-disciplinaryliteracy-anyway/.

Bigler, L. (2006, March). Using TPR to illuminate stories: Reenacting the Rosa Parks bus protest. *TESOL in Elementary Education Interest Section Newsletter, 28*(1).

Bilal, D. (2000). Children's use of the Yahooligans! Web search engine: Cognitive, physical, and affective behaviors on fact-based search tasks. *Journal of the American Society for Information Science, 51*(7), 646–665. doi: 10.1002/(SICI)1097-4571(2000) 51:7 〈 646:AID-ASI7 〉 3.0.CO; 2-A.

Bråten, I., Strø msø , H. I., & Britt, M. A. (2009). Trust matters: Examining the role of source evaluation in students' construction of meaning within and across multiple texts. Reading *Research Quarterly, 44*(1), 6–28. doi: 10.1598/RRQ.44.1.1.

Breaugh, J. A. (2003). Effect size estimation: Factors to consider and mistakes to avoid. *Journal of Management, 29*(1), 79–97. doi: 10.1177/014920630302900106.

Britt, M. A., & Gabrys, G. L. (2001). Teaching advanced literacy skills for the World Wide Web . In C.R. Wolfe (Ed.), *Learning and teaching on the World Wide Web* (pp.73–90). San Diego, CA: Academic. doi: 10.1016/B978-012761891-3/50007-2.

Bronfenbrenner, U. (1975). Is early intervention effective? In U. Bronfenbrenner (Ed.), *Influences on human development*. Hinsdale, IL: Dryden Press.

Brown, J. E., & Doolittle, J. (2008). A cultural, linguistic, and ecological framework for response to intervention with English language learners. Tempe, AZ: National Center for Culturally Responsive Educational Systems. Retrieved from http://www.nccrest.org/Briefs/Framework_for_RTI.pdf.

Buckingham, D. (1993). Children talking television: The making of television literacy. London: Falmer.

Buckingham, D. (2009). The future of media literacy in the digital age: some challenges for policy and practice. Retrieved from http://www.medienimpulse.at/pdf/Medienimpulse_THE_FUTURE_OF_MEDIA_LITERACY_IN_THE_DIGITAL_AGE___SOME_CHALLENGES_FOR_POLICY_AND_PRACTICE__Buckingham_20091207.pdf.

Cameron, L. (2001). Teaching languages to young learners. New York, NY: Cambridge University Press.

Carole, A., Jennifer, B., Jack H., Wendy, K., Ian, S., & Stella, T. (2004). *Mathematics 3*. Canada: Nelson.

Carrell, P. L., & Eisterhold, J. C. (1988). Schema theory and ESL reading pedagogy. In Patricia L. Carrel, Joanne Devine, and David E. Eskey (Eds.), *Interactive approaches to second language reading* (pp.73-92). New York, NY: Cambridge University Press.

Castek, J. (2008). *How do 4th and 5th grade students acquire the new literacies of online reading comprehension? Exploring the contexts that facilitate learning*. Unpublished doctoral dissertation: University of Connecticut.

Chall, J. S. (1967). Learning to read: The great debate. New York, NY: McGraw-Hill.

Chamot, A., & O' Malley, M. (1996). Implementing the cognitive academic language learning approach (CALLA). In R. Oxford (Ed.), *Language learning strategies around the world: Crosscultural perspectives* (pp.167-73). Honolulu: Second Language Teaching and Curriculum Centre, University of Hawaii.

Charter for Media Literacy. Retrieved 10 March 2011 http://www.medialiteracy.org.uk.

Chi, M. T. H., Feltovich, P. J., & Glaser, R. (1981). Categorization and representation of physics problems by experts and novices. *Cognitive Science, 5*(2), 121-152. doi: 10.1207/s15516709cog0502_2.

Cho, B. Y. (2011). An examination of adolescent readers' constructive strategy use in a critical Internet reading task. Paper presented at the annual conference of the Literacy Research Association, Nov. 30-Dec. 3, Jacksonville, FL.

Cohen, J. (1988). Statistical power analysis for the behavioral sciences. 2nd ed. Hillsdale, NJ: Erlbaum.

Coiro, J. (2003). Reading comprehension on the Internet: Expanding our understanding of reading comprehension to encompass new literacies [Exploring Literacy on the Internet department]. *The Reading Teacher, 56*(5), 458–464. Retrieved May 1, 2007 from www.readingonline.org/electronic/elec_index.asp?HREF=/electronic/rt/2-03_Column/index.html.

Coiro, J. (2005). Making sense of online text. *Educational Leadership, 63*(2), 30-35.

Coiro, J. (2007). Exploring changes to reading comprehension on the Internet: Paradoxes and possibilities for diverse adolescent readers. Unpublished doctoral dissertation. University of Connecticut, Storrs. Available online at http://www.newliteracies.uconn.edu/coirodissertation/.

Coiro, J. (2009). Instructional Strategies for Critically Evaluating Online Information. Available at http://www.lite.iwarp.com/CoiroCritEval.html.

Coiro, J. (2009). Rethinking reading assessment in a digital age: How is reading comprehension different and where do we turn now. *Educational Leadership*, *66*, 59-63.

Coiro, J. (2011). Predicting reading comprehension on the Internet: Contributions of offline reading skills, online reading skills, and prior knowledge. *Journal of Literacy Research, 43*(4), 352–392. doi: 10.1177/1086296X11421979.

Coiro, J. (2012). Digital literacies: Understanding dispositions toward reading on the Internet. *Journal of Adolescent and Adult Literacy, 55*(7): 645–48.

Coiro, J. & Castek, J. (2010). Measuring online reading comprehension in open networked spaces: Challenges, concerns, and choices. Posted presented at the annual meeting of the American Education Research Association in Denver, CO.

Coiro, J., & Dobler, E. (2007). Exploring the online reading comprehension strategies used by sixth-grade skilled readers to search for and locate information on the Internet. *Reading Research Quarterly*, 42*(2)*, 214–257.

Coiro, J., and Kennedy, C. (2011). The online reading comprehension assessment (ORCA) project: Preparing students for common core standards and 21st century literacies. White paper based on work supported by the United States Department of Education under Award No. R305G050154 and R305A090608. Available at: http://tinyurl.com/7y5dt65.

Coiro, J., Castek, J., and Guzniczak, L. (2011). Uncovering online reading comprehension precesses: Two adolescents reading independently and collaboratively on the Internet. In R. Jimenez, V. Risko, M. Hundley, and D.W. Rowe (Eds), *60th yearbook of the Literacy Research Association* (pp. 354-369). Oak Creek, WI: National Reading Conference. Retrieved 22 Nov.

2013 from 〈https://www.academia.edu/2121734/Coiro_J._Castek_J._and_Guzniczak_L._2011_._Uncovering_online_reading_comprehension_processes_Two_adolescents_reading_independently_and_collaboratively_on_the_Internet._Sixtieth_Yearbook_of_the_Literacy_Research_Association_354-369〉.

Common Core State Standards Initiative. (2010). The Standards: Mathematics. Retrieved from http://www.corestandards.org/the-standards/mathematics.

Congressional Budget Office. (2007). Trends in the distribution of household income between 1979 and 2007. Washington DC: Congress of the United States. Retrieved from www.cbo.gov/sites/default/files/cbofiles/attachments/10-25-HouseholdIncome.pdf.

Connecticut State Board of Education. (2010). Connecticut Mastery Test fourth generation interpretive guide. Hartford: Author. Retrieved from www.sde.ct.gov/sde/lib/sde/pdf/curriculum/cali/ 2010cmtinterpretiveguidefinal.pdf.

Connecticut State Department of Education. (2006). Research bulletin: District Reference Groups, 2006. Hartford, CT: Bureau of Research, Evaluation and Student Assessment. Retrieved from sdeportal.ct.gov/Cedar/Files/Pdf/Reports/db_drg_06_2006.pdf.

Cummins, J. (1986). Empowering minority students: A framework for intervention. *Harvard Educational Review, 56*(1): 18–37.

Darling-Hammond, L. (2004). Standards, accountability, and school reform. *Teachers College Record, 106*(6), 1047–1085. doi: 10.1111/j.1467-9620.2004.00372.x

Davis, A., Scafiddi, M. H., & Tonks, N. T. (2004). Increasing Reading Comprehension and Engagement Through Concept- Oriented Reading Instruction. *Journal of Educational Psychology, 96*(3), 403-423.

Delpit, L. (1995). *Other people's children: Cultural conflict in the classroom*. New York, NY: New Press.

Derman-Sparks, L., & Edwards, J. (2010). *Anti-Bias education for young children and ourselves*. Washington, DC: National Association for the Education of Young Children.

DeSchryver, M. (2011). Knowledge synthesis in a connected world: How eight advanced learners used the Web to learn about ill-structured topics. Paper presented at the annual conference of the Literacy Research Association, Nov. 30–Dec. 3, Jacksonville, FL.

DESECO. (2005). The definition and selection of key competencies. Executive Summary. OECD.

Dole, J. A., Duffy, G. G., Roehler, L. E., & Pearson, P. D. (1991). Moving from the old to the new: Research on reading comprehension instruction. *Review of Educational Research, 61*(2), 239–264. doi: 10.3102/00346543061002239.

Drake, S. M. (1993). *Planning integrated curriculum.* Alexandria, VA: ASCD.

Drew, S. V. (2012). Open up the ceiling on the Common Core State Standards: Preparing students for 21st-century literacy-now. *Journal of Adolescent & Adult Literacy, 56*(4), 321–330. doi: 10.1002/ JAAL.00145.

Dwyer, B. (2010). *Scaffolding Internet reading: A study of a disadvantaged school community in Ireland.* Ph.D. diss., University of Nottingham, Nottingham, United Kingdom.

Dwyer, B. (2011). Scaffolding Internet reading: Challenged readers go online to conduct collaborative Internet inquiry. Paper presented at the annual conference of the Literacy Research Association, Nov. 30–Dec. 3, Jacksonville, FL.

Eagleton, M., Guinee, K., & Langlais, K. (2003). Teaching Internet literacy strategies: The hero inquiry project. *Voices From the Middle, 10*, 28–35.

Ericsson, K. A., & Simon, H. A. (1999). *Protocol analysis: Verbal reports as data*. Rev. ed. Cambridge, MA: MIT Press.

European Frameworks of Reference for Language Competences. (2006). Intergovernmental Conference Languages of Schooling: towards a Framework for Europe. Strasbourg 16-18 October 2006. Waldemar MARTYNIUK, Jagiellonian University, Poland.

European Commission. (2009). Commission recommendation on media literacy in the digital environment. Brussels, European Commission. Retrieved online 24 Feb. 2016 from http://ec.europa.eu/culture/media/literacy/docs/recom/c_2009_6464_en.pdf.

European Communities (2007). Key competences for lifelong learning: European reference framework.

Farstad, H. (2004). Quality Education and Competencies for Life. UNESCO.

Fogarty, Robbin. (1991). *The Mindful School: How to integrate the Curricula*. Palatine, IL: Skylight Publishing, Inc.

Foss, E. (2014). *Internet searching in children and adolescents: A longitudinal framework of youth search roles*. Unpublished doctoral dissertation, University of Maryland, College Park.

Freeman, D., Freeman, Y., Garcia, A. C., Gottlieb, M., McCloskey, M. L., Stack, L., & Silva, C. (2010). *On our way to English, K–*. Austin, TX: Rigby/Houghton Mifflin Harcourt.

Gallego, M., & Hollingsworth, S. (1992). Multiple literacies: Teachers' evolving perceptions. *Language Arts, 69*(3), 206–213 .

Gardner, H. (1983). *Frames of mind*. New York, NY: Basic Books.

Gardner, H. (1996, April). Multiple intelligences: Myths and messages. *International Schools Journal*, *15*(2): 8–2.

Gee, J. P. (2007). *What video games have to teach us about learning and literacy*. 2nd ed. New York, NY: MacMillan.

Gee, J. P. (2008). *Getting over the slump: Innovation strategies to promote children's learning*. New York: The Joan Ganz Cooney Center.

Gewertz, C. (2012, January 9). New details surface about common assessments. Education Week. Retrieved from www.edweek.org/ ew/articles/2012/01/11/15assess.h31.html.

Goldman, S. R., Braasch, J. L. G., Wiley, J., Graesser, A. C., & Brodowinska, K. (2012). Comprehending and learning from Internet sources: Processing patterns of better and poorer learners. *Reading Research Quarterly, 47*(4), 356–381. doi: 10.1002/rrq.027.

Goldman, S. R., Wiley, J., & Graesser, A. C. (2005, April). Literacy in a knowledge society: Constructing meaning from multiple sources of information. Paper presented at the annual meeting of the American Educational Research Association, Montreal, QC, Canada.

Gottlieb, M., Cranley, M. E., & Cammilleri, A. (2007). WIDA English language proficiency standards. In *Understanding the WIDA English language proficiency standards: A resource guide*. Retrieved from http://www.wida.us/standards/Resource_Guide_web.pdf.

Graham, L., & Metaxas, P. T. (2003). "Of course it's true; I saw it on the Internet!": Critical thinking in the Internet era. *Communications of the ACM, 46*(5), 70–75. doi: 10.1145/769800.769804.

Greenhow, C., Robelia, B., & Hughes, J. (2009). Web 2.0 and classroom research: What path should we take now? *Educational Researcher, 38*(4), 246–259. doi: 10.3102/0013189X09336671.

Guinee, K., Eagleton, M. B., & Hall, T. E. (2003). Adolescents' Internet search strategies: Drawing upon familiar cognitive paradigms when accessing electronic information sources. *Journal of Educational Computing Research, 29*(3), 363–374. doi: 10.2190/ HD0A-N15L-RTFH-2DU8.

Hartman, D. K., Morsink, P. M., & Zheng, J. (2010). From print to pixels: The evolution of cognitive conceptions of reading comprehension. In E. A. Baker (Ed.), *The new literacies: Multiple perspectives on research and practice* (pp. 131–164). New York, NY: Guilford.

Heath, S. (1983). *Ways with words: Language, life and work in communities and classrooms*. Cambridge, UK: Cambridge University Press.

Hendrawan, I., & Wibowo, A. (2011). The Connecticut Mastery Test: Technical report. Hartford: Connecticut State Department of Education.

Henry, L. A. (2007). *Exploring new literacies pedagogy and online reading comprehension among middle school students and teachers: Issues of social equity or social exclusion?* (Doctoral dissertation). Retrieved from digitalcommons.uconn.edu/dissertations/ AAI3282520.

Henry, L. A. (2006). SEARCHing for an answer: The critical role of new literacies while reading on the Internet. *The Reading Teacher, 59*(7), 614–627. doi: 10.1598/RT.59.7.1.

Herman, J. V., Sarah, W. B., Carlos, E. C., Cheryl, J., Mark, C. S., & Charles, S. W. (2008). Social Science: States and Regions. 190-193, & 206-207. Austin, TX: Houghton Mifflin.

Jacobs, Heidi Hayes. (1988). *Design Options for an integrated Curriculum*. Alexandria, VA: ASCD.

Jenkins, H. (2006). *Convergence culture: Where old and new media collide*. New York, NY: New York University Press.

Jensen, E. (1998). *Teaching with the brain in mind. Alexandria*, VA: ASCD.

Keene, E. O., & Zimmermann, S. (1997). *Mosaic of thought: Teaching comprehension in a reader's workshop*. Portsmouth, NH: Heinemann .

Kessler, C. (1991). *Cooperative language learning: A teacher' resource book*. Englewood Cliffs, NJ: Prentice Hall.

Kiili, C., Laurinen, L., Marttunen, M., & Leu, D. J. (2012). Working on understanding during collaborative online reading. *Journal of Literacy Research, 44*(4), 448-483. doi: 10.1177/1086296X12457166.

Kingsley, T., & Tancock, S. (2014). Internet inquiry: Fundamental competencies for online comprehension. *The Reading Teacher, 67*(5), 389-399. doi: 10.1002/trtr.1223.

Kingsley, T. (2011). *Integrating new literacy instruction to support online reading comprehension: An examination of online literacy performance in 5th grade classrooms*. Ph.D. diss. Ball State University, Muncie, IN.

Kintsch, W. (1998). *Comprehension: A paradigm for cognition*. New York, NY: Cambridge University Press.

Kist, W. (2005). *New literacies in action: Teaching and learning in multiple media*. New York, NY: Teachers College Press.

Krashen, S. (2003). *Explorations in language acquisition and use*. Portsmouth, NH: Heinemann.

Kress, G. (2003). *Literacy in the new media age*. New York, NY: Routledge.

Kuiper, E., & Volman, M. (2008). The Web as a source of information for students in K-12 education. In J. Coiro, M. Knobel, C. Lankshear, & D. J. Leu (Eds.), *Handbook of research on new literacies* (pp. 241-246). Mahwah, NJ: Erlbaum.

Lankshear, C., & Knobel, M. (2006). *New literacies*. 2nd ed. Maidenhead, UK: Open University Press.

Laura. R. (2002). *Reader's Handbook. A Student Guide for Reading and Learning*. Wilmington, MA: Great Source.

Lawless, K. A., & Schrader, P. G. (2008). Where do we go now? Understanding research on navigation in complex digital environments. In J. Coiro, M. Knobel, C. Lankshear, & D. J. Leu (Eds.), *Handbook of research on new literacies* (pp. 267- 296). Mahwah, NJ: Erlbaum.

Lessard-Clouston, M. (1997, December). Language learning strategies: An overview for L2 teachers. *The Internet TESL Journal, 3*(12). Retrieved May 2, 2008 from http://iteslj.org/Articles/Lessard-Clouston-Strategy.html.

Leu, D. J. (2006). New literacies, reading research, and the challenges of change: A Deictic Perspective. In J. Hoffman, D. Schallert, C. M. Fairbanks, J. Worthy, & B. Maloch (Eds.), *The 55th Yearbook of the National Reading Conference* (pp. 1-20). Milwaukee, WI: National Reading Conference.

Leu, D. J. (2007). What happened when we weren't looking? How reading comprehension has changed and what we need to do about it. Invited keynote address to the Research Conference of the International Reading Association. Toronto, Canada.

Leu, D. J., Coiro, J., Castek, J., Hartman, D. K., Henry, L. A., Reinking, D. (2008). Research on instruction and assessment in the new literacies of online reading comprehension. In Block C. C., Parris S. R. (Eds.), *Comprehension instruction: Research-based best practices*, 2nd Edition (pp. 321-346). New York, NY: Guilford.

Leu, D. J., Castek, J., & Hartman, D. (2006). Evaluating the development of scientific knowledge and new forms of reading comprehension during online learning. Retrieved from www.newliteracies.uconn.edu/ncrel_files/FinalNCRELReport.pdf.

Leu, D. J., Forzani, E., Burlingame, C., Kulikowich, J. M., Sedransk, N., Coiro, J., & Kennedy, C. (2013). The new literacies of online research and comprehension: Assessing and preparing students for the 21st century with Common Core State Standards. In S. B. Neuman & L. B. Gambrell (Eds.), *Quality reading instruction in the age of Common Core Standards* (pp.219–236). Newark, DE: International Reading Association.

Leu, D. J., Jr., Kinzer, C. K., Coiro, J. L., & Cammack, D. W. (2004). Toward a theory of new literacies emerging from the Internet and other information and communication technologies. In R. B. Ruddell & N. J. Unrau (Eds.), *Theoretical models and processes of reading* (5th ed., pp. 1568–1611). Newark, DE: International Reading Association.

Leu, D. J., Kinzer, C. K., Coiro, J., Castek, J., & Henry, L. A. (2013). New literacies: A dual level theory of the changing nature of literacy, instruction, and assessment. In D. E. Alvermann, N. J. Unrau & R. B. Ruddell (Eds.), *Theoretical models and processes of reading* (6th ed., pp. 1150–1181). Newark, DE: International Reading Association. Retrieved from www.reading.org/Libraries/books/IRA-710-chapter42.pdf

Leu, D. J., Kulikowich, J., Sedransk, N., & Coiro, J. (2009–2014). *Assessing online reading comprehension:* The ORCA Project. Washington, DC: Institute of Education Sciences, U.S. Department of Education.

Leu, D. J., Reinking, D. (2010). *Teaching Internet comprehension to adolescents: IES final performance report. Washington*, DC: U.S. Department of Education.

Leu, D. J., Slomp, D., Zawilinski, L., & Corrigan, J. (in press). Writing from a new literacy lens. In C. A. MacArthur, S. Graham & J. Fitzgerald (Eds.), *Handbook of writing research* (2nd ed.). New York, NY: Guilford.

Leu, D. J., Zawlinski, L., Castek, J., Banerjee, M., Housand, B., Liu, Y., & O' Neil, M. 2007. (in press). What is new about the new literacies of online reading comprehension? In A. Berger, L. Rush, & J. Eakle (Eds.), *Secondary school reading and writing: What research reveals for classroom practices*. Chicago, IL: NCTE/NCRLL.

Lewis, C., & Fabos, B. (2005). Instant messaging, literacies, and social identities. *Reading Research Quarterly, 40*(4), 470-501. doi: 10.1598/RRQ.40.4.5.

Lightbown, P. M., & Spada, N. (2006). *How languages are learned* (3rd ed.). Oxford, UK: Oxford University Press.

Macaulay, D. (1975). *Pyramid*. Boston, MA: Houghton Mifflin.

Manderino, M. (2011). Disciplinary literacy in new literacies environments: Expanding the intersections of literate practice for adolescents. Paper presented at the annual conference of the Literacy Research Association, Nov. 30–Dec. 3, Jacksonville, FL.

Marsh, J. (2003). One-way traffic? Connections between literacy practices at home and in the nursery. *British Educational Research Journal, 29*(3), pp. 369–382.

Marsh, J. (2011). Young children's literacy practices in a virtual world: Establishing an online interaction order. *Reading Research Quarterly, 46*(2), 101-118. doi: 10.1598/RRQ.46.2.1.

Martin, A. (2005). DigEuLit –a European Framework for Digital Literacy: a progress report. *Journal of eLiteracy, 2*, 131-136. Official Journal of the European Union, L394/10, 30.12.2006. Retrieved 14 March 2011 at http://eurlex. europa.eu/LexUriServ/LexUriServ.do?uri=OJ:L:2006:394:0010:0018:en:PDF.

McCloskey, M. L., & Thrush, E. (2005). Building a reading scaffold with WebTexts. *Essential Teacher, 2*(4): 48–1.

McNamara, D. S., & Kintsch, W. (1996). Learning from text: Effects of prior knowledge and text coherence. *Discourse Processes, 22*(3), 247-288. doi: 10.1080/01638539609544975.

Missouri Department of Economic Development. (2014). Cost of living data series: First quarter 2014. Retrieved from www .missourieconomy.org/indicators/cost_of_living/index.stm.

Mullis, I. V. S., & Martin, M. O. (Eds.). (2013). PIRLS 2016 assessment framework. Chestnut Hill, MA: TIMSS & PIRLS International Study Center, Boston College. Retrieved from timssandpirls.bc.edu/pirls2016/framework.html.

National Center for Education Statistics. (2013). The Nation' s Report Card: A first look: 2013 mathematics and reading (NCES 2014-451). Washington, DC: Institute of Education Sciences, U.S. Department of Education. Retrieved from nces.ed.gov/nationsreportcard/subject/publications/main2013/pdf/2014451.pdf.

National Research Council (2011). A framework for K--12 science education: Practices, crosscutting concepts, and core ideas. Washington, DC: National Academies Press.

National Telecommunications and Information Administration. (2011). Digital nation: Expanding Internet usage. Washington, DC: U.S. Department of Commerce. Retrieved from www.ntia.doc.gov/files/ntia/publications/ntia_internet_use_report_february_2011.pdf.

Nunan, D. (1991). *Language teaching methodology*. London: Prentice-Hall.

Nunan, D. (1996). Learner strategy training in the classroom: An action research study. *TESOL Journal, 6*(1): 35-51.

OECD. (2001). Defining and Selecting Key Competences (Paris, OECD).

OECD. (2005). Executive summary of the DeSeCo study. www.oecd.org/dataoecd/47/61/35070367.pdf

OECD. (2011a). *Material preparation MS 2012.*

OECD. (2011b). *National Item Analysis Report Guide.*

OECD. (2011c). *PISA 2012 Main survey item proposals—cognitive components*.

OECD. (2011c). *PISA 2012 Main survey item proposals—cognitive components*.

OECD. (2011d). *PISA 2012 Main survey test design and options*.

Organisation for Economic Co-operation and Development. (2011). PISA 2009 results: Students on line: Digital technologies and performance (Volume VI). Paris, France: Author. doi: 10.1787/9789264112995-en.

Ostenson, J. W. (2010). *Navigating the digital narrows: Teaching students to read critically on the Internet*. Ph.D. diss. University of Utah, Salt Lake City.

Oxford, R. (Ed.). (1996). Language learning strategies around the world: Cross-cultural perspectives. Honolulu: Second Language Teaching and Curriculum Centre, University of Hawaii.

Passig, D., & Maidel-Kravetsky, J. (2014). The impact of collaborative online reading on summarizing skills. Education and Information Technologies. Advance online publication. doi: 10.1007/s10639-014-9337-5.

Pew Research Center. (2014). Internet user demographics [Table]. Retrieved from www.pewinternet.org/Static-Pages/Trend-Data/Whos-Online.aspx.

Pew Research Center. (2012). Digital differences. Washington, DC: Author. Retrieved from www.pewinternet.org/files/old-media/Files/Reports/2012/PIP_Digital_differences_041312.pdf.

PIAAC Expert Group on Problem Solving in Technology-Rich Environments. (2009). PIAAC problem solving in technology-rich environments: A conceptual framework (OECD Education Working Paper No. 36). Paris, France: OECD. doi: 10.1787/220262483674.

President's Council of Advisors on Science and Technology. (2010). Prepare and inspire: K-12 education in science, technology, engineering, and math (STEM) for America' s future: Prepublication version. Retrieved from www.whitehouse.gov/sites/default/files/microsites/ostp/pcast-stemed-report.pdf.

Programme for International Student Assessment (PISA). Available online at http://www.pisa.oecd.org/pages/0,2987,en_32252351_32235731_1_1_1_1_1,00.html.

Programme for the International Assessment of Adult Competencies (PIAAC).

Putnam, R. T., and Borko, H. (2000). What do new views of knowledge and thinking have to say about research on teacher learning? *Educational Researcher, 29*(1): 4–15.

Reardon, S. F. (2011). The widening academic achievement gap between the rich and the poor: New evidence and possible explanations. In G. J. Duncan, & R. J. Murnane (Eds.), *Whither opportunity? Rising inequality, schools, and children' s life chances* (pp. 91-115). New York, NY: Russell Sage Foundation.

Reardon, S. F. (2013). The widening income achievement gap. *Educational Leadership, 70*(8), 10-16.

Reardon, S. F., & Galindo, C. (2009). The Hispanic-White achievement gap in math and reading in the elementary grades. *American Educational Research Journal, 46*(3), 853-891. doi: 10.3102/0002831209333184.

Rouet, J. F. (2006). *The skills of document use: From text comprehension to Web-based learning*. Mahwah, NJ: Erlbaum.

Rouet, J. F., Ros, C., Goumi, A., Macedo-Rouet, M., & Dinet, J. (2011). The influence of surface and deep cues on primary and secondary school students' assessment of relevance in Web menus. *Learning and Instruction, 21*(2), 205-219. doi: 10.1016/j.learninstruc.2010.02.007.

Rutledge, T., & Loh, C. (2004). Effect sizes and statistical testing in the determination of clinical significance in behavioral medicine research. *Annals of Behavioral Medicine, 27*(2), 138-145. doi: 10.1207/s15324796abm2702_9.

Sabatini, J., O'Reilly, T., Halderman, L. K., & Bruce, K. M. (2014, April). Developing theory-based literacy assessments for pre-K-12 students: Challenges and opportunities. Paper presented at the annual meeting of the American Educational Research Association, Philadelphia, PA.

Sanchez, C. A., Wiley, J., & Goldman, S. R. (2006). Teaching students to evaluate source reliability during Internet research tasks. Available online at http://www.ccs.neu.edu/course/is4800sp12/resources/sanchez.pdf.

Sanders, J., & Albers, P. (2010). Multimodal literacies: An introduction. In P. Albers & J. Sanders (Eds.), *Literacies, the arts, and multimodality* (pp. 1-26). Urbana, IL: National Council of Teachers of English.

Shanahan, C. (2015). Disciplinary literacy strategies in content area classes. Available from http://www.reading.org/general/Publications/e-ssentials/e8069

Shanahan, T., & Shanahan, C. (2012). What is disciplinary literacy and why does it matter? *Topics in Language Disorders, 32*(1), 7-18. doi: 10.1097/TLD.0b013e318244557a.

Silverblatt, A., Ferry, J., & Finan, B, (2009, 2nd Ed.). *Approaches to media literacy: a handbook*. New York, London: M.E. Sharpe.

Slavin, R. E. (1995). *Cooperative learning: Theory, research, and practice* (2nd ed.). Boston, MA: Allyn & Bacon.

Snow, C. E., Burns, S. M., & Griffin, P. (Eds.). (1998). *Preventing reading difficulties in young children*. Washington, DC: National Academy Press.

Sprenger, M. (1999). *Learning and memory: The brain in action*. Alexandria, VA: ASCD.

Street, B. (2003). What's "new" in new literacy studies? Critical approaches to literacy in theory and practice. *Current Issues in Comparative Education, 5*(2), 77- 91.

Street, B. V. (1995). *Social literacies: Critical approaches to literacy in development, ethnography and education*. New York, NY: Pearson.

Taboada, A., & Guthrie, J. T. (2006). Contributions of student questioning and prior knowledge to construction of knowledge from reading information text. *Journal of Literacy Research, 38*(1), 1-35. doi: 10.1207/s15548430jlr3801_1.

Tierney, R. J. (2009). Shaping new literacies research: Extrapolations from a review of the Handbook of Research on New Literacies. *Reading Research Quarterly, 44*(3), 322-339. doi: 10.1598/RRQ.44.3.5.

Tizard, J., Schofield, W., & Hewison, J. (1982). Collaboration between teacher and parents in assisting children's reading. *British Journal of Educational Psychology, 52*(1): 1–5.

Tomlinson, C. (1999). *The differentiated classroom: Responding to the needs of all learners*. Alexandria, VA: ASCD.

U.S. Census Bureau. (2013). Poverty thresholds by size of family and number of children [Table]. Retrieved from https://www.census.gov/hhes/www/poverty/data/threshld.

U.S. Department of Education, Office of Educational Technology. (2010). Transforming American education: Learning powered by technology. Washington, DC: Author. Retrieved from www.ed.gov/technology/netp-2010.

UNESCO. (2005). EFA Global Monitoring Report 2006, Literacy for Life. Paris: UNESCO.

Universidad Autonoma de Barcelona. (2007). Study on the current trends and approaches to media literacy in Europe (Brussels: European Commission).Retrieved online 10 March 2011 at http://ec.europa.eu/culture/media/literacy/docs/studies/study.pdf

Upala, M. A., Gonce, L. O., Tweney, R. D., Stone, D. J. (2007). Contextualizing counterintuitiveness: How context affects comprehension and memorability of counterintuitive concepts. *Cognitive Science, 31*(3): 415–39.

Vaughn, S., Cirino, P. T., Linan-Thompson, S., Mathes, P. G., Carlson, C. D., Cardenas-Hagan, E., et al. (2006). Effectiveness of a Spanish intervention and an English intervention for English-language learners at risk for reading problems. *American Educational Research Journal, 43*(3:) 449–87.

Voogt, J., Westbroek, H., Handelzalts, A., Walraven, A., McKenney, S., Pieters, J., and de Vries, B.

(2011). Teacher learning in collaborative curriculum design. *Teaching and Teacher Education, 27*(8): 1235–44.

Voss, J. F., & Silfies, L. N. (1996). Learning from history text: The interaction of knowledge and comprehension skill with text structure. *Cognition and Instruction, 14*(1), 45-68. doi: 10.1207/s1532690xci1401_2.

Vygotsky, L. S. (1986). *Thought and language*. New York, NY: Wiley.

Wainer, H., Bradlow, E. T., & Wang, X. (2007). *Testlet response theory and its applications*. New York, NY: Cambridge University Press.

Wallace, R. M., Kupperman, J. K., Krajcik, J., & Soloway, E. (2000). Science on the Web: Students online in a sixth-grade classroom. *Journal of the Learning Sciences, 9*(1), 75-104. doi: 10.1207/s15327809jls0901_5.

Walraven, A., Brand-gruwel, S., & Boshuizen, H. P. A. (2008). Information-problem solving: A review of problems students encounter and instructional solutions. *Computers in Human Behavior, 24*(3), 623-648. doi: 10.1016/j.chb.2007.01.030.

Walraven, A., Brand-Gruwel, S., and Boshuizen, H. P. (2009). How students evaluate information and sources when searching the World Wide Web for information. *Computers & Education, 52*(1): 234–46.

Willis, G. B. (1999). Cognitive interviewing: A "how to" guide. Retrieved from appliedresearch.cancer.gov/areas/cognitive/interview.pdf.

Wolfe, M. B. W., & Goldman, S. R. (2005). Relations between adolescents' text processing and reasoning. *Cognition and Instruction, 23*(4), 467-502. doi: 10.1207/s1532690xci2304_2.

Yoon, B. (2007). Offering or limiting opportunities: Teachers' role and approaches to English-language learners' participation in literacy activities. *The Reading Teacher, 61*(3): 216–25.

Zhang, S., & Duke, N. K. (2008). Strategies for Internet reading with different reading purposes: A descriptive study of twelve good Internet readers. *Journal of Literacy Research, 40*(1), 128-162. doi: 10.1080/10862960802070491.

Zhang, S., and Duke, N. K. (2008). Strategies for Internet reading with different reading purposes: A descriptive study of twelve good Internet readers. *Journal of Literacy Research, 40*(1): 128–62.

21st-Century Literacies: A Policy Research Brief. NCTE. Available at http://www.ncte.org/library/NCTEFiles/Resources/Positions/Chron1107ResearchBrief.pdf.

Web Sites for Reference

www.readingrockets.org/strategies.

www.orca.uconn.edu/professional-development/understanding/about/.

www.youtube.com/watch?v=qtF2AMcWwM4.

www.ncte.org/.

www.readwritethink.org.today.

www.orca.uconn.edu/.

www.oecd.org/pisa/aboutpisa/.

www.piaac.ca/.

www.orca.uconn.edu/professional-development/show-me/show-me-overview/.

www.homeofbob.com/literature/genre/fiction/folktales/fairyTales/LRRHPerrault.html.

www.halcyon.com/arborhts/chiefsea.html.

www.greenreview.co.kr.

www.elcivics.com/esl_fourth_of_july.html.

www.cyberspacei.com/jesusi/peace/non_resistance/independence.htm.

www.eslholidaylessons.com/07/independence_day.html.

www.p21.org.

www.lucygray.org/weblog/2009/08/google-webinar-teaching-search-in-the-classroom.html.

www.learnthenet.com/index.php.

www.teachingenglish.org.uk/.

www.macmillanenglish.com/courses/the-business/.

www.commoncraft.com/.

www.slideshare.net/cfinnegan.

www.hbe.com.au/william-ferriter.html?tab=author-sessions.

en.wikipedia.org/wiki/Lewis_and_Clark_Expedition#mediaviewer/File:Carte_Lew is_and_Clark_Expedition.png.

owl.english.purdue.edu/.

iteslj.org/.

ec.europa.eu/dgs/education_culture/publ/pdf/ll-learning/keycomp_en.pdf.

webdev.education.uconn.edu/static/sites/newliteracies/carnegie/documents/IRT.pdf.

21cif.com/resources/difcore/dif_faqs.htm.

lakenokomis.mpls.k12.mn.us/cybersmart.

imnews.imbc.com/replay/2016/nwdesk/article/4074218_19842.html.

us.jetcost.com/en/flights/costa+rica/san+jose/san+diego-san+jose/?gclid=CPTo25Szvc4CFUdvvAod0gcKCg.

search.naver.com/search.naver?sm=tab_hty.top&where=nexearch&oquery=%EC%9E%89%ED%81%AC%ED%95%98%ED%8A%B8+%EC%BD%94%EB%84%AC%EB%A6%AC%EC%95%84+%ED%91%BC%EC%BC%80&ie=utf8&query=%EC%9E%89%ED%81%AC%ED%95%98%ED%8A%B8+%EC%96%B4%EB%91%A0%EC%9D%98+%EB%B6%80%ED%99%9C.

my.hrw.com/support/hos/hostpdf/host_text_103.pdf.

kin.naver.com/qna/detail.nhn.

khnews.kheraldm.com/view.php?ud=20160719000744&md=20160722003845_BL.

▌김 지 숙

현재 상지대학교 조교수로 재직하고 있다. 또한, 중앙대, 가천대 및 강남대 외래교수, 그리고 한국연구재단 연구교수로 재직하였다.

대학졸업 후 고등학교 영어교사로 교육일선에서 학생들의 효과적인 교수학습 활동을 위해 교육매체의 필요성을 느끼게 되었다.

이후 미국 네바다 주립대학교(University of Nevada, Reno)의 초등교육학 석사과정에서 교육매체 기반 리터러시 교육에 관심을 가졌다. 졸업 후 오랜 기간 ㈜JC인터랩 언어교육 연구소에서 수석연구원과 원장으로 재임하며 우리나라 사교육현장에 적합한 영어 리터러시 교육 프로그램에 관심을 갖고 교실수업용 컴퓨터 프로그램과 다양한 영어교육 관련 교재를 개발해왔다. 특히 교실수업에서 실제 적용 가능한 효과적인 교수학습 방법을 위해 교사교육에도 치중하였다.

하지만 교육현장의 영어 리터러시 수업이 언어학습 자체에 초점을 두었던 현실에 한계를 느끼고 중앙대학교 박사과정에서 내용중심교육(CBI) 및 내용과 언어의 통합교육(CLIL)의 영어교육의 교수학습 전략을 연구하였다. 이때 초등학교 현장에서 교과목 중심의 영어 이머전(몰입) 교육 디렉터 및 리터러시 전문코치로 재직하며 우리나라 초등학교 교과과정에 맞춘 독창적인 영어 이머전 교육과정과 영어 리터러시 교수학습 방법을 연구 개발하였고 이의 성공적인 성과를 이루어 냈다.

이후 ㈜능률교육 영어교육 연구소장을 역임하며 영어교육에 대한 이론과 교육현장의 실제를 연결하는 연령에 맞는 영어교육 프로그램 개발 및 그에 따른 연령별 효과적인 교수학습 방법을 수립하는 데 기여하였다. 뿐만 아니라 국내외 영어교육 방향과 전망을 예측하고 이를 교육현장과 수준에 맞는 영어교육 방향을 제시하고 영어교육 컨설팅을 해왔다.

대표 저서로는 『뉴 리터러시 학습 길잡이』(2016, 국학자료원), 『뉴 리터러시 교육』(2014, 동인), 『초등영어몰입교육 : CBI와 CLIL 기반 영어 상용화 학습활동』(공저), 『유비쿼터스시대 이젠 교육도 경영이다』(공저) 및 영어교육 관련 실용서가 다수 있으며,

논문으로는 「인성기반 창의·융합적 리터러시 교육—뉴 3Rs 리터러시 언어학습 모형을 중심으로」, 「창의·융합적 인재 양성을 위한 초등 뉴 리터러시 교수학습 방법과 프로토콜」, 「뉴 리터러시 교육에서 주제통합학습 성과 고찰」, 「조기 영어몰입수업에서 업테이크와 지연된 학업성취도와의 상호관계성 연구」, 「영어 몰입수업의 담화유형과 학생 오류 연구 : 대립균형 교수학습 활동의 적용」, 「수준별 조기영어 몰입수업에서 형태초점 교수전략 효과연구」, 「몰입식 초등영어교육에서 교정피드백과 업테이크 상호관련성 연구」 등이 있다.

인문학 접근의 창의·융합인재 양성의 지름길

교과학습에서 뉴 리터러시 학습 지름길

초판 1쇄 인쇄일	2016년 7월 2일
초판 1쇄 발행일	2016년 7월 3일
지은이	김지숙
펴낸이	정진이
편집장	김효은
편집 / 디자인	박재원 우정민 백지윤
마케팅	정찬용 정구형
영업관리	한선희 이선건 최인호 최소영
책임편집	우정민
인쇄처	국학인쇄사
펴낸곳	국학자료원 새미(주) 등록일 2005 03 15 제251002005000008호 서울시 강동구 성내동 447-11 현영빌딩 2층 Tel 442-4623 Fax 6499-3082 www.kookhak.co.kr kookhak2001@hanmail.net
ISBN	979-11-86478-98-1 *93370
가격	25,000원